La ville
Les radicalités

La ville
Les radicalités

Questions contemporaines 2018

Grégory Bozonnet (coord.), Pascal Bernard, Alexandre Freu, Jules Vidal et Adrien Esclade

ARMAND COLIN

Armand Colin est une marque de Dunod Éditeur
11 rue Paul Bert, 92240 Malakoff
http://www.armand-colin.com/

ISBN 978-2-200-61987-9

Table des matières

PARTIE 1

MÉTHODOLOGIE

PARTIE 1

MÉTHODOLOGIE

SOMMAIRE

CHAPITRE 1

10 informations sur l'épreuve de questions contemporaines

SOMMAIRE

1 Une épreuve clé pour la réussite du concours

L'année dernière pour voir figurer son nom sur la liste principale du concours des IEP de régions, il fallait obtenir une moyenne d'au moins 11,5/20. Cette moyenne est susceptible de changer, tant le concours d'entrée en première année à Sciences Po Aix, Lille, Lyon, Rennes, Saint-Germain-en-Laye, Strasbourg et Toulouse est attractif pour les étudiants. Avec environ dix mille candidats pour environ mille places, la sélectivité est élevée, seul un candidat sur dix peut entrer dans un IEP.

Dans ce contexte, chaque épreuve compte, naturellement. Toutefois, si l'épreuve de langue vivante est dotée d'un coefficient 2, celles d'histoire et de questions contemporaines comptent un coefficient supplémentaire. Avec un coefficient 3, l'épreuve de questions contemporaines est donc une épreuve clé pour la réussite de ce concours.

En outre, au-delà de cet écart de coefficient, ce qui explique l'importance de cette épreuve, c'est sa nature. Alors qu'il est difficile en une année de pallier un retard en langue, il est possible – même en partant de zéro – d'obtenir une culture très solide en questions contemporaines. De plus, alors qu'il est délicat de totalement verrouiller la réussite à l'épreuve d'histoire – du fait qu'il n'y ait qu'un seul sujet et que le programme soit assez conséquent – il est possible de s'assurer une bonne note en questions contemporaines en anticipant correctement les sujets qui peuvent vous être soumis.

L'un des objets de cet ouvrage est de vous fournir une liste d'une vingtaine de sujets potentiels à réaliser chez vous pour vous entraîner et éviter les surprises le 20 mai prochain. En vous préparant ainsi, vous aurez en main la clé pour réussir l'épreuve de questions contemporaines et obtenir une option sérieuse pour entrer dans l'IEP de votre choix.

2 Une épreuve redoutée par les candidats

L'épreuve de questions contemporaines est l'une des épreuves les plus redoutées par les candidats, notamment lorsqu'ils sont en terminale. En effet, cette épreuve est la seule du concours à ne pas ressembler à une épreuve du baccalauréat quelle que soit la filière du candidat.

Ni une épreuve de philosophie, ni une épreuve de sciences humaines et sociales ou d'histoire, l'épreuve de questions contemporaines inquiète car elle demande une culture à 360 degrés, une culture qui doit puiser dans les connaissances acquises dans toutes les disciplines du lycée, mais aussi, au-delà, dans l'actualité, la culture générale, la culture personnelle.

Cette épreuve inquiète d'autant plus qu'une fois les thèmes publiés, difficile de savoir par où débuter. Des thématiques comme la ville ou les radicalités évoquent forcément des idées aux candidats, mais que faut-il lire ? Que faut-il savoir pour traiter une telle épreuve ? L'un des objets de ce livre est d'aider le candidat à faire un tri entre ce qui est indispensable à savoir et ce qui est accessoire, entre ce qui peut servir pour une copie de questions contemporaines et ce qui ne peut que difficilement être utilisé. Le plus important est de se rassurer. Contrairement à ce que l'on peut penser, les thèmes ne sont pas si vastes et peuvent être circonscrits autour de quelques auteurs clés, quelques idées essentielles.

3 Une épreuve qui nécessite une solide culture pluridisciplinaire

La particularité de Sciences Po, et c'est aussi ce qui en fait sa richesse, est d'offrir aux étudiants la possibilité de disposer d'une très solide culture générale, de poursuivre des études supérieures sans avoir à se spécialiser tout de suite. Ainsi, quel que soit l'IEP dans lequel vous serez admis(e), vous aurez dans les premières années de votre scolarité des cours d'économie, de droit, de science politique, d'histoire et de langues vivantes...

Si ces deux dernières matières font l'objet d'une épreuve à part dans le concours d'entrée aux IEP, votre culture dans les premières matières ne peut être mesurée que par le biais d'une seule épreuve, celle de questions contemporaines.

Aussi, il est nécessaire que votre copie de questions contemporaines montre que vous avez le profil d'un étudiant de Sciences Po, que vous avec une culture générale solide. Aussi, par essence les thématiques qui sont proposées au concours commun d'entrée dans les IEP doivent être traitées à l'aide de plusieurs disciplines. La ville et les radicalités sont deux notions qui peuvent être traitées en philosophie, mais aussi en histoire ou plus globalement en sciences humaines et sociales voire en sciences dures. L'erreur serait de proposer une copie qui prenne en compte que l'une seule de ces matières, par exemple, de ne traiter le sujet que sous le prisme de la philosophie. Votre devoir, et donc *a fortiori* votre culture, se doit d'être pluridisciplinaire de mêler histoire, économie, droit, sociologie, philosophie et même si vous le souhaitez mathématiques, biologie,...

Ce livre va vous permettre de découvrir des auteurs issus de diverses spécialités, des auteurs qu'il faut comprendre, connaître et maîtriser pour pouvoir les associer à votre devoir en veillant à diversifier vos références et sources.

4 Une épreuve qui comprend 10 critères de notations principaux

Même si chaque correcteur dispose d'une libre appréciation des copies de questions contemporaines, nous pouvons globalement tracer dix principaux critères de notation. Il faut faire en sorte de cocher les dix items suivants pour obtenir une bonne note à l'épreuve de questions contemporaines.

4.1 Terminer sa copie sans la bâcler

Le format d'une épreuve en trois heures peut amener certains candidats à être piégés par le temps. Il est nécessaire de rendre un devoir aux parties équilibrées et à l'écriture lisible dans le temps imparti. Une absence de conclusion pourra être considérée comme une copie non terminée, au même titre qu'un plan déséquilibré ou qu'une écriture qui devient illisible ou un candidat qui ferait appel à des abréviations.

4.2 Respecter le sujet et ne pas faire de développement hors-sujet

La tentation de nombreux candidats est de réciter le cours qu'ils ont appris sur le thème. Ce serait une erreur. Dans cette épreuve, comme dans toutes les épreuves, il faut traiter le sujet, rien que le sujet, tout le sujet. Il faut donc veiller à ce que vous ne calquiez pas un plan-type appris par cœur, des arguments préconçus et collés dans votre copie, mais que vous traitiez le sujet tel qu'il vous est présenté.

4.3 Respecter la forme attendue

Dans ce devoir, il est attendu une copie structurée et organisée avec une introduction, un plan et une conclusion. Respecter la forme attendue, c'est *a minima*, respecter ces trois temps. Il est souvent conseillé de plutôt s'orienter vers un plan en deux parties, deux sous-parties, plus adapté à la culture Sciences Po et à l'épreuve en trois heures. Respecter la forme attendue, c'est présenter sa copie avec un plan clair, que le correcteur pourra déceler très rapidement sans pour autant avoir recours à l'artifice du plan apparent.

4.4 Faire moins de 10 fautes d'orthographe

Dans la multitude de candidats qui affrontent le concours Sciences Po, beaucoup disposent de bons niveaux, mais le jury doit départager les meilleurs parmi ces candidats. Pour cela, il utilise tous les critères présentés ici, mais l'un a le mérite d'être « objectif » : le nombre de fautes d'orthographe. Aussi, le correcteur est amené à naturellement sanctionner les copies qui présentent trop de fautes de manière plus ou moins directe (points retirés de la note, ou simplement note baissée). Les copies les plus valorisées sont les copies dont le candidat semble le plus faire « Sciences Po », un candidat qui fait beaucoup de fautes d'orthographe ne fait pas très « Sciences Po ».

4.5 Respecter un style neutre, « un style Sciences Po »

Quand on évoque « Sciences Po », beaucoup de personnes ont en tête l'idée d'un « moule » dans lequel on fonderait chaque étudiant. Si cette idée est assez loin de correspondre à la réalité de l'école, il est vrai qu'il existe une façon d'écrire propre à Sciences Po. Une écriture neutre, qui n'est pas ampoulée et ne fait que très rarement appel à des superlatifs. Une écriture qui pourrait se résumer par une formule : « entre deux mots, je choisis toujours le moindre ». Pour vous préparer, vous lirez certainement des ouvrages très engagés, dont l'auteur porte une thèse parfois radicale. Ces ouvrages pourront être utilisés dans vos devoirs, mais vous devrez veiller à laisser la responsabilité des propos aux auteurs qui les ont formulés en utilisant des citations ; pour le reste vous reformulerez dans un style neutre qui s'évertue à lisser tout engagement trop marqué : votre copie doit plaire à tout le monde.

4.6 Réaliser une bonne introduction

Premier élément lu dans votre copie. L'introduction est un élément déterminant de la sélection des candidats. Les correcteurs classent souvent les copies en trois piles : les candidats qui n'ont aucune chance d'entrer à Sciences Po (entre 0 et 8), les candidats qui pourraient accéder à Sciences Po (entre 8 et 12), les candidats que l'on veut absolument voir à Sciences Po (entre 12 et 19,5, vous ne rêvez pas des candidats ont déjà eu 19,5). L'introduction donne l'occasion au correcteur de se faire un avis sur la place de votre copie. Autant vous dire que vous préféreriez être d'entrée sur la dernière pile, car il est plus facile de descendre dans l'estime d'un correcteur que de remonter !

4.7 Réussir ses phrases titres, transitions et introductions partielles

Ces différents temps seront détaillés dans le chapitre suivant, mais l'idée est simple, le correcteur ne doit jamais se demander où est-ce qu'il se situe dans votre copie. Avez-vous terminé votre première partie ? Est-ce une sous-partie ou une nouvelle partie ? A chaque fois que le correcteur se pose ce type de questions, votre note descend en flèche. Vous devez donc prendre garde à proposer un plan qui soit clair et lisible, c'est à cela que servent les phrases titres, les transitions et introductions partielles.

4.8 Présenter un écrit avec des références solides et légitimes

Il y a des auteurs « Sciences Po », d'autres moins. Aussi, votre devoir devra présenter au moins une dizaine de références « Sciences Po » pour pouvoir être considéré comme crédible. Rassurez-vous, l'essentiel de ces auteurs sont présentés dans cet ouvrage, il ne vous restera plus qu'à les maîtriser ! Pensez que tout auteur très engagé et surtout célèbre pour ses passages à la télévision est à éviter dans une copie « Sciences Po ». Préférez les auteurs qui ont publié des ouvrages pour le compte de grandes collections et qui sont reconnus pour leur excellence universitaire et la scientificité de leurs propos. Aussi, à titre d'exemple, sur la thématique de la démocratie, l'an dernier, les nombreux candidats qui ont eu pour principale référence Eric Zemmour ont commis une erreur. Evitez aussi les trop nombreuses références aux politiques notamment ceux qui sont particulièrement clivants.

4.9 Proposer des illustrations contemporaines à vos copies

L'erreur de beaucoup de candidats, ceux qui souvent s'inscrivent dans une seule matière pour traiter le devoir, est de traiter la question comme s'il s'agissait d'une question relative au passé. En ne citant que des auteurs du XVIIIe siècle ou en illustrant leurs propos avec des éléments qui n'ont plus cours au XXIe siècle, les candidats oublient que cette épreuve ne s'intitule pas épreuve de culture générale, mais bien de questions contemporaines. Il s'agit donc de traiter le sujet à l'heure actuelle, même si pour cela on peut – et même on doit – avoir recours à l'histoire. Ainsi, le candidat doit proposer des auteurs contemporains mais aussi et surtout appuyer sa démonstration à l'aide d'exemples relatifs à la société française actuelle. Une lecture de l'actualité est donc nécessaire tout au long de l'année pour trouver ces illustrations et donner la dimension pleinement contemporaine à la copie du candidat. Les correcteurs sont sensibles à cette dimension et la prennent en compte dans leur évaluation.

4.10 Maîtriser l'exercice de la conclusion

Tout devoir de questions contemporaines se doit d'être terminé par une conclusion. Cette conclusion permet à la fois de montrer au correcteur que l'on a clairement terminé son devoir et de rappeler que son plan est de qualité et qu'il répond au sujet. Elle permet au candidat de terminer sur un paragraphe qui a préalablement été rédigé au brouillon et donc de finir sur quelques lignes au style maîtrisé et sans faute d'orthographe. Ainsi, le dernier paragraphe lu par le correcteur avant de fixer la note définitive de la copie le laissera sur une bonne impression, et la note n'en sera que meilleure.

5 Une épreuve qui comprend donc à la fois des critères de fond et de forme

En analysant les dix critères de notation, on observe qu'ils s'équilibrent entre la forme et le fond. Ainsi, côté forme les correcteurs analysent à la fois les temps clés comme l'introduction et la conclusion, les phrases de transitions et les phrases titres ou encore le nombre de fautes d'orthographe. Côté fond, ils prennent garde à la qualité des références, à leurs liens avec le sujet et à leur caractère « contemporain », tout en veillant à ce que le plan réponde clairement au sujet. Le candidat doit, dès lors, soigner tant la forme que le fond. Les critères de forme sont plus nombreux, et peut-être à ce titre plus importants, mais ils ne pourront être respectés que si les critères de fond le sont.

Pour se préparer à cette épreuve, il faut donc à la fois passer par une étape d'apprentissage, pour renforcer sa culture, ses connaissances sur les thèmes et par une étape d'entraînement pour convertir cette culture en copies adaptées au concours commun d'entrée en première année. C'est pourquoi cet ouvrage présente plusieurs chapitres de fond avec de nombreuses références, auteurs et citations à connaître, mais aussi un chapitre de méthodologie et deux autres consacrés aux sujets potentiels. Pensez bien à réaliser ces devoirs, à vous entraîner à rédiger pour vous approprier la culture présente dans cet ouvrage et pour ne pas avoir de surprise le jour J.

6 Une épreuve sur laquelle il faut apprendre à se distinguer

Comme nous l'évoquions plus tôt, seul un candidat sur dix aura le privilège de rejoindre un des sept IEP et pour cela il est nécessaire de faire la différence sur cette épreuve de questions contemporaines où l'écart entre les notes est encore plus important qu'en histoire, où il est possible d'avoir une note excellente comme de passer à côté du sujet.

L'enjeu du candidat est donc de réussir à se distinguer des autres, de donner envie aux correcteurs de privilégier votre copie par rapport à une autre. Vous l'aurez compris à la lecture des critères précédents, cela passera par une double maîtrise de la forme et du fond.

Pour se distinguer, le candidat devra donc réussir à présenter un devoir richement référencé où chaque argument est appuyé sur un auteur de référence qui n'est ni un prétexte, ni un faire-valoir mais réellement un appui à votre démonstration. Ces auteurs devront être nombreux (au moins un par argument), mais aussi et surtout diversifiés (historien, philosophe, sociologue,...) et adaptés à la démonstration. Ils devront être contemporains et légitimes, adaptés à un débat du niveau Sciences Po.

Ces auteurs légitimes pourront être complétés par d'autres auteurs plus originaux, davantage issus de votre culture personnelle. Ainsi sur la thématique de l'argent, plusieurs candidats ont cité un des albums des Schtroumpfs, des candidats citent parfois des auteurs populaires, des chanteurs, des cinéastes... Ces éléments de culture ne viennent pas remplacer les auteurs « Sciences Po » attendus, mais peuvent ajouter un supplément d'âme à votre copie, il faut donc l'oser une fois que tous les fondamentaux sont maîtrisés et retranscrits dans une copie.

Pour se distinguer, le candidat pourra aussi travailler des plans un peu plus originaux où, à titre d'exemple, la démonstration réussit à combiner dans un plan en deux parties/deux sous-parties : une thèse, une antithèse et des solutions pour améliorer la problématique soulevée.

7 Une épreuve qui se prépare tout au long de l'année

L'épreuve de questions contemporaines doit se préparer en plusieurs phases. Tout d'abord, vous devez mesurer et absorber l'étendue des thématiques. Lire cet ouvrage, le ficher et ne pas hésiter à lire d'autres choses sur chacune des thématiques. Réalisez des fiches par thème : « Naissance des villes », « Les radicalités politiques aujourd'hui », Les problèmes des banlieues », « Les radicalités religieuses aujourd'hui », « La politique de la ville », « Lutter contre les radicalités »,... Sur chacune de ces fiches notez les idées clés, les auteurs de référence, quelques chiffres et citations à connaître et commencer à les apprendre le plus tôt possible.

Puis dans un second temps, entraînez-vous à réaliser les vingt sujets que vous trouverez à la fin de cet ouvrage. Réalisez *a minima* des plans détaillés où vous associez à chaque fois vos idées à un auteur et à une illustration mais essayez le plus souvent de réaliser l'intégralité du devoir.

Enfin, tout au long de l'année, ajoutez à vos fiches toutes les références supplémentaires que vous pouvez découvrir lors de vos nouvelles lectures ou de vos cours. Pensez aussi et surtout à faire une veille de l'actualité des deux thèmes et à venir ajouter de nouveaux éléments dans vos fiches en fonction de cette actualité.

8 Une épreuve qui ne vous permet pas de faire l'impasse sur une des thématiques

Même s'il peut être tentant de concentrer ses forces sur une seule des deux thématiques pour pouvoir développer plus facilement un « avantage comparatif », cela ne doit jamais être une option retenue. En effet, si la plupart du temps les sujets proposés correspondent à ce qui pouvait être anticipé deux exceptions existent : le sujet croisé qui nécessite de maîtriser les deux thèmes à la fois, et le sujet compliqué quasiment hors thème qui amène le candidat à regretter amèrement son choix si celui-ci tombe sur le seul thème qu'il a appris. Si l'on regarde, l'historique du concours, ces deux exceptions ont été rencontrées à plusieurs reprises, il n'est donc pas raisonnable de faire l'impasse sur un thème.

Ainsi, la première année a été une année sans exception puisque les thèmes « **environnement** » et « **identités** » ont généré deux sujets plutôt prévisibles : « Une politique de l'environnement est-elle possible ? » Et « Affirmer les identités, est-ce nécessairement affirmer les différences ? ».

En revanche, la première exception a été rencontrée dès la deuxième année du concours où les thèmes « **guerre** » et « **capitalisme** », ont amené deux sujets : « Peut-on « civiliser » les manières de faire la guerre ? » Et « Internationaliser marchés et échanges, est-ce conjurer la guerre ? » On voit ici que les deux sujets portent le mot « guerre » alors qu'aucun n'aborde le terme de « capitalisme ». Le second sujet portait pourtant clairement sur ce thème, mais sur une question qui croisait en fait les deux thématiques de l'année. Les candidats qui n'avaient pas travaillé la thématique de la guerre ont dû fortement le regretter.

L'année 2010 n'a pas vraiment apporté de pièges, chaque thématique a donné lieu à des sujets prévisibles. En effet, alors que les thèmes étaient la « **vieillesse** » et les « **médias** », les sujets ont été : « Une société qui vieillit est-elle condamnée au déclin ? » et « Dans quelle mesure les médias sont-ils le reflet de la société ? ». En revanche, 2011 a été une année où il était impossible de faire l'impasse sur l'une des deux thématiques. En effet, pour les thèmes « **argent** » et « **frontières** », les sujets proposés étaient : « Les pouvoirs ont-ils besoin de frontières ? » Et, « argent et démocratie ». Si le deuxième sujet était prévisible lorsque l'on travaille la thématique de l'argent, le premier étant très loin de la thématique des frontières, il était donc extrêmement dur à traiter sans une très solide culture générale.

Les années suivantes ont moins fait l'objet de pièges, ainsi, en 2012, pour les thématiques « **religion** » et « **sport** », les candidats ont dû réfléchir à deux questions relativement complexes mais prévisibles : « La laïcité, garantie des libertés religieuses ? » et « Le sport, une affaire d'État(s) ? ». De la même manière, en 2013, sur les thématiques de « **justice** » et de « **science** », les sujets ont été : « Doit-on faire confiance à la justice ? » et « La science est-elle l'affaire de tous ? ». Toutefois, à notre sens, le second sujet est nettement plus prévisible, et donc plus simple, que le premier ainsi les candidats qui ont bien travaillé les deux thèmes seront privilégiés sur ceux qui avaient concentré leurs efforts sur le seul thème de « justice ».

En 2014, les thèmes à travailler étaient **« culture »** et **« travail »**, le premier renvoyait à une notion très vaste et s'est traduit par le sujet suivant : « la mondialisation de la culture conduit-elle à son uniformisation ? » alors que le second thème était davantage prévisible : « le travail est-il toujours un facteur d'intégration sociale ? ».

En 2015 et 2016, les sujets étaient globalement prévisibles. Pour la thématique de la « **famille** », le sujet proposé était : « La famille a-t-elle un avenir ? » alors que pour la « **mondialisation** », le sujet avait été « Mondialisation et contestations ». En 2016, pour les thématiques « **école** » et **« démocratie »**, un sujet croisé aurait pu être possible, mais le choix a été porté sur « Le système d'enseignement en France vous paraît-il assurer l'égalité des chances ? » et « La démocratie donne-t-elle le pouvoir au peuple ? ».

En résumé, on voit que l'épreuve telle qu'elle se présente offre des sujets en lien direct avec les thèmes à travailler, qui demandent toutefois une solide culture générale. Il est impossible pour le candidat de faire l'impasse sur l'une ou l'autre des thématiques car un sujet « croisé » peut être proposé, mêlant étroitement les deux notions et que chaque année un des deux sujets peut apparaître plus complexe que l'autre.

9 Une épreuve qui peut être appréhendée plus facilement que les autres

Dans le sens de ce qui vient d'être présenté dans le point précédent, il convient de souligner que l'épreuve de questions contemporaines comprend une particularité par rapport aux deux autres épreuves : il est possible de l'anticiper. En effet, s'il y a un programme plus précis et plus clair en histoire ou en langues, il n'est pas évident – voire tout simplement impossible – de prédire quel sujet est le plus probable, quelle partie du programme il vaut mieux réviser. Les candidats devront donc veiller à maîtriser l'ensemble des éléments de ces programmes.

En questions contemporaines, le fonctionnement est très différent. Le programme en lui-même est assez flou puisqu'il ne tient qu'en un mot, il permet néanmoins plus facilement d'être anticipé. Pour cela, il suffit de placer la thématique de l'année en face de l'identité de Sciences Po. Ainsi, on se rend par exemple compte, que la thématique de la « ville » est moins large et complexe qu'elle n'y paraît. Un sujet sur l'urbanisme ou sur telle ou telle ville semble peu probable dans une école qui ne vise pas à former de futurs urbanistes ou géographes. Le sujet portera donc plutôt sur la dimension sociétales de la ville, c'est-à-dire sur la question de l'exclusion, des inégalités, du développement...

Quelle que soit la thématique, tous les candidats doivent donc s'évertuer à anticiper les sujets potentielles et s'entraîner à les traiter pour ne pas être surpris par le sujet du jour J. Ainsi de la même manière sur la question des radicalités, il convient de l'interroger dans le contexte actuel de la société française, à savoir à la fois les radicalités religieuses et la place des extrêmes en politique. C'est un travail que chaque candidat peut faire afin de limiter le champ des révisions en se concentrant sur les sujets potentiels.

10 Une épreuve qui nécessite de préparer une cinquantaine d'arguments

Dans la continuité de ce qui a été précédemment évoqué, une fois le repérage des sujets potentiels effectué, le candidat doit s'évertuer à essayer de traiter ces sujets dans une forme Sciences Po (deux parties, deux sous-parties, deux arguments par sous-partie). En procédant ainsi, il s'apercevra que dans de nombreux cas, les arguments qu'il utilise sont les mêmes d'une copie à l'autre.

Un même argument peut donc servir à plusieurs copies. Par exemple, l'idée que les sociétés contemporaines sont enclines à générer de l'exclusion sociale, comme peuvent le montrer R. CASTEL et S. PAUGAM pourra être utilisée, pour la thématique de la ville, sur tous les sujets qui peuvent faire appel à l'argument d'une frontière entre ville-centre et banlieue mais également, pour la thématique des radicalités, sur les racines des engagements radicaux.

A l'aide de cet ouvrage et de votre travail sur les sujets, il est donc conseillé aux candidats de repérer l'ensemble de ces arguments qui peuvent être mobilisés le jour J. Aussi, si le candidat réalise ce travail de manière systématique, il pourra préparer une fiche par argument, fiche qui reprendra l'idée en question, l'auteur qui la porte et une illustration qui appuie cet argument. Par exemple, dans notre cas précédent, l'idée est donc qu'il y a processus d'exclusion sociale touchant une partie de la population, l'auteur associé est donc par exemple Robert CASTEL, l'ouvrage ***Les métamorphoses de la question sociale*** et les illustrations à relever peuvent être le nombre de chômeurs en France, le nombre de chômeurs de longue durée et les caractéristiques sociologiques des chômeurs.

La clé de cette épreuve réside dans cette anticipation qui canalise le champ des savoirs et permet aux candidats de proposer une copie sérieuse, référencée et structurée en seulement trois heures le jour du concours.

CHAPITRE 2

10 conseils pour réussir l'épreuve

SOMMAIRE

1 Prévoyez une stratégie pour bien exploiter les 3 heures de l'épreuve

L'épreuve de questions contemporaines est limitée à trois heures. Cette durée peut paraître courte par rapport à celle d'une épreuve du bac et beaucoup de candidats ne parviennent pas à achever leur copie faute d'une bonne gestion du temps. Avant de se présenter à l'épreuve, il convient de mettre en place une stratégie pour exploiter au mieux ces trois heures.

Cette stratégie est nécessairement personnelle, elle dépend de votre degré de préparation, de votre capacité à trouver rapidement un plan et de votre rapidité d'écriture. Pour donner un ordre d'idée, on peut toutefois proposer un découpage-type qu'il conviendra de s'approprier.

	Temps consacré	Temps cumulé	
Brouillon, 85 minutes	5	5	Lecture du sujet - repérage des mots clés
	40	45	Maïeutique
	15	60	Repérage des idées et de leurs illustrations
	10	70	Construction du plan
Copie, 95 minutes	15	85	Rédaction de l'introduction et de la conclusion
	90	175	Rédaction de la copie
	5	180	Relectures

L'un des enjeux de votre préparation est de remplir ce tableau avec le temps qui vous semble adapté à la réalisation d'un devoir de qualité en trois heures. Une fois ce tableau réalisé, vous devez vous y tenir le jour J. Quel que soit le sujet, qu'il soit simple ou complexe, plaisant ou loin de ce que vous aviez imaginé, vous devrez garder ce timing pour ne pas prendre le risque de ne pas terminer votre devoir ou de ne pas le relire ce qui pourrait vous coûter de trop précieux points.

Le jour J, vous contrôlerez régulièrement l'heure pour vérifier que vous n'êtes pas en retard sur votre programme. Par exemple sur le découpage proposé ci-dessus, je dois m'assurer qu'au bout de 45 minutes, je commence à construire mon plan en repérant les idées et leurs illustrations, qu'au bout d'une heure et demi, je suis bien en train de rédiger... Il est souvent nécessaire ensuite de se fixer des temps intermédiaires. Par exemple, si j'ai prévu de consacrer 90 minutes à la rédaction de ma copie, je m'assure qu'à l'issue des cinquante premières minutes, l'introduction et la moitié de la copie sont effectivement rédigées. Si ce n'est pas le cas, j'accélère le rythme et revois mes ambitions à la baisse en rédigeant un peu moins, car l'important c'est de terminer.

2 Ne négligez pas vos brouillons, ils sont la clé du succès

Beaucoup de candidats, soucieux de terminer leur devoir, se lancent trop vite sur leur copie et construisent au fur et à mesure de la rédaction leur réflexion. L'esprit d'une copie « Sciences Po » est de commencer à rédiger une fois que le plan est validé et que vous connaissez exactement le chemin que vous allez emprunter pour votre démonstration.

À ce titre, le temps passé au brouillon est très précieux. Il vous permet de recenser vos arguments, les auteurs que vous allez mobiliser ainsi que les illustrations et de construire une introduction, un plan et une conclusion adaptés.

Sur le modèle de découpage du temps présenté dans le point précédent, il est proposé de passer un peu moins d'une heure et demi sur ce brouillon. Ce temps est découpé autour de deux axes majeurs, la maïeutique et la construction de votre copie.

2.1 La maïeutique

Le temps de maïeutique, littéralement le temps d'« accouchement » des idées, doit occuper un large temps de votre réflexion. A partir du sujet donné, vous allez coucher sur votre brouillon tous les éléments de culture que vous comptez évoquer.

Pour cela, vous commencez par lire attentivement les sujets. Puisque, vous aurez travaillé les deux thèmes, il serait logique que les deux sujets vous inspirent. Vous devez rapidement en choisir un. Prenez celui sur lequel vous êtes le plus à l'aise, si les deux sont à égalité, prenez le thème que vous avez préféré travailler ou le thème que vous pensez plus facile ou moins pris par les autres candidats. Si vous n'arrivez pas à vous décider, tirez au sort, mais ne perdez pas de temps. Vous ne devez réaliser la maïeutique que d'un seul des deux sujets et, surtout, vous ne devez jamais revenir en arrière, il risquerait de vous manquer du temps.

Une fois, le choix effectué, le temps de maïeutique peut débuter. La maïeutique consiste à partir des mots du sujet et à analyser leurs liens, leurs connecteurs logiques pour définir le sens que vous allez donner à votre démonstration. Puis à lister toutes les références connues sur ce sujet : idées, auteurs, citations, exemples, faits d'actualité,... Une fois arrivé(e) au bout de toutes vos idées, n'hésitez pas à faire un travail à partir de synonymes des mots du sujet pour voir si d'autres références ne pourraient pas être ajoutées. Pensez que ces éléments de culture peuvent venir de vos cours, de ce livre, d'autres ouvrages consultés, mais aussi de votre lecture de l'actualité ou de votre culture personnelle.

2.2 La construction du plan et de la problématique

Le second temps de votre brouillon, une fois ces pages de réflexion écrites, consiste à travailler le plan détaillé, l'introduction et la conclusion. Comme nous allons le voir dans le point suivant, une copie de questions contemporaines doit s'articuler autour de huit ou neuf grandes idées. Huit idées pour un plan en deux parties et deux sous-parties, neuf idées pour un plan en trois parties, trois sous-parties. Une fois la maïeutique terminée, il faut donc repérer ce qui relève des idées de ce qui relève des exemples. Un plan doit toujours partir des idées, jamais des exemples qui n'ont pour seule fonction que celle d'illustrer les idées.

Selon vos habitudes de travail et de réflexion, la problématique sera le point de départ ou le point d'arrivée de votre structuration de propos. En fait, elle est toujours un peu des deux. Elle est un point de départ, car il est impossible de structurer son propos sans savoir ce que l'on va démontrer et le point d'arrivée car une fois le plan abouti, la problématique est toujours reformulée. L'important est donc de construire à partir des huit ou neuf idées repérées un plan clair, progressif et qui réponde à votre problématique, ou du moins, à votre souhait de démonstration.

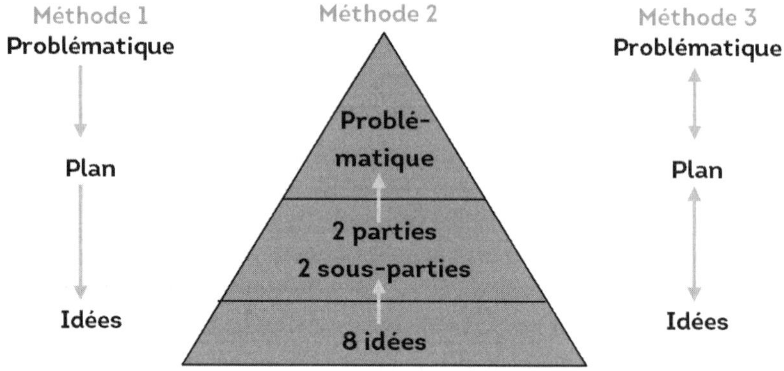

Regroupez les idées deux par deux (ou trois par trois dans un plan en trois parties, trois sous-parties) pour réussir à trouver les sous-parties de votre devoir. Réalisez un plan avec six titres clairs, deux titres de parties et quatre de sous-parties. Ces titres ne seront pas visibles dans votre copie finale mais vous permettront de tenir des propos structurés et d'éviter le risque d'un plan indécelable par le correcteur.

Enfin, rédigez l'introduction et la conclusion, l'une à la suite de l'autre. Beaucoup de candidats ne jugent pas utile d'écrire la conclusion au brouillon et trouvent plus simple de la rédiger à la fin du devoir. C'est bien souvent une grosse erreur car, pris par le temps, le candidat réalise une conclusion en tout hâte, ne trouvant plus de référence adaptée et plaçant parfois quelques grosses fautes d'orthographe lues juste avant que le correcteur n'inscrive sur la copie la note finale... La conclusion étant pourtant en continuité de l'exercice de l'introduction, elle est plus simple à rédiger dans la foulée. Cela permet en outre au candidat d'avoir un élément à recopier en cas de manque de temps et de connaître au moment où il débute la rédaction ce qu'il va écrire à la fin, évitant ainsi bien des hors-sujets.

3 Présentez votre copie de manière structurée, claire et lisible

Dans ce concours, les correcteurs doivent corriger un grand nombre de copies en un temps réduit, impossible pour eux de passer des heures à déchiffrer une écriture ou un plan.

En ce qui concerne l'écriture, faites un effort pour proposer une copie lisible et aérée. Si vous avez conscience que votre écriture peut être parfois un peu dure à déchiffrer, gardez-vous plus de temps pour la rédaction afin de pouvoir offrir une écriture la plus soignée possible à votre correcteur.

Pour la forme, adoptez une alternance claire de phrases titres, de développements et de transitions. À titre d'exemple, le schéma ci-dessous reprend une présentation adaptée à un plan en deux parties, deux sous-parties. Chaque numéro correspond à un alinéa. Chaque croix à un saut de ligne.

	§	Temps	Sauts de ligne
Introduction	1	Accroche	
	2	Définition/Délimitation	
	3	Problématique	
	4	Annonce du plan	XX
Première Partie	5	Phrase titre I (annonce IA et IB)	X
	6	Phrase titre A (annonce idée 1 et 2)	X
	7	Idée 1	
	8	Idée 2	X
	9	Transition IA - IB	X
	10	Phrase titre B (annonce idée 3 et 4)	
	11	Idée 3	
	12	Idée 4	XX
	13	Transition I - II	XX
Seconde partie	14	Phrase de titre II (annonce IIA et IIB)	X
	15	Phrase titre A (annonce idée 5 et 6)	X
	16	Idée 5	
	17	Idée 6	X
	18	Transition IIA -IIB	X
	19	Phrase titre B (annonce idée 7 et 8)	X
	20	Idée 7	
	21	Idée 8	XX
Conclusion	22	Bilan	
	23	Ouverture	

Chacun des temps ici est nécessaire, il va permettre à votre correcteur de se repérer clairement dans votre copie.

Les phrases titres doivent résumer en quelques mots (entre 20 et 30 mots) les idées qui vont venir par la suite. Ainsi la phrase titre I doit résumer les idées de la première partie, et la phrase titre A, celles de la première sous-partie.

Les transitions sont nécessaires pour créer du lien entre vos idées, chaque transition doit être pensée de la même manière : une conclusion du point précédent et une amorce du point suivant. L'enjeu est de montrer l'enchevêtrement de vos idées, l'enchaînement logique des différents points.

4 Misez beaucoup sur l'introduction

Comme on peut le voir au point précédent, sur les vingt-trois alinéas de votre copie, quatre sont consacrés à l'introduction. Ainsi, votre introduction doit comprendre quatre temps indispensables, quatre temps très importants pour votre note finale. En effet, l'introduction est le premier temps lu par le correcteur, celui qui sert souvent à décider si le candidat a des chances d'être parmi les meilleures copies.

4.1 L'accroche

Le premier temps est une accroche. Son rôle est d'amener le sujet, de lancer la démonstration. Pour ce faire, les candidats peuvent utiliser trois outils : une citation, un chiffre ou un événement. La citation est souvent la meilleure forme possible d'accroche. Attention toutefois à ne pas placer une citation sans lien avec le sujet ou une citation trop connue. Le candidat qui veut trouver une bonne accroche doit donc s'efforcer de connaître un nombre suffisant de citations pour pouvoir trouver la plus adaptée au sujet. C'est pourquoi ce livre propose de nombreuses citations dont une vingtaine spécifiquement pensées pour vos accroches à la fin de l'ouvrage. Il en va de même pour les chiffres. En revanche, les accroches sur les événements sont souvent un peu moins prisées, elles sont généralement utilisées faute de mieux. Votre temps d'accroche doit être composé de plusieurs phases. La première est celle d'une citation, d'un chiffre ou d'un événement, la seconde doit amener le mot-clé. Il est nécessaire que le lien entre ces deux soit le plus fluide possible. Vous devez impérativement éviter les accroches trop floues, indéfinies comme les formulations de type : « de tout temps ».

4.2 La délimitation et la définition du sujet

Le second temps de l'introduction est un temps de délimitation du sujet et de définition des termes principaux. Il est fréquent que les étudiants ne trouvent pas les mots qui doivent être définis et décident donc de définir soit l'ensemble des mots – ce qui est fastidieux à lire - soit un seul terme, voire aucun. En fait, les mots qui doivent être définis sont les mots-clés que vous allez utiliser dans votre problématique, c'est d'ailleurs pour cela que le temps précédent – l'accroche – doit amener un mot-clé. Souvent, dans les sujets de ce concours, ils sont au nombre de un ou deux. Pour amener vos définitions, évitez d'avoir recours à des formulations trop scolaires comme « pour définir » et préférez des formules comme « La ville, entendue comme..., » qui sont plus légères. Vous pouvez éventuellement donner une définition via une citation si elle est pleinement adaptée au sujet.

4.3 La problématique

Le troisième temps de votre introduction est une problématique. Ce temps est un élément majeur de votre démonstration, il ne doit pas être un simple copier-coller du sujet donné mais un élément structurant. En effet, en une phrase, qui peut être au choix interrogative ou affirmative, le candidat doit montrer l'enjeu du sujet et affirmer la thèse qu'il va défendre. Les formulations comme « en quoi » ou « dans quelle mesure », bien que très scolaires, peuvent être adaptées si la suite ne consiste pas simplement à réécrire le sujet. Ainsi pour le sujet « les pouvoirs ont-ils besoin de frontières ? », « dans quelle mesure les pouvoirs ont-ils besoin de frontières ? » n'est pas une problématique, alors que « dans quelle mesure, pour garantir son bon fonctionnement, la démocratie doit-elle poser un contre-pouvoir à tout pouvoir ? » en est une. Trop souvent les candidats n'accordent pas assez d'importance au caractère « structurant » de cette problématique et perdent de précieux points, au risque même de ne pas pouvoir obtenir la moyenne. La problématique doit révéler la thèse du candidat, ce qui va être démontré dans la copie, elle doit *a minima* proposer les éléments du débat et peut aller jusqu'à montrer précisément la direction que va prendre votre devoir. Les candidats doivent toutefois prendre garde à ne pas confondre problématique et annonce de plan, surtout s'ils font le choix d'une problématique sous la forme affirmative.

4.4 L'annonce du plan

Enfin, le dernier temps est une annonce de plan. Dans l'introduction, il faut se limiter à l'annonce des deux grandes parties pour montrer globalement le cheminement intellectuel que vous avez retenu. Pour vous distinguer, évitez de faire une annonce de plan trop lourde en essayant de ne pas avoir recours, ni au mot « nous », ni « on » (ni naturellement « je » qui est à proscrire dans toute la copie) ni « premier » ni « deuxième ». Ces quatre mots sont à éviter. Vous pouvez donc transformer une annonce de plan classique : « dans une première partie, nous verrons que la ville a été pendant longtemps un lieu d'utopies et de modernité avant de voir dans une seconde partie que face à la montée des problèmes, une politique de la ville a dû être adoptée. » par une phrase du type « Si la ville a longtemps état un lieu d'utopies et de modernités, la montée des problèmes a consacré la nécessité de mettre en œuvre une politique de la ville ». Ce qui permet de comprendre aisément ce qui relève de votre première partie et de votre seconde partie, sans pour autant avoir recours aux artifices habituels. Pour accroître le lien avec votre problématique, vous pouvez en outre commencer par « en effet ».

5 Privilégiez un plan en deux parties, deux sous-parties

En questions contemporaines, deux types de plans peuvent être mobilisés, les plans en deux parties et deux sous-parties ou les plans en trois parties et trois sous-parties avec une variante possible pour des plans en trois parties et deux sous-parties.

Le plan en deux parties est davantage conseillé pour deux raisons clés : il correspond davantage à l'esprit « Sciences Po », et à ce titre est le réflexe naturel de la plupart des correcteurs, en outre il est plus adapté à un devoir en trois heures.

Les plans en deux parties, deux sous-parties ne doivent pas pour autant réduire la portée de votre plan, il doit vous permettre de faire passer autant de nuances qu'un plan de type thèse antithèse, synthèse. Souvent les copies « Sciences Po » parviennent à faire tenir un plan en trois temps dans un plan en deux parties deux sous-parties. Ainsi, une copie pour contenir les trois temps : « oui », « mais » « donc » tout en tenant dans ce plan. Dans le cas présent, le « mais » ou le « donc » pourraient être développés en quatre idées.

À titre d'exemple, sur un sujet sur la lutte contre les radicalités, le plan oui/mais/donc est adapté

Partie I : Les sociétés ont visé à lutter contre les radicalités pour favoriser le vivre ensemble, mais la modernité a amené de nouvelles radicalités

Partie A : La naissance même des États visent à lutter contre les radicalités (deux idées « oui »)

Partie B : Toutefois, les radicalismes politiques ont existé tout au long du processus d'établissement des démocraties (deux idées « mais »).

Partie II : Face à l'avènement de nouvelles radicalités, la nécessité de repenser le vivre-ensemble

Partie A : Les radicalismes religieux apparus plus récemment menacent plus directement les démocraties (deux idées « mais »)

Partie B : Il faut donc repenser l'intégration et le vivre-ensemble pour lutter contre les radicalités dangereuses (deux idées « donc »).

6 Associez systématiquement vos idées à des auteurs de référence

Pour réussir votre copie de questions contemporaines, vous devez présenter un devoir avec des idées qui soient crédibles et référencées. Ainsi, chacune de vos idées doit systématiquement être pensée en trois temps : une énonciation de l'idée, un développement basé sur un auteur et une illustration (voir point suivant). En quelques mots résumez l'idée que vous souhaitez défendre, puis développez cette idée à l'aide d'un auteur « Sciences Po ». Cet auteur de référence donnera toute la valeur à votre démonstration, montrera que vous avez la culture adaptée à « Sciences Po ».

L'auteur doit toujours être présenté avec son nom et son prénom – le prénom n'est facultatif que pour les auteurs morts entrés dans la postérité – ainsi que son domaine de compétence. Par exemple, vous évoquerez « le sociologue Pierre Bourdieu » ou « le philosophe Paul Ricœur »,... Puis, chaque référence doit être accompagnée de la source exacte, c'est-à-dire le livre que vous citez accompagné, si possible, de la date ou de la période de parution.

Prenez garde néanmoins à ne pas ajouter de détails qui pourraient desservir la crédibilité de votre copie. Ainsi, s'il est recommandé d'écrire « Le sociologue Pierre Bourdieu écrivait en 1979 dans *La distinction...* », il vaut mieux écrire « Bourdieu écrivait... » que d'écrire « L'économiste Roger Bourdieux écrivait en 1989 dans *La différence...* ». Si le trait est ici un peu exagéré, il n'est pas rare que des candidats se trompent de prénom, de date ou de titre d'ouvrage, ce qui nuit à la crédibilité du devoir. Prenez garde aux détails comme l'orthographe du nom ou les subtilités des titres et soulignez toujours les références pour leur faire gagner de la visibilité.

7 Illustrez vos propos notamment grâce à l'actualité

Pour compléter vos paragraphes, après avoir énoncé vos idées et développé une référence d'autorité, il faut viser à rendre concret votre théorie et pour cela, il s'agit le plus souvent de les illustrer.

Beaucoup de candidats inventent souvent des illustrations comme ils le font dans leurs devoirs de philosophie. Ce n'est pas très recommandé. Les illustrations doivent être réelles, elles peuvent provenir des auteurs eux-mêmes ou de votre exploitation de l'actualité. Par exemple, si vous souhaitez utiliser l'argument d'Olivier Roy, politologue auteur en 2012 de *La sainte ignorance*, comme quoi « *il n'y a pas une radicalisation de l'islam mais une islamisation de la radicalité* », vous pourrez, bien sûr, illustrer ces propos avec le profil des auteurs des attentats à Paris en novembre 2015.

Ces illustrations sont souvent une occasion de montrer que vous avez suivi, compris et analysé l'actualité. Elles peuvent moderniser des propos d'auteurs qui ont quelques années en montrant comment l'actualité leur fait écho. Toutefois, toutes vos illustrations ne sont pas toujours puisées dans les seuls événements d'actualité. Ainsi, de nombreuses illustrations peuvent provenir d'autres domaines, comme la littérature, le cinéma, les arts,... Ainsi, vous montrerez à votre correcteur, qu'au-delà de votre culture « Sciences po » vous maîtrisez également une culture générale et diversifiée.

8 Diversifiez vos références pour vous inscrire dans l'esprit de l'épreuve

Pour coller à l'esprit de l'épreuve, vos références doivent être pluridisciplinaires. Il convient donc de citer des sociologues, des philosophes, des historiens,... En évoquant, systématiquement la spécialité de l'auteur que vous citez, vous insisterez sur le respect de ce critère.

La diversification de vos références doit aussi tenir dans une diversification historique et potentiellement géographique. Vous devez citer des auteurs issus de différents siècles même s'il est conseillé d'avoir un grand nombre d'auteurs « contemporains » attendu qu'il s'agit d'une épreuve de questions contemporaines et non de culture générale. En outre, il ne faut pas hésiter à montrer que vos références s'étendent au-delà de la France, même si votre démonstration n'a aucun intérêt à s'inscrire dans un comparatisme. Ainsi, par exemple, des auteurs américains comme Noam Chomsky ou Samuel Huntington seront cités au-même titre que des auteurs français comme Robert Castel et Serge Paugam,...

Vos illustrations pourront elles aussi dépasser les frontières de l'« ici et maintenant » tout en veillant à comparer ce qui demeure comparable, à ne pas réfuter, par exemple, un argument du XVIe siècle avec un exemple de la semaine dernière.

9 Ne négligez pas la conclusion

La conclusion, rédigée au brouillon, comprend deux temps majeurs : une réponse à la problématique et une ouverture. Le premier temps, la réponse à la problématique, appelée aussi bilan, doit permettre au candidat de rappeler le plan utilisé pour répondre au sujet et à sa problématique. Le plan étant un élément très important de la notation, ce premier élément de conclusion ne doit pas être sous-estimé. Il faut rappeler le sujet qui était posé et la réponse que vous lui avez apportée en reprenant les différents temps de votre démonstration. Vous veillerez toutefois à dépasser la seule présentation de votre plan pour vraiment apporter une réponse à la problématique, au sujet.

Le second temps, celui de l'ouverture est souvent redouté par les candidats. Il demande pourtant les mêmes qualités que pour réussir l'accroche de l'introduction, dont il est le reflet. Les candidats livrent trop souvent des ouvertures trop vagues avec des questions auxquelles personnes ne peut répondre. L'ouverture ne doit pas être l'occasion de placer un élément que l'on a oublié de traiter dans la copie, mais un temps d'élargissement du sujet en le replaçant dans un cadre global ou connexe. Une fois encore, une citation originale peut être une bonne dernière impression laissée au correcteur. Le candidat doit surtout éviter de ré-ouvrir le débat qu'il vient de clore au temps précédent. Il doit aussi prendre garde à ce que son expression soit de qualité égale en introduction qu'en conclusion pour montrer au lecteur qu'il a aisément su maîtriser son temps.

10 N'oubliez pas de vous relire

Dans les trois heures qui vous sont imparties pour ce concours, il est strictement capital de se garder quelques minutes de relecture. La forme de cette épreuve est très importante, elle comprend la qualité de l'introduction et de la conclusion, la qualité du plan mais aussi indéniablement l'absence de fautes d'orthographe. Le correcteur sait qu'en écrivant six pages en trois heures, le candidat peut être enclin à réaliser quelques fautes d'orthographe et sera clément s'il en demeure une ou deux dans la copie. Toutefois, ces fautes d'orthographe ne doivent pas être trop importantes, ni être des fautes de grammaire qui pourraient témoigner d'un manque de maîtrise de la langue française. En outre, vous devez vous assurer qu'il ne demeure aucune faute d'orthographe dans l'introduction, la conclusion ainsi que dans les moments clés comme les phrases titres.

Pour obtenir une relecture efficace et rapide, il est nécessaire de connaître les fautes d'orthographe que vous êtes enclins à faire lorsque vous écrivez vite : s'agit-il de fautes d'accord ? De fautes sur des mots en particulier ? De confusion entre « a » et « à » ou « é » et « er » ? A partir de ce constat, vous n'allez pas relire votre copie de manière linéaire, mais vous focaliser sur la chasse à ce type de fautes en survolant efficacement votre copie, vérifiant chaque accord, chaque occurrence d'un mot que vous êtes enclin à mal orthographier,... L'objectif est de réduire à néant les fautes dans votre copie car toute faute d'orthographe jouera contre la crédibilité de votre devoir et donc fera baisser votre note...

PARTIE 2
LA VILLE

SOMMAIRE

CHAPITRE 3

Introduction

Des rodéos à Vaulx-en-Velin dans les années 70 (Rhône) aux émeutes de Villiers-le-Bel (2007), Grenoble (2010) ou Trappes (2013), la ville a souvent été présentée dans les médias par le prisme d'un sujet précis : la crise des banlieues. Parallèlement cependant, la ville est également présentée comme un lieu de puissance, de développement économique et d'attractivité territoriale, une puissance que les gouvernements successifs ont essayé de choyer en développant les « métropoles » par le biais de dispositifs juridiques.

D'après le dictionnaire *Le Petit Robert de la langue française*, le mot « ville » vient du latin *villa*, qui signifie ferme, maison de campagne. Le mot en est cependant venu à désigner un « *milieu géographique et social formé par une réunion organique et relativement considérable de constructions et dont les habitants travaillent, pour la plupart, à l'intérieur de l'agglomération* ». Pour *Le Larousse*, c'est une « *agglomération relativement importante et dont les habitants ont des activités professionnelles diversifiées* ».

Considérant à la fois la ville comme un lieu d'inclusion, de vie culturelle et économique dense et comme un lieu de ségrégation, un symbole des inégalités sociales existant au sein des sociétés contemporaines : inégalités entre les riches et les pauvres, entre les ruraux et les urbains, entre les inclus et les exclus, il est compréhensible que Sciences Po propose à ses futurs étudiants de réfléchir à ce sujet transversal.

Afin de proposer un tour de cette question, nous allons voir comme la ville s'est construite jusqu'à devenir le lieu où vivent la plupart des Français, la plupart des citoyens (chapitre 4), cela s'est produit notamment parce que la ville est parée de toutes les vertus, de toutes les utopies (chapitre 5). Mais cette concentration d'urbains n'est pas sans poser de problèmes : problèmes d'inégalités, problèmes environnementaux ou sécuritaires naissent dans ces grandes villes (chapitre 6) et amènent le législateur à chercher une solution souvent reprise sous la forme d'une politique de la ville (chapitre 7).

CHAPITRE 4

L'avènement de la ville comme norme

SOMMAIRE

1 Des premières villes de Mésopotamie aux cités grecques et romaines, la ville est déjà un lieu d'échanges et de développement économique

1.1 Les premières villes apparaissent en Mésopotamie, ce sont des lieux d'échanges plus intenses qu'on ne l'imaginait auparavant

Si, selon la Bible, la ville serait née lorsque les descendants de Caïn ont édifié Jéricho, vers 8 500 avant notre ère, les historiens s'accordent plutôt pour affirmer que les premières villes sont apparues aux alentours du quatrième millénaire avant notre ère. En effet, Pascal BUTTERLIN, historien, dans *Les Temps proto-urbains de Mésopotamie. Contacts et acculturation à l'époque d'Uruk au Moyen-Orient* (2003), souligne que la spectaculaire révolution urbaine de Mésopotamie, commencée 4 000 ans avant notre ère, n'était pas seulement le résultat de la prospérité agricole, mais le lieu du développement des échanges dans une société à l'économie déjà très diversifiée et spécialisée. En effet, cet historien rappelle que dans le sud de l'Irak, des communautés villageoises particulièrement dynamiques ont bâti en quelques centaines d'années une civilisation urbaine, inventant par la même occasion un nouveau mode de vie. Il cite notamment les travaux de Vere GORDON CHILDE qui, à propos de cette période, évoquait, dans *L'invention des civilisations* (1936), une révolution urbaine.

Pascal BUTTERLIN, dans *Les Temps proto-urbains de Mésopotamie,* souligne que, contrairement à ce qui a longtemps été évoqué, la ville sumérienne était au cœur d'un vaste réseau de relations et d'échanges dont le développement est étroitement lié aux mutations que connaît alors l'ensemble du monde mésopotamien. En effet, selon cet historien, la recherche sur la naissance des villes, longtemps confinée à l'étude de quelques grands sites, surtout en Irak, mesure mieux aujourd'hui l'ampleur des relations développées par les Sumériens avec leurs voisins dès la fin des temps dits « préhistoriques ». Au IVe millénaire, ils fondèrent des colonies en Syrie et exercèrent une influence culturelle majeure de la vallée du Nil au plateau iranien, à tel point que l'on a pu parler de « système-monde urukéen ». Au IIIe millénaire, vers – 2 550, la Syrie connut elle aussi une urbanisation que l'on appelle parfois « deuxième révolution urbaine », pour souligner qu'elle fut plus tardive et influencée par les États sumériens situés plus à l'est.

Le développement de ces réseaux de relations caractérise au mieux la naissance de villes qu'il n'est plus question aujourd'hui de définir uniquement par la présence de bâtiments monumentaux, de remparts ou d'une importante concentration de population. Assurément Uruk, la patrie du roi Gilgamesh qui vécut vers – 2 600, est 500 ans avant ce roi un centre important qui s'étend sur environ 250 hectares, soit la taille d'Athènes à l'époque de Périclès. Elle présente un centre monumental qui comprend deux zones : au sud d'une antique tour à étages se situent les bâtiments archaïques du quartier de l'Eanna, et à l'ouest un autre ensemble monumental, celui de la ziggourat (construction mésopotamienne à caractère sacré, telle que la tour de Babel) du dieu sumérien Anu. Il s'agit là de quartiers officiels, dotés de lieux de réception, sur le sol desquels on a découvert des centaines de tablettes qui consignaient les opérations administratives qui se déroulaient dans ce secteur. « *Ce qui fait d'Uruk une ville n'est pas sa taille mais la présence d'une hiérarchie du bâti et surtout la concentration dans un lieu spécifique, voué aux activités politiques ou religieuses, de spécialistes de l'écriture, des scribes* » souligne Pascal BUTTERLIN. Ainsi, la ville sumérienne est au cœur d'un réseau de relations : c'est un centre économique lié à un arrière-pays avec lequel il entretient des relations multiples. À titre d'exemple, Jean-Claude MARGUERIN, dans « L'apparition des villes au Proche-Orient IVe et IIIe millénaires » (1999), décrit la cité d'Habuba Kabira qui réunissait des établissements, à l'écart du cours majeur du fleuve pour les protéger des crues, qui lui permettait de contrôler et d'exploiter la vallée : on y cultivait surtout les terres basses, et celles du plateau quand les pluies le permettaient. Les établissements contrôlaient aussi la circulation des biens et des hommes le long du fleuve.

1.2 Les villes mésopotamiennes sont des centres économiques, politiques et culturels

Selon Pascal BUTTERLIN, Uruk, habitée du Ve millénaire avant notre ère au IIIe siècle de notre ère, était le centre très actif d'un important réseau de villages et de petits bourgs situés le long des chenaux de l'Euphrate. Le développement d'un aussi grand centre reposait sur les ressources agricoles des villages situés en amont de la ville. Les grains y arrivaient par voie fluviale. Le dense réseau des chenaux de l'Euphrate et du Tigre, qui formait au IVe millénaire un ensemble unique, permettait l'irrigation, mais aussi le transport des grains, accumulés dans les greniers des centres urbains. Là, les grandes maisonnées sumériennes redistribuaient sous forme de rations ces céréales à des artisans et aux personnels spécialisés d'unités de productions variées. La révolution urbaine repose en effet sur l'avènement de spécialistes et de figures sociales différenciées. Le développement de l'artisanat était le résultat d'un long processus entamé dès le VIe millénaire avant notre ère, en Mésopotamie. Les céramiques préhistoriques souvent décorées de motifs complexes étaient faites à la main dans un cadre domestique, qui selon Pascal BUTTERLIN correspondait vraisemblablement au travail féminin. On observe à partir de – 4 500 d'importantes mutations : le développement de formes standardisées, une simplification des décors peints, puis leur disparition, la manufacture de vases au tour. Toute la chaîne opératoire de production des céramiques paraît s'adapter à des besoins nouveaux : la distribution de rations alimentaires nécessita la fabrication en série de bols puis d'écuelles grossièrement moulées, qui représentent jusqu'à 60 % du total des céramiques découvertes sur certains sites. Ces céramiques moulées ou tournées étaient cuites dans des centres artisanaux où se concentraient des ateliers de tournage et des fours. « *Les différentes formes céramiques qui se diversifient, ainsi que des listes de céramiques consignées sur des tablettes montrent le développement de toute une série de filières économiques nouvelles : l'exploitation et la transformation de produits laitiers, la production de bière et de vin, qui sont autant de marques d'une révolution agroalimentaire aussi importante par son ampleur que la révolution néolithique.* » Cette révolution agricole, en effet, concerne les produits issus des cultures irriguées mais aussi de l'élevage : les milliers d'empreintes de sceaux retrouvées en Mésopotamie montrent à partir du début du IVe millénaire des scènes artisanales, notamment des scènes de productions textiles. Jusque-là essentiellement issue de l'exploitation du lin, la production s'oriente vers la transformation de la laine fournie par de grands troupeaux qui pâturent dans les marécages du pays de Sumer, voire dans les steppes de Haute-Mésopotamie. À la fin du IIIe millénaire, on estime que le pays de Sumer avait un cheptel de 535 000 moutons, que des villes comme Girsu ou Ur employaient respectivement 15 000 et 13 000 femmes dans la production textile.

Ces territoires sont également des centres politiques et culturels. Selon Pascal BUTTERLIN, « *de multiples facteurs ont été invoqués pour expliquer ce phénomène en Mésopotamie : le développement de l'agriculture irriguée, en particulier* ». Celle-ci aurait nécessité une coordination accrue des populations, encadrées par des institutions de plus en plus complexes et coercitives. Par ailleurs, « *la naissance des villes et l'essor démographique furent liés à l'existence d'organisations collectives qui avaient mûri dans le sud de l'Irak depuis plusieurs centaines d'années, à partir de – 4 300* ». L'organisation sociale de ces communautés villageoises était adaptée aux exigences de l'agriculture irriguée. De puissants lignages dont on a retrouvé les maisons se structurèrent au Ve millénaire en chefferies. Par ailleurs, sur ce territoire apparaît la naissance de l'État. Pour Pascal BUTTERLIN, « *vers – 3 000, sur un territoire grand comme la Suisse, existe le long de trois grands chenaux de l'Euphrate et du Tigre une série d'États (une quinzaine) qui exploitent chacun une partie du réseau. Ces États ne sont pas des cités-États, comme on continue à l'écrire abusivement, mais des micro-États qui comportent plusieurs centres urbains aux fonctions diverses.* » À titre d'exemple, un État sumérien comme Lagash s'étend, vers – 2 550, le long de plusieurs chenaux du Tigre, sur une longueur de 65 kilomètres, exploite environ 2 000 kilomètres carrés de terres irriguées, présente 25 bourgs, 40 villages et 3 villes importantes : une capitale politique, Lagash, une capitale religieuse, Girsu, et un port situé sur les lagunes du cours inférieur du Tigre. Il avait au nord-est une frontière longue de 45 kilomètres avec son voisin le plus proche, avec lequel il fut en conflit constant pour le contrôle des terres irrigables. Toutefois, en dépit de leurs conflits, ces États étaient liés entre eux par un sens profond de leur unité culturelle, matérialisée par l'usage d'une écriture et par une langue, le sumérien. Par-delà l'appartenance à une communauté politique, les Sumériens conçurent une vision ethnocentrique du monde, nourrie par un sens marqué de leur propre identité et par l'idée que le reste du monde était destiné par les dieux à ravitailler leurs cités.

1.3 Les cités grecques et romaines sont révélatrices du développement des villes de l'Antiquité et notamment du développement du droit

L'architecte et urbaniste Charles DELFANTE, dans sa *Grande histoire de la ville. De la Mésopotamie aux États-Unis* (1999), souligne qu'après ce temps des premières villes, la seconde évolution majeure provient du temps de la Grèce classique et de Rome. Pour lui, la démocratie à Athènes comme la romanisation du bassin méditerranéen sont des fondements essentiels du développement de la civilisation européenne. Les Grecs, tout d'abord, créent des cités dont la plus connue et la plus rayonnante est celle d'Athènes. Elle connaît la première démocratie et exerce en effet une hégémonie politique et culturelle qui dépasse largement le monde égéen. Les citoyens y exercent un réel pouvoir politique tandis que les poèmes d'Homère, à la gloire des Grecs, donnent naissance à une brillante culture. L'historien Jean-Manuel ROUBINEAU souligne dans *Les cités grecques. Essai d'histoire sociale* (2015) que « *célébrées pour leurs idéaux politiques égalitaires, les cités grecques sont, de fait, des sociétés très hiérarchisées. Si les inégalités de genre et de fortune y sont anciennes, celle fondée sur le droit naît au VIe siècle avant J.-C., avec l'apparition de statuts personnels. L'essentiel du pouvoir et de la valeur sociale est alors accaparé par une minorité : les hommes citoyens fortunés. Face à eux, les autres groupes sociaux sont placés et pensés en position d'infériorité. Hommes et femmes, citoyens et étrangers, riches et pauvres, libres et esclaves se nourrissent, se logent, s'habillent, s'enterrent, se réunissent ou se distraient selon des modalités différentes. Les pratiques éducatives, les usages matrimoniaux ou le contrôle des naissances sont pensés par les élites comme autant de stratégies de reproduction. Mais si l'essentiel de la vie sociale s'organise au bénéfice des plus fortunés, la société n'est pas pour autant inerte. La possibilité de gravir l'échelle sociale existe bel et bien, qu'il s'agisse de s'enrichir ou d'accéder à un statut plus favorable. En cela, la cité est aussi un espace d'opportunités.* »

Dans *La justice dans les cités grecques* (2010), Aude CASSAYRE souligne que le droit a connu des évolutions lentes mais progressives. Progressivement, « *la justice apparaît comme un enjeu incontournable de la politique des cités, elle se développe comme un secteur autonome et spécialisé* ». Clifford ANDO souligne dans *L'empire et le droit. Invention juridique et réalités historiques à Rome* (2013) que ce progrès du droit est beaucoup porté par l'époque romaine. En effet, au début du IIe siècle après J.-C., l'Empire romain représente une population de l'ordre de 60 millions d'habitants et englobe entièrement les rives de la mer Méditerranée. C'est sous la dynastie des Antonins (96 à 192 après J.-C.) que l'Empire atteint son apogée territoriale. L'administration gère alors 44 provinces. L'appareil bureaucratique au service de l'empereur se renforce. Pour Clifford ANDO, la question centrale que ce développement posait était la suivante : « *Comment fédérer des milliers de cités provenant d'horizons juridiques et culturels différents en un ensemble cohérent et efficace, sans que tout sombre dans le chaos ou la tyrannie ? C'est le problème qu'a dû affronter la cité de Rome, une fois conquise une grande partie du monde occidental. Par leur créativité incessante, les juristes romains ont petit à petit conçu un droit civil qui intégrait des éléments étrangers, tout en les qualifiant de romains. Créant une homogénéité à partir de l'hétérogénéité, ce travail séculaire a abouti, en 212 de notre ère, à la Constitution Antonine par laquelle l'empereur Caracalla a accordé la citoyenneté romaine à tous les hommes libres du monde romain.* »

Ainsi, ces deux cités, malgré de nombreuses différences – en particulier la taille –, ont su créer une véritable civilisation de l'Homme où les citoyens sont liés entre eux par des droits et des devoirs : ils constituent ainsi une communauté. Les droits civils des citoyens élargis progressivement à tous les hommes libres de l'Empire romain, l'attachement à l'Urbs (Rome) et l'art de construire des villes sont les principaux héritages laissés par l'Empire. Pierre GRIMAL dans *L'Empire romain* (1993) souligne que « *le terme d'Empire romain désigne l'ensemble territorial le plus vaste du monde antique. Il définit également une institution politique sans précédent où l'autorité d'un monarque divinisé demeure contenue par la force des lois. Il évoque enfin le rayonnement durable d'une civilisation à vocation universelle, symbole de prospérité et de paix.* » Cet Empire disparaît définitivement en 476 de notre ère. Jean-Jacques ROUSSEAU évoquant l'Empire romain parle d'un « *miracle qui dura cinq siècles et que l'on ne doit point espérer revoir* » et rappelle que nous lui devons l'essentiel de notre langue, de notre culture et de notre droit.

2 Au Moyen Âge et à la Renaissance, la ville se développe et entre progressivement dans la modernité

2.1 Après une phase de déclin, un nouvel essor urbain se produit au Moyen Âge

Comme nous venons de le voir, les premières villes apparaissent en Basse-Mésopotamie, plusieurs millénaires avant notre ère, sur le territoire de l'actuel Irak. Ces rassemblements d'hommes sont considérés comme étant de véritables villes, car ils ne sont plus le simple regroupement de paysans exerçant les mêmes activités. Pour la première fois, les individus ne vivent plus seulement de la terre, et se réunissent pour vivre dans un lieu artificiel où s'échangent idées, biens et services. De même, les villes étaient nombreuses sous l'empire romain. Pourtant, plusieurs facteurs vont provoquer un relatif déclin de la vie en ville. En effet, la politique fiscale des empereurs romains, au IIIe et au IVe siècle, incite les plus riches habitants des villes à s'installer dans de grands domaines à la campagne, où les taxes sont bien moins élevées. De plus, les invasions germaniques vont accélérer le déclin des villes, puisque les envahisseurs suivent les tracés des voies romaines reliant les villes, provoquant la fuite ou le massacre des habitants des villes. Les villes les plus petites vont alors disparaître. Dans les plus grandes villes, la surface habitable est réduite, pour mieux protéger le cœur des villes, et entourée de murailles. Selon le médiéviste Jacques LE GOFF, dans *La ville en France au Moyen Âge* (1998), il faut attendre le XIe siècle, alors que cessent les invasions normandes ou hongroises, pour que les commerçants réapparaissent sur les routes désormais plus sûres, et se regroupent à nouveau dans les villes. Ils s'installent près des lieux de résidence des grandes familles qui concentrent le pouvoir politique et la richesse, pour pouvoir vendre les produits de luxe, épices, étoffes et parfums, qu'ils ont obtenus dans les ports de la Méditerranée. Autour de ces commerçants, de nouvelles activités naissent, attirant de nouveaux habitants dans les villes. C'est le cas de l'hôtellerie qui accueille les commerçants de passage, des artisans qui réparent ou fabriquent les moyens de transport utilisés pour le transport des marchandises, des ouvriers qui construisent les habitations de ces nouveaux habitants. Cette dynamique se nourrit d'elle-même, ces nouveaux habitants ayant besoin de nouveaux produits qu'il faut acheminer ou fabriquer, comme le pain, les légumes ou la viande, puisqu'ils ne produisent plus leurs propres moyens de subsistance.

Le deuxième temps de développement des villes coïncide avec le Moyen Âge et la Renaissance. Le développement du négoce et de la monnaie renforce les échanges. La figure du marchand émerge, les surplus agricoles permettant le développement de l'artisanat et du commerce, la ville se trouvant au carrefour des échanges, et se distinguant de plus en plus de la campagne. Cette tendance se poursuit à la Renaissance, la place du marché s'affirmant comme le lieu central de la ville, là où les transactions se font, où les cultures se rencontrent. De grands travaux permettent de développer les routes, et donc de mieux relier les villes entre elles, renforçant les échanges.

Pour Jacques LE GOFF, la paix permet un essor important, tant démographique et agricole que commercial. Des bourgs se développent au côté des cités préexistantes, qui se sont formées autour d'un château ou d'une abbaye, eux-mêmes installés en général autour d'endroits stratégiques, comme un cours d'eau ou un estuaire, un carrefour commercial ou religieux. C'est le cas par exemple de la ville de Reims, qui s'est développée autour de la cathédrale Notre-Dame et de la basilique Saint-Rémi. D'autres villes se développent autour du commerce, qu'elles soient lieu de production (par exemple, en Flandres, autour de la production de draps), ou d'échanges (carrefour terrestre ou maritime). Ce sont d'abord les villes du nord de la France qui se développent, comme Bruges, Châlons-en-Champagne, ou Arras. La ville vit des produits de la campagne, les paysans se rendant sur les marchés pour vendre des légumes, des fruits et des animaux. Les artisans travaillent le bois, les métaux, le cuir ou tissent la laine et le lin. L'essor démographique rend rapidement les villes existantes trop petites. La ville fortifiée – le bourg – étant devenue trop petite pour accueillir une population grandissante, on construit en dehors des murailles des faubourgs, protégés par de nouvelles enceintes. C'est le cas notamment à Paris, dont l'enceinte construite par Philippe Auguste devient trop petite, et est détruite pour laisser place à de nouveaux murs fortifiés. Ces villes restent cependant peu peuplées, regroupant entre 5 000 et 10 000 habitants. Paris, qui atteint 200 000 habitants au XIIIe siècle, constitue une véritable exception.

2.2 Le développement de la ville est intrinsèquement lié à l'émergence du politique

La ville est le lieu du pouvoir, à qui elle doit son développement. En effet, seule une autorité stable, qu'elle soit religieuse ou politique, est à même de garantir la sécurité des échanges, et donc celle des habitants. Les premières villes nées autour de – 3 000 sont ainsi des cités, administrées par le clergé, qui possédait les terres les plus fertiles autour de la ville, et les monuments les plus importants au sein de la ville elle-même. La *polis*, cité grecque, symbolise également cette relation entre la ville (*polis*) et la politique (*politeia*), terme qui désigne l'ensemble des droits et devoirs conférés par la ville à ses habitants. À Rome, pendant l'Antiquité, c'est le fait d'habiter la ville qui donne leurs droits aux citoyens.

Dans *La ville en France au Moyen Âge,* l'historien Jacques LE GOFF souligne qu'au Moyen Âge, de nombreuses villes affirment leur liberté. Elles s'opposent aux seigneurs locaux, qui dominent les campagnes, pour obtenir des privilèges, comme le droit de se réunir, le droit de délibérer ou de juger, privilèges que l'on nomme « libertés urbaines ». En effet, comme les campagnes, elles dépendent d'un seigneur, laïc ou religieux, qui prélevait des taxes et péages à l'entrée de la ville et sur les marchés. Les marchands les plus riches appréciaient peu cette ingérence, et certains ont commencé à s'organiser en guildes ou hanses, pour défendre leurs intérêts. Souhaitant s'affranchir de l'autorité du seigneur, les bourgeois s'unissent alors pour former des associations, des communes et prêtent un serment collectif, se promettant aide mutuelle entre eux. Face à cette opposition, les seigneurs accordent aux villes une charte énumérant les libertés ou franchises octroyées à la population. Certaines villes deviennent totalement indépendantes. Elles sont alors administrées par un conseil et des magistrats (maires, échevins ou consuls) élus parmi les bourgeois les plus riches. La ville se dote alors d'un tribunal, d'un sceau, voire d'une milice. Certains citadins vont se réunir en commune, c'est-à-dire en association dotée de la personnalité civile, afin d'obtenir une charte, accordée par le roi ou le seigneur local, garantissant les libertés de la ville, ainsi que son gouvernement par un maire et des jurés. Certaines villes vont ainsi, soit par la négociation, soit par la violence, affirmer leur indépendance politique.

C'est le cas de Bourges, qui obtient en 1181 une Charte de confirmation des franchises, document qui reconnaît les droits des habitants de la ville par rapport au seigneur, ou de Laon, en 1128. Pour affirmer leur autonomie chèrement obtenue, des beffrois, tours renfermant les cloches de la commune, symboles des libertés communales, sont construits pour être plus hauts que la cathédrale de la ville. Des chartes précisent les droits du seigneur et ceux des bourgeois. Dans certaines villes, des conseils (groupe élu parmi les plus riches habitants) rendent justice, perçoivent des taxes et administrent la ville. Lieu de pouvoir, la ville reflète ses hiérarchies et toutes sont souvent construites de la même façon. Chaque quartier est organisé autour d'une place, ou d'une église. Les ateliers et les boutiques occupent le bas des maisons. Les rues sont étroites, et très animées. Les hommes d'une même profession se regroupent en métiers, formant au sein de la ville des quartiers spécialisés. Des confréries religieuses rassemblent les habitants d'un quartier, ou les hommes d'une même profession. Ces sociétés de secours mutuel, assistant les pauvres, les malades, les veuves et les orphelins, sont très unies. Dans de nombreuses villes, les professions sont organisées en associations, appelées corporations ou métiers. Chaque métier possède un règlement écrit, fixant les horaires, les procédés de fabrication, les prix, et le nombre d'artisans autorisés. Ce règlement est conçu pour limiter la concurrence, assurer la qualité des processus de fabrication et garder le contrôle du marché.

2.3 De la Renaissance à Louis XIV, les villes se préparent à la modernité

Comme entre l'Antiquité et le Moyen Âge, après un essor important, les villes connaissent un soudain déclin. La crise démographique et économique, conséquence de la Grande Peste qui décima une grande partie de la population au milieu du XIVe siècle, provoque la disparition de certaines villes, ou leur transformation en villages. C'est à la Renaissance (fin du XVe et XVIe siècle) que l'on retrouve les prémices de l'apparition des villes de l'ère moderne. Après le désordre spatial des villes médiévales, les rois, mais aussi toutes les personnalités royales (princes, marquis...) veulent embellir la ville pour y laisser leur empreinte. Ce mouvement part de la Florence des Médicis. La pensée de l'art renaissant est théorisée par les écrits d'ALBERTI (architecte italien, 1404-1472) dans *De Pictura*, traité de peinture rédigé en 1435 mais surtout dans son traité d'architecture *De reaedificatoria* (1443-1472), traduit par *L'art d'édifier*, qui marque cette période.

Dans *La ville des temps modernes. De la Renaissance aux Révolutions* (1998) Emmanuel LE ROY LADURIE souligne que la Renaissance correspond à l'heure des beaux ordonnancements, des perspectives et des symétries. La Renaissance réintroduit les formes géométriques telles que le cercle, le polygone, mais aussi les structures en étoiles introduites dans une dimension militaire. Elle facilite le contrôle des villes qui ont des murailles de cette forme. Ainsi, les rois de la fin du XVe siècle, en guerre contre l'Italie, découvrent dans ce pays des formes nouvelles et ramènent des artistes en France. Le premier souverain à s'éprendre de la Renaissance fut Charles VII, suivi de Louis XII et de François 1er (1494-1547). Ainsi, Louis XII fait remanier les châteaux de Blois, Amboise, Chaumont, Gaillon et François 1er, celui de Chambord, qui conserve néanmoins une structure médiévale : puissantes tours, et partie centrale formant donjon mais sur lesquelles on ajoute de nombreuses fenêtres car la fonction de défense n'a plus la même nécessité. Une autre nouveauté est alors apportée : la création des places au centre des villes. La place devient un nouveau type de formes spatiales dont l'homogénéité de l'architecture fait le caractère et l'esthétique. On peut noter la création à cette période, ou à la période baroque qui fait suite à celle de la Renaissance, de la place Vendôme à Paris ou de la place Stanislas à Nancy. Selon Emmanuel LE ROY LADURIE, « *tout est fait pour enchanter l'illusion spatiale, les proportions, la géométrie, les jeux d'ombre et de lumière. Le style baroque, qui s'étalera du XVIe au XVIIIe siècle, apporte le mouvement, le spectaculaire. Il recherche la mise en valeur des formes urbaines. Toutes ces places disposent en leur centre, pour mettre cette fonction à l'honneur, de la statue du roi comme chef des armées C'est selon des normes strictes de proportion que les façades sont percées de fenêtres.* »

Selon cet historien coordinateur du tome 3 de *L'histoire de la France urbaine*, c'est aussi à cette époque que l'espace public, et plus largement l'environnement urbain tel que nous le définirions aujourd'hui, prend son envol. Avec les places, on assiste à la mise en place de fontaines et d'aménagements paysagers d'accompagnement. Ainsi, c'est l'époque de la création des parcs qui cherchent à émerveiller où les alignements sont là aussi légions et où les jeux sont faits pour enchanter les courtisans. Paris était à la fin de l'époque médiévale une des villes les plus importantes d'Europe. En 1528, François 1er décide, de quitter le val de Loire pour loger à Paris. À ce moment-là, Paris, après s'être construite au fil des siècles, devient la métropole des métropoles. C'est à partir de cette période que progressivement, on ne se sent pas de la même nature suivant que l'on habite à Paris ou en Province. Par la suite, Henri IV se lance dans de grands travaux. Il fait agrandir le Louvre et les Tuileries, crée la place Royale en 1605 (actuelle place des Vosges achevée par Louis XIII). Il transforme la Cité et Saint-Germain. Il fait achever le Pont-Neuf et l'Hôtel de Ville. Dans *L'histoire de la France urbaine*, l'historienne des théories et des formes urbaines et architecturales Françoise DE CHOAY note : « *C'est au cours du XV siècle que l'art s'autonomise pour devenir l'art urbain. Lentement il a pu s'imposer dans ce qu'on nommait alors l'embellissement et contribuer à la beauté des places et à l'aménagement des jardins.* » Du XVIIe siècle, on retient que Louis XIV devient roi de France. Dans son statut de monarque absolu, il construit, après avoir quitté le Louvre, son palais à Versailles. L'art renaissant évolue vers le classicisme. Vauban met en place une architecture militaire, les fortifications, qui lui est spécifique pour défendre le pays. Ce commissaire général des fortifications, puis lieutenant général des armées sous Louis XIV construit trente-trois places fortes et en aménage près de trois cents.

3 La ville a été le théâtre de la Révolution industrielle

3.1 Le développement des villes est spectaculaire pendant la Révolution industrielle et fascine les écrivains

C'est au XIXe siècle que la ville connaît en Occident son développement le plus spectaculaire, alors que la Révolution industrielle est en pleine expansion. La ville de Londres atteint ainsi 3 millions d'habitants en 1960, 7 millions en 1910. Le nombre de villes de plus de 100 000 habitants passe de 24 en 1800 à 195 en 1900. Cette urbanisation s'accompagne du développement de nouvelles possibilités techniques, qui transforment la construction. Le fer, l'acier sont à l'honneur, l'électricité, le béton armé transforment l'art de bâtir. De nouveaux édifices naissent, qui ne reproduisent pas des plans déjà existants auparavant, nécessaires pour accueillir de nouvelles activités. On construit ainsi des gares, des grands magasins, des usines, des gratte-ciel. Les écrivains de cette époque sont fascinés par la transformation de la ville, qu'ils la rejettent ou l'approuvent. Ainsi Émile ZOLA, dans *Le ventre de Paris,* paru en 1873, décrit les émotions suscitées par la ville industrielle, et notamment les halles : « *Il leva une dernière fois les yeux, il regarda les Halles. Elles flambaient dans le soleil. Un grand rayon entrait par le bout de la rue couverte, au fond, trouant la masse des pavillons d'un portique de lumière ; et, battant la nappe des toitures, une pluie ardente tombait. L'énorme charpente de fonte se noyait, bleuissait, n'était plus qu'un profil sombre sur les flammes d'incendie du levant. En haut, une vitre s'allumait, une goutte de clarté roulait jusqu'aux gouttières, le long de la pente des larges plaques de zinc. Ce fut alors une cité tumultueuse dans une poussière d'or volante. Le réveil avait grandi, du ronflement des maraîchers, couchés sous leurs limousines, au roulement plus vif des arrivages. Maintenant, la ville entière repliait ses grilles ; les carreaux bourdonnaient, les pavillons grondaient.* »

De la même façon, Louis-Ferdinand CÉLINE, dans son *Voyage au bout de la nuit*, paru en 1932, décrit New-York, symbole des nouvelles villes américaines : « *Figurez-vous qu'elle était debout leur ville, absolument droite. New-York c'est une ville debout. On en avait déjà vu nous des villes bien sûr, et des belles encore, et des ports et des fameux mêmes. Mais chez nous, n'est-ce pas, elles sont couchées les villes, au bord de la mer ou sur les fleuves, elles s'allongent sur le paysage, elles attendent le voyageur, tandis que celle-là l'Américaine, elle ne se pâmait pas, non, elle se tenait bien raide, là, pas baisante du tout, raide à faire peur.* »

3.2 Le paysage urbain change alors profondément, les villes prennent leurs allures modernes

Leonardo BENEVOLO, dans son *Histoire de l'architecture moderne* dont le tome 1 est consacré à la Révolution industrielle (1998), souligne que l'invention d'un nouveau paysage urbain est l'un des principaux défis du XIXe siècle face aux bouleversements de la Révolution industrielle. « *Les progrès techniques, les exigences économiques, les pressions sociales ont des répercussions profondes sur l'urbanisme : en quelques décennies le monde urbain change.* » Les nouveautés se déclinent en plusieurs thèmes : nouvelles rues, nouveaux bâtiments, nouveaux modes de circulation, nouveaux matériaux, nouveaux centres de pouvoir, nouvelles villes. C'est à tout cela que va s'attaquer Napoléon III avec le concours du préfet Haussmann quand il décide de « *percer la Grande Citrouille* », c'est-à-dire aérer Paris.

Selon BENEVOLO, ce qui frappe d'abord l'observateur c'est la spécialisation progressive de l'espace. Dans la rue par exemple, pendant longtemps il n'y a pas eu de distinction entre l'espace piétonnier et celui du véhicule. Avec la Révolution industrielle, la création des trottoirs sépare le monde piéton de celui du déplacement rapide. Un autre phénomène marque l'observateur de la rue, c'est l'apparition des lampadaires d'abord fonctionnant au gaz puis à l'électricité. Ils remplacent les quelques rares lanternes à huile du XVIIIe siècle et se multiplient rapidement dans les grandes villes. Dans cette même rue, se concurrencent différents modes de transport. Le cheval dont les limites dans la capacité de transport sont atteintes avec l'omnibus, puis le tramway qui impose un paysage urbain tissé de fils électriques, maillé par un réseau ferré dense. Enfin, apparaît l'automobile qui va mettre plus d'un demi-siècle pour s'imposer.

La Révolution industrielle est aussi à l'origine de nouveaux bâtiments : l'usine bien sûr, la fumée devenant un des attributs de la ville. En effet, au XIXe siècle, les moyens de transport en commun ne sont pas assez développés pour permettre une implantation des usines à la périphérie des villes. Le travailleur doit pouvoir se rendre sur son lieu de travail à pied. Le phénomène de l'usine dans la ville va perdurer jusqu'aux années 1960 au moins comme en témoigne l'usine Renault de Billancourt par exemple. Tout aussi marquant que l'usine, la gare est le symbole même du nouveau bâtiment selon BENEVOLO. L'architecte est mis à l'épreuve, il faut inventer une construction qui n'a pas de précédent. Les architectes allient alors tradition et modernité. Le modèle généralement retenu pour ériger une gare est celui de l'antique basilique, mais les matériaux sont nouveaux : acier et verre. Ces derniers vont permettre une véritable révolution architecturale avec, par exemple, l'élévation des premiers gratte-ciel. De la Révolution industrielle a émergé un nouveau paysage urbain ; la ville moderne est née au XIXe siècle. Depuis, elle ne cesse de s'agrandir, de se moderniser.

3.3 Au-delà des changements urbains, l'avènement des villes sur cette période est révélateur d'une entrée dans la modernité

Dans le quatrième tome de *L'Histoire de la France urbaine* (1983) consacré à la ville à l'âge industriel et coordonné par Maurice AGULHON, ce dernier s'interroge sur le sens du développement modéré de la France urbaine comparativement à l'Angleterre et à l'Allemagne de 1840 à 1950. Il se demande s'il s'agit d'un « *épiphénomène de la modernité du capitalisme industriel* », s'il s'agit d'un événement qui a ses logiques propres. C'est sur cette interrogation centrale que cet ouvrage collectif est bâti. Les auteurs démontrent à partir de cartes et de statistiques, l'existence d'une particularité spécifique du développement urbain sur cette période qui relie Louis-Philippe à Vincent Auriol. Ce nouveau phénomène urbain entraîne une série de conséquences selon ces auteurs. D'un côté, logiquement, il modifie la ville qui se développe, se construit et s'invente comme nous l'avons vu précédemment. Mais par ailleurs, ce nouveau phénomène urbain modifie « *les pensées et les arts de la ville* ». La vie quotidienne des citadins n'est plus la même, le travail structure davantage le temps que l'Église, les citoyens sortent davantage de leurs foyers, sont plus mobiles. Les foyers évoluent cependant également avec l'apparition de l'électricité, de l'eau courante qui va créer de nouvelles pièces comme la salle de bain, les toilettes ou la cuisine au sein des foyers les plus modernes. Leur vie culturelle se densifie également, ils participent davantage à des événements culturels qui sont plus riches, plus variés et plus proches. Sur cette période se développent notamment les cinémas, les restaurants… Plus globalement c'est toute la vie de l'individu qui est affectée, moindre place à la religion, moindre place à la famille, plus de place à l'individu en lui-même et à ce que TOCQUEVILLE nommait sa « *petite société* », dans *De la démocratie en Amérique* (1835), c'est-à-dire la cellule familiale la plus proche et quelques personnes choisies. Les auteurs montrent aussi que leurs opinions politiques changent, évoluent.

L'apport de ce quatrième tome de *L'histoire de la France urbaine* est aussi de mesurer le poids des politiques urbanistiques, de ce que les auteurs nomment « *le cycle haussmannien* » de l'époque pour assurer un développement sain de la ville. En effet, le développement des villes n'est pas sans poser des problèmes environnementaux. Le poète Émile VERHAEREN, dans un poème intitulé « La plaine » issu de son œuvre *Les villes tentaculaires,* écrit ces vers : « *Et maintenant, où s'étageaient les maisons claires / Et les vergers et les arbres parsemés d'or, / On aperçoit, à l'infini, du sud au nord, / La noire immensité des usines rectangulaires (…) / L'égout charrie une fange velue / Vers la rivière qu'il pollue ; / Un supplice d'arbres écorchés vifs / Se tord, bras convulsifs, / En façade, sur le bois proche.* »

En effet, loin du tableau idyllique présenté préalablement, Maurice AGULHON, dans *L'histoire de la France urbaine* souligne les difficultés nées du développement des villes. Au tournant du XXe siècle, alors que Paris connaît « *les fastes du progrès* » à l'occasion de l'Exposition universelle de 1900 et inaugure son métropolitain, et bien que la France demeure un pays plus rural que ses voisins industrialisés, comme le Royaume-Uni et l'Allemagne, certaines de ses villes connaissent une croissance remarquable de leur population : de 1851 à 1891 ce sont près de 5,2 millions de nouveaux venus qui s'installent dans l'ensemble des villes françaises et de 1911 à 1931 la population urbaine augmente de 3,2 millions de personne. Ce développement urbain suscite des témoignages inquiets : les conditions de vie populaires, où l'hygiène fait souvent défaut, seraient responsables d'un caractère « mortifère », « pathogène ». D'ailleurs les statistiques dénoncent un retard français dans la baisse de la mortalité urbaine, par rapport aux pays d'Europe du Nord selon Maurice AGULHON. Pour beaucoup de médecins de l'époque, les villes seraient d'immenses mouroirs où les ruraux déracinés viendraient trépasser de tuberculose et d'autres maladies pulmonaires ou de fièvre typhoïde et autres maladies intestinales : « *de l'air, de la lumière, de l'eau pure, tels sont les facteurs préventifs qui manquent aux citadins les plus pauvres* ».

C'est pourquoi, cette période est aussi celle de l'invention de l'urbanisme. Les auteurs soulignent que sur cette période « *un petit nombre d'élites, architectes, élus ou "réformateurs", commencent à réfléchir à la manière d'endiguer une croissance apparemment anarchique des faubourgs et de contrôler l'extension des "villes tentaculaires" selon les mots du poète belge Émile VERHAEREN* ». Le combat est donc mené sur plusieurs terrains à la fois : améliorer le logement populaire pour combattre la tuberculose, mais aussi moraliser les classes laborieuses, s'attaquer aux fumées et autres émanations industrielles pour permettre à l'industrie de se développer sans mettre en danger les voisins, contrôler la pureté de ce qui entre et de ce qui sort dans l'organisme urbain... Ces mécanismes ne sont pas sans rappeler les logiques de « développement durable » aujourd'hui appliquées. La ville est entrée dans la modernité à cette période.

4 Pendant les Trente Glorieuses, la ville devient un phénomène dominant du fait de l'exode rural

4.1 La croissance des villes renforce l'opposition entre ville et campagne

Le développement de la ville, au XIXe siècle, renforce l'opposition déjà existante entre deux espaces : la ville et la campagne. Dès 1668, Jean de la FONTAINE, dans le Livre I de ses *Fables,* compare la vie menée entre le rat des villes et le rat des champs. Si le rat des villes mène une vie plus raffinée, se nourrissant de mets délicats comme les ortolans, contrairement à son alter ego le rat des champs, il connaît également la crainte, qui fait détaler les deux compagnons alors que durant leur repas, ils entendent un bruit menaçant. Alors que les deux amis finissent leur repas, le rat des champs conclut : « *c'est assez, dit le Rustique / Demain, vous viendrez chez moi. / Ce n'est pas que je me pique / de tous vos festins de roi ; / Mais rien ne vient m'interrompre ; / Je mange tout à loisir. / Adieu donc ; fi du plaisir / Que la crainte peut corrompre !* » Les attraits de la ville ne suffisent pas, pour le rat des champs, à compenser la peur et l'insécurité qui caractérisent la vie en ville.

L'opposition entre ville et campagne ne tient pas seulement à l'incertitude qui caractérise la vie en ville, mais aussi à la façon dont les métiers et les espaces sont distribués. Ainsi, la ville accueille des activités appartenant aux secteurs secondaire (industries notamment) et tertiaire (services commerciaux et administratifs). Au contraire, la campagne s'appuie sur des activités liées au secteur primaire : l'agriculture qui permet à l'homme de produire les ressources indispensables à sa survie, à son alimentation. L'évolution du poids respectif de ces secteurs montre ainsi la prédominance progressive de la ville. En 1806, l'agriculture occupait 65 % de la population active, alors que l'industrie et le bâtiment 20 %, et le secteur tertiaire 15 %. En 1974, le secteur primaire ne regroupait plus que 16 % de la population active, le secteur secondaire 37 %, alors que le secteur tertiaire rassemblait 47 % des actifs. Dans son édition 2017 des *Tableaux de l'économie française*, l'Insee indique qu'en 2015, 3 % des personnes en emploi âgées de 15 ans et plus travaillaient dans le secteur de l'agriculture, 21 % dans le secteur secondaire et 76 % dans le secteur tertiaire.

Au-delà des secteurs d'activité qui occupent les hommes, villes et campagnes se distinguent par la concentration. La ville en effet est un lieu de concentration : concentration des hommes, des habitats, des métiers et des produits notamment. Contrairement à la campagne, qui tend à se spécialiser, la ville regroupe des fonctions très diverses. Traditionnellement, les habitants des campagnes exercent souvent les mêmes métiers : les mêmes métiers que leurs parents, les mêmes métiers que leurs voisins. Au contraire, les habitants des villes exercent des métiers très différents, et il est rare d'exercer la même fonction que son voisin. De même, les territoires tendent à se spécialiser dans un type de produit : production de cochons en Bretagne, de vaches en Normandie, de blé dans la Beauce. Les habitants d'un même territoire cultivent un même produit, car les conditions météorologiques, la qualité de la terre ou les traditions les poussent à reprendre les mêmes cultures que leurs parents ou leurs voisins. Les produits les plus consommés sont souvent ceux qui sont produits localement. Au contraire, la ville ne produisant aucune ressource alimentaire, elle doit faire venir les produits qui nourrissent ses habitants, qui ont donc souvent à leur disposition des produits plus variés, venant de régions très différentes. Pour le géographe Jacques LEVY dans *Le Tournant géographique* (2000), penser la ville se définit comme un espace regroupant le maximum de diversité, dans un minimum d'espace. MARX et ENGELS, dans *L'idéologie allemande* (1846), affirment ainsi que « *la ville est le fait de la concentration de la population, des instruments de production, du capital, des plaisirs et des besoins, tandis que la campagne met en évidence le fait opposé, l'isolement et l'éparpillement* ». L'opposition entre la ville et la campagne proviendrait de la division du travail, qui avilie l'homme en lui assignant une seule tâche, et le rend dépendant des autres : « *L'opposition entre la ville et la campagne ne peut exister que dans le cadre de la propriété privée. Elle est l'expression la plus flagrante de la subordination de l'individu à la division du travail, de sa subordination à une activité déterminée qui lui est imposée. Cette subordination fait de l'un un animal des villes et de l'autre un animal des campagnes, tout aussi bornés l'un que l'autre, et fait renaître chaque jour à nouveau l'opposition des intérêts des deux parties.* »

4.2 Durant les Trente Glorieuses, la croissance des villes menace l'existence de la campagne

Cette opposition marquée entre ville et campagne semble s'accentuer à partir des années 1950. Les villes, devenues symboles de la modernité, s'étendent et paraissent menacer la campagne, dont l'emprise au sol diminue, au point que l'on peut même croire à sa disparition. En effet, à la sortie de la seconde guerre mondiale, la ville apparaît, tout comme au XIXe siècle, comme le symbole de la modernité. Les conséquences de la seconde guerre mondiale sont très lourdes. En 1946, la France ne compte plus que 40 millions d'habitants. Les gouvernements successifs mettent alors en place des politiques publiques qui visent à accroître la population française, en encourageant les naissances et en facilitant l'immigration. Ces politiques publiques sont un succès. Trente ans après, la France compte 10 millions d'habitants supplémentaires, qui se sont pour l'essentiel installés en ville. Ainsi, la population urbaine, qui regroupait en 1946 53 % des habitants, rassemble en 1976 75 % de la population française.

La croissance urbaine s'est principalement effectuée dans les villes de banlieues, qui sont passées de 12 millions d'habitants en 1962 à 16 millions en 1975. Dans le même temps, les habitants des centres-villes n'ont augmenté que de 2,5 millions, passant de 21 millions à 23,5 millions. En effet, alors que les centres-villes sont pour la plupart constitués de logements insalubres, qui n'offrent que peu d'attraits aux nouveaux urbains en quête de modernité, les logements construits en banlieue sont neufs, et offrent un confort de vie inégalé : grands espaces, sanitaires et cuisines neuves, nombreuses fenêtres, présence d'espaces verts, électricité et plomberie neuve. Au contraire, les logements des centres-villes sont inadaptés à la vie moderne. Les logements existants ont en effet été pour la plupart construits au XIXe siècle et sont pensés pour accueillir de grandes familles bourgeoises, avec leurs domestiques, ou une population ouvrière pauvre, dont les membres vivent réunis dans une même pièce. Les nouveaux urbains sont pour la plupart constitués de couples avec deux ou trois enfants, qui accèdent grâce au travail des femmes à un niveau de vie plus élevé, sans pour autant pouvoir employer des domestiques et nécessiter des espaces aussi grands que ceux offerts par les logements anciens des centres-villes, qu'ils n'auraient de toute façon pas les moyens d'entretenir. La rénovation des centres urbains n'a lieu qu'à partir des années 1970. Leur physionomie se transforme alors fortement. Les petits commerces ferment, remplacés par des centres commerciaux en périphérie. Les populations les plus pauvres ne peuvent plus se loger en centre-ville, les loyers ayant fortement augmenté à la suite des rénovations entreprises. La population tend alors à s'installer en banlieue, s'appropriant ces espaces gagnés sur la campagne, dont l'emprise semble inéluctablement diminuer. Dans son ouvrage *Les Trente Glorieuses* (1979), Jean FOURASTIE montre ainsi que le stock de logements a, en vingt ans, fortement augmenté, passant de 14 millions en 1954 à 21 millions en 1975.

Cette urbanisation de la population concerne progressivement tout le territoire français. En effet, si en 1931 le taux d'urbanisation atteint 50 %, soit 80 ans après l'Angleterre, il faut attendre le milieu des années 1970 pour que l'urbanisation concerne l'ensemble du territoire, y compris les zones rurales de l'ouest de la France, jusque là peu concernées. Dans son ouvrage *Les Trente Glorieuses*, Jean FOURASTIÉ montre ainsi que la France de 1975, tertiaire et urbanisée, est très différente de celle de 1946, encore largement rurale et agricole. Entre 1945 et 1975, la part des agriculteurs est ainsi passée de 32 % à 10 % de la population active, alors que dans le même temps, le nombre d'actifs dans le secteur tertiaire a été multiplié par 1,2 et celui du tertiaire par 1,6. Dès 1967, le sociologue Henri MENDRAS décrit, dans son ouvrage *La fin des paysans*, comment le monde rural traditionnel tend progressivement à disparaître. Le développement du progrès en matière agricole a profondément bouleversé les mentalités et les compétences, rendant la main-d'œuvre agricole moins nécessaire, obligeant une partie de la population à se rendre en ville pour y trouver du travail. Pour MENDRAS, la civilisation technicienne a remplacé la civilisation paysanne, « *l'état de paysan* » disparaissant au profit du « *métier d'agriculteur* », l'introduction de nouvelles cultures, comme le maïs hybride dans les Basses-Pyrénées, bouleversant les structures sociales traditionnelles. Le paysan est ainsi « *désorienté par une innovation qu'on lui présente sans conséquence sociale, alors qu'il entraperçoit l'aboutissement ultime dans un bouleversement complet de son système de vie* ». En effet, au-delà de l'introduction d'une nouvelle culture, l'adoption du maïs implique de nombreux autres bouleversements, étrangers jusqu'alors à la vie des paysans : achat de semences, alors que jusqu'à présent on réutilisait celles des années précédentes, utilisation d'engrais pour enrichir la terre et permettre l'adaptation d'une culture non traditionnelle, utilisation de matériel agricole, imposant l'endettement des paysans, à la différence de l'utilisation des outils traditionnels, et la spécialisation des paysans, tous n'ayant pas appris l'utilisation des machines. Dans la postface qu'il rédige, vingt ans après, pour la nouvelle édition de son ouvrage, MENDRAS conclut ainsi que « *les évènements [lui] ont donné raison : en une génération, la France a vu disparaître une civilisation millénaire, constitutive d'elle-même* ».

4.3 L'opposition entre ville et campagne perd donc progressivement son sens

En effet, si la croissance des villes a semblé dans un premier temps renforcer l'opposition existant entre ville et campagne, entre deux modes de vie totalement différents, l'urbanisation croissante se traduit par un autre phénomène, un effacement progressif des différences entre ces deux espaces, tant l'influence des modes de vie citadins ne se cantonne plus dans les zones urbaines, mais pénètre également au sein des campagnes. C'est cette influence progressive que décrit Jean-Pierre LE GOFF dans son ouvrage *La fin du village* (2012). Prenant l'exemple d'un petit village de Provence, Cadenet, longtemps resté à l'abri de l'influence urbaine, l'auteur montre les transformations progressives qui y sont intervenues. C'est un espace qu'il connaît bien, pour y avoir passé chaque année ses vacances. Mais au fur et à mesure de ses séjours, il prend la mesure des bouleversements subis par cette collectivité villageoise, de plus en plus éloignée de l'image traditionnelle du village français. L'arrivée de nouveaux habitants, doublant la population du village, transforme les rapports de force et les modes de vie. Les nouveaux habitants s'opposent aux anciens, car ils vivent l'espace du village d'une façon totalement opposée. Ainsi, pour LE GOFF, « *chez les anciens, l'influence des coutumes de l'ancienne collectivité villageoise reste encore bien présente alors que la réalité extérieure n'est plus la même, et qu'ils ont eux-mêmes changé. L'attachement au "village" fait partie des liens originaires indéracinables : ils les ont marqués pour la vie. Chez eux, le "village" – comme la famille à laquelle il est étroitement associé – est partie intégrante de leur identité. Il est intimement lié aux souvenirs de leur enfance et de leur jeunesse, revalorisés à un âge avancé de la vie, en même temps qu'il renvoie à une sagesse populaire qui semble s'être perdue aujourd'hui.* »

En effet, les modes de vie urbains ne se limitent plus aux villes, mais sont diffusés par une population qui, ne pouvant ou ne désirant pas s'installer en ville, vient vivre à la campagne, qu'elle transforme se faisant, en vivant à la campagne comme elle aurait vécu en ville. C'est le cas dans le village de Cadenet, qui voit, à la fin des années 1960, sa population diminuer sous l'effet des difficultés rencontrées par l'agriculture et la vannerie, deux secteurs d'activité qui ont longtemps structuré le village. Les élus décident alors d'attirer de jeunes couples, qui travaillent en ville, mais désirent bénéficier d'une maison avec un jardin, qu'ils ne peuvent s'offrir tant les prix de l'immobilier tendent à augmenter. Les élus se lancent alors dans la construction de nouveaux équipements : bibliothèque, piscine, espaces sportifs, salle des fêtes, propres à attirer ces nouveaux habitants. De même, la culture est mise en avant. Les associations proposant des activités culturelles sont soutenues, de nouveaux équipements sont construits. Mais cette politique, qui reprend les codes susceptibles d'attirer de jeunes urbains, ne convient pas aux anciens du village. Pour LE GOFF, « *au moment où l'agriculture périclitait et où le chômage se développait à Cadenet comme dans le reste du pays, l'accent porté sur la culture apparut à beaucoup d'anciens habitants comme un substitut dérisoire aux anciennes activités. Non seulement cela n'améliorait pas leur situation, mais ils avaient le sentiment qu'ils finançaient désormais, par leurs impôts, des projets qui ne les concernaient pas. (...) Devenus les perdants d'un changement sur lequel ils ne semblaient plus avoir de prise, les anciens du Bar du Cours s'enfermaient dans la nostalgie de la Provence entretenue par les films de Pagnol, critiquant pêle-mêle et sans mesure la nouvelle municipalité, les "gens de la ville" et leurs nouvelles associations jugés coupables de tous leurs maux.* »

De plus, « *les citadins qui sont venus habiter à Cadenet n'avaient pas forcément conscience des contraintes et des traditions de la vie à la campagne, ayant vécu dans des villes où l'individu se protège de la promiscuité par la distance prise avec ses semblables, par la délimitation stricte d'un espace privé dans lequel il puisse se sentir autonome et libre. En venant vivre à la campagne, ils ont reproduit cet individualisme urbain. Les habitudes et les contraintes citadines font désormais partie de la vie collective. Même s'il demeure un bourg tranquille, Cadenet a pris des allures de banlieue campagnarde et la mentalité de la grande majorité des habitants n'a plus grand-chose à voir avec celle des vanniers et des agriculteurs d'autrefois.* »

L'influence de la ville est telle, qu'elle pénètre même les espaces ruraux, fragilisant les oppositions traditionnelles entre villes et campagnes.

5 La ville, un phénomène mondialisé

5.1 La vie en ville concerne aujourd'hui plus d'un humain sur deux, mais elle est loin d'être la même partout

Depuis 2009, plus de la moitié de la population mondiale vit en ville. Mais si plus de 3,4 milliards d'individus vivent en ville, ils sont pourtant loin de vivre dans les mêmes villes. Les habitants du continent européen vivent dans des villes créées souvent il y a plusieurs siècles. Héritières des civilisations grecques, latines ou des fortifications moyenâgeuses, elles sont structurées autour d'un centre historique ancien, entouré de constructions plus récentes qui se transforment en banlieues, puis en tissus périurbains plus lâches.

Aux États-Unis, les villes sont plus récentes. Elles se sont développées au XIXe siècle et, si elles héritent d'une partie de l'histoire européenne, puisque construites par des colons qui y sont nés, elles ne ressemblent pourtant pas à leurs consœurs. Les plans de ces villes sont souvent des plans en damiers, beaucoup plus réguliers que les plans concentriques européens. Les villes sont bien plus peuplées qu'en Europe, plus de 30 % des Américains vivant dans une métropole de plus de 5 millions d'habitants.

C'est en Asie que se trouvent les villes les plus peuplées du monde, qu'elles soient à la pointe de la technologie, comme Tokyo ou Séoul, ou confrontées aux problèmes liés au sous-développement, comme à Calcutta ou à Delhi. Mais le continent africain n'est pas en reste et les villes en Afrique se développent rapidement.

5.2 Aujourd'hui, les villes sont à nouveau au cœur de la mondialisation des échanges

Dans son ouvrage *Civilisation matérielle, économie et capitalisme* (1979), l'historien Fernand BRAUDEL avait montré l'importance des « villes-mondes », villes exerçant à l'échelon international des fonctions stratégiques, en permettant l'organisation des flux et des réseaux. Les villes-mondes reçoivent informations, marchandises, capitaux, hommes et crédits venus des horizons les plus divers, et les transmettent dans de nouvelles directions. Carthage, Venise ou Constantinople ont ainsi constitué, à différentes époques, de telles villes-mondes.

Aujourd'hui, la ville est plus que jamais l'illustration de la mondialisation. Certaines villes peuvent être ainsi caractérisées de villes mondiales, concentrant les fonctions de direction économique (installation des sièges de firmes transnationales), de direction politique, en accueillant les lieux du pouvoir national, mais aussi international (organisations internationales par exemple), en constituant un lieu d'accueil pour les hommes, en étant au centre des infrastructures de transport et de communication. Alors que dans le monde, il y a 85 pays de plus de 10 millions d'habitants, il y a également 16 villes qui, à elles-seules, dépassent ce seuil de population. Ces villes sont situées sur plusieurs continents. En Asie tout d'abord, où Pékin, Shanghai et Karachi dépassent les 20 millions d'habitants, en Afrique également avec Lagos (21 millions d'habitants), Le Caire (12 millions) ou Kinshasa (10 millions). D'autres villes comme Istanbul (14 millions), Moscou (12 millions) ou Sao Paulo (12 millions) font également partie de ce classement.

Pascal BONIFACE montre ainsi, dans *Comprendre le monde*, que la mondialisation s'est accélérée depuis 1945. En effet, entre 1945 et aujourd'hui, le coût du fret maritime a diminué de 50 %, celui du fret aérien de 85 %, et ceux des télécommunications ont baissé de 99 %. Cette diminution des coûts de transport et de communication a permis une démultiplication des échanges, en même temps que leur internationalisation. Dans la seconde moitié du XXe siècle, les échanges internationaux ont ainsi été multipliés par 20. Bien plus encore, les flux financiers sont 40 à 50 fois supérieurs aux échanges de biens et de services. L'argent circule ainsi beaucoup plus vite que les produits qu'il sert à acheter. Les lieux de pouvoir ne sont donc plus les usines et les champs, qui permettent la production de biens, mais les grandes métropoles internationales, qui facilitent la circulation de l'argent. Les échanges de services, de capitaux, d'informations n'ont plus besoin de supports matériels et sont organisés à partir des grandes métropoles mondiales.

5.3 Les villes-mondes sont aujourd'hui autant connectées qu'elles sont en concurrence

Selon Pascal BONIFACE, dans *Comprendre le monde,* la mondialisation permet de mettre en relation les différentes parties du monde grâce aux échanges humains, marchands et culturels mais la mondialisation n'est pas encore planétaire car toutes les villes n'ont pas atteint le même niveau de développement. Le rôle des villes dans la mondialisation est donc très variable. Aujourd'hui, certaines villes et les entreprises multinationales qu'elles abritent sont plus puissantes et plus influentes que certains secteurs. Cela s'explique par la concentration dans les grandes villes des acteurs financiers, des banques, des acteurs de l'innovation technologique, des universités et centres de recherche et acteurs industriels. À titre d'exemple, le PIB de l'Islande en 2010 est de 12 milliards de dollars, le chiffre d'affaires d'Apple cette année-là était de 170 milliards de dollars et la richesse produite à Tokyo était de 1 500 milliards de dollars. Ainsi Tokyo, au même titre que Londres, New York et Paris sont qualifiées de métropoles mondiales concentrant à la fois population et richesse mais englobent également des fonctions politiques (New York abrite par exemple le siège des Nations Unies qui accueille parfois tous les chefs d'État simultanément) des fonctions culturelles (Paris abrite le musée le plus visité du monde, le Louvre) et également des fonctions économiques et financières (le quartier de la City à Londres concentre plus de cinq cents banques).

Mais les métropoles mondiales sont aussi des villes très connectées entre elles grâce aux réseaux de communication et aux réseaux de transport de plus en plus performants. D'ailleurs les métropoles sont parfois plus connectées avec les métropoles d'autres pays plutôt qu'avec les villes de leur territoire national du fait de la concentration des infrastructures portuaires et aéroportuaires liés aux besoins générés par les échanges mondiaux. Cette mise en réseau des grandes métropoles crée une standardisation des paysages et des modes de vie. Dans les grandes métropoles, on trouve désormais les mêmes centres commerciaux et les mêmes chaînes de restauration et d'habillement. Les réseaux de communication et notamment les réseaux Internet à très haut débit ont joué un rôle important dans la création d'un mode de vie urbain mondialisé qui sera développé dans le chapitre suivant.

Pour maintenir leur niveau de développement face à la concurrence de nouvelles métropoles mondiales, les métropoles comme Londres, New York ou Paris entreprennent de vastes plans d'aménagement urbain comme le montre l'exemple de la construction du quartier de La Défense dans les Hauts-de-Seine dans les années 60, devenu depuis le plus grand quartier d'affaires européen par l'étendue de ses bureaux accueillant plus de 2 500 entreprises et 180 000 salariés répartis sur plus de 70 tours. En 2009, Londres pour maintenir la place de sa « City » face à la concurrence a par exemple construit « The Shard », le plus grand gratte-ciel d'Europe, haut de 306 mètres. Toutefois, dans cette course à la verticalité, les métropoles européennes sont loin derrière celles des pays émergents. Construire haut coûte souvent plus cher, mais la Shanghai Tower de 632 mètres ou la Burj Khalifa haute de 828 mètres sont avant tout des démonstrations de richesse et de puissance. Par ailleurs, les métropoles des pays émergents qui cherchent à s'intégrer de plus en plus dans la mondialisation affirment également leurs positions sur la scène internationale en organisant des événements internationaux comme la coupe du monde de football au Qatar (après être passée par l'Afrique du Sud, le Brésil ou encore la Russie). Comme le souligne Pascal BONIFACE dans *La Terre est ronde comme un ballon. Géopolitique du football* (2002), ces pays aspirent ainsi à montrer au monde entier leur développement et leurs ambitions. Mais cela masque une réalité bien différente, ces espaces urbains sont séparés en zones de concentration de richesse et en zones de concentration de pauvreté. Ces inégalités spatiales n'ont pas été créées par la mondialisation mais elles ont pu être renforcées par celle-ci notamment dans les métropoles des pays émergents. À titre d'exemple, Sao Paulo est une métropole émergente sur le plan économique, fortement insérée dans les réseaux internationaux, dans lesquelles les inégalités sociales sont extrêmement fortes entre les habitants qui tirent profit de la mondialisation et ceux qui sont exclus de ses bénéfices et qui s'agglomèrent dans les bidonvilles. Dans les pays développés, le même processus se produit avec des villes gagnantes de la mondialisation et d'autres qui ne le sont pas comme en témoigne l'exemple de Détroit dont le nombre d'habitants diminue chaque année et dont la pauvreté s'accroit parallèlement au déclin de son industrie automobile. La romancière

Marianne RUBINSTEIN dessine dans *Détroit dit-elle. Économie de la survie* (2016) les traits d'une ville « *symbole de l'ancien capitalisme industriel, mais aussi du nouveau dans ses folies et ses dérèglements (crise des subprimes, désertification urbaine, problèmes écologiques, discriminations, ultra-violence, etc.)* » où elle a « *vu les maisons éventrées, les usines et les écoles murées* ».

CHAPITRE 5

La ville porteuse de toutes les utopies

SOMMAIRE

1 La ville marque la victoire de la culture sur la nature et amène la modernité

1.1 Par définition, la ville est une victoire de la culture sur la nature

Les sociologues Hervé MARCHAL et Jean-Marc STEBE affirment dès l'introduction de leur *Traité sur la ville* (2009) que l'opposition traditionnelle que l'on opère entre campagne et ville peut se comprendre comme « *une opposition entre nature et culture* ». En effet, il rappelle que la mythologie latine date la création des villes au geste de Romulus, délimitant, par un sillon, l'emplacement de la ville de Rome. Ce geste, qui traduit la volonté de l'homme de marquer son territoire, de le transformer à son image, symbolise en effet une rupture entre l'homme des champs qui s'adapte à la nature et l'homme des villes qui façonne celles-ci en contraignant la nature. Pour les sociologues, cela marque la distinction « *entre la création de Dieu (la nature) et la création de l'homme (la ville circonscrite). De ce point de vue, la ville est un pur construit humain, un cadre matériel protecteur s'affranchissant des contraintes naturelles et adapté à ses activités politiques, culturelles et économiques. La ville, en tant qu'artefact, révèle que l'homme est en mesure d'imposer ses lois et ses rythmes à la nature, d'humaniser son environnement et de s'éloigner de l'incertitude ontologique du monde (cycles de la nature, maladies, violence...).* »

Ainsi, la ville traduirait le fait que l'homme, à l'origine être issu de la nature, comme tous les animaux, est aussi un être de culture, capable de modifier le monde pour qu'il lui soit vivable, voire agréable. L'homme est capable de transformer son environnement, de créer des abris pour se protéger, des routes pour se déplacer, des lieux publics pour se gouverner. Ainsi, l'apparition de la ville est concomitante à la maîtrise progressive de l'homme sur la nature. Dans son *Discours de la Méthode*, publié en 1637, DESCARTES écrit que les sciences et les techniques pourraient nous rendre « *comme maîtres et possesseurs de la nature* ». En effet, l'époque moderne semble bouleverser le rapport de l'homme à la nature. D'une puissance crainte et respectée, souvent déifiée, la nature devient un territoire à explorer, à dominer. Ainsi DESCARTES prône un enseignement qui évoque « *la force et les actions du feu, de l'eau, de l'air, des astres, des cieux et de tous les corps qui nous environnent* » plutôt que « *la philosophie spéculative* » qu'il a reçue. DESCARTES produit à partir de ce constat, sa vision de l'arbre de la connaissance. Cet arbre de la philosophie prend racine dans la métaphysique, développe son tronc par la physique et donc la connaissance de la nature, et produit trois branches, la mécanique qui est la science des machines, la médecine et la morale qui semble venir en dernier. Pour DESCARTES, le savoir ne doit plus avoir comme seule finalité celle de « savoir », mais celle d'agir, de pouvoir. Ainsi les sciences modernes sont utiles afin de connaître les lois qui régissent les phénomènes naturels et de pouvoir agir sur eux pour réaliser des fins proprement humaines. Ainsi, les sciences doivent permettre de guérir des maladies, d'allonger l'espérance de vie des individus mais également atténuer la dureté des travaux de l'homme pour les remplacer par la manipulation de machines.

Néanmoins DESCARTES n'aspire pas à voir les sciences servir la puissance humaine pour la puissance. DESCARTES ne justifie pas une conquête agressive de l'homme sur la nature qui pourrait être dévastatrice des équilibres naturels et servir d'autres fins que l'existence humaine. Il ne faut pas que l'homme aspire à se mesurer à Dieu, l'homme doit avoir un usage maîtrisé et responsable des moyens techniques. Un usage guidé par la sagesse et réglé par de véritables choix éthiques. Pourtant, à lire le recueil des *Essais et conférences* de Martin HEIDEGGER dont la première partie est consacrée à « la question de la technique », les rapports de l'homme à la nature vont devenir de plus en plus violents. La conquête de la nature a généré une nouvelle forme de liberté de l'homme qui, affranchi des contraintes naturelles, cherche une maîtrise absolue de tous les phénomènes terrestres. Parmi les exemples, notamment exploités par HEIDEGGER, figure celui de l'évolution des sources d'énergie. En effet, les premières sources d'énergie, celles des campagnes, sont par exemple les moulins à eau et à vent et ne faisaient que prélever au passage des forces naturelles alors que par la suite, en ville, les turbines hydrauliques ont nécessité une canalisation des cours d'eau pour l'emprisonner dans un barrage modifiant substantiellement le fonctionnement naturel. Aujourd'hui, l'énergie nucléaire ne s'obtient que par une fission des particules, générant des modifications au plus intime de la matière, la conquête et la maîtrise de la nature semblent en grande partie achevées.

1.2 La ville est à la fois une cause et une conséquence de la modernité

Comme cela a été évoqué dans le chapitre 4, le développement des villes est à la fois une cause et une conséquence de l'industrialisation. C'est parce que l'industrie a dû se développer qu'il était nécessaire de regrouper une grande partie des forces productives dans un même espace générant ainsi la naissance des villes, mais c'est parce que ces villes sont nées que l'on a pu développer l'industrie. Le lien entre ville et modernité est globalement du même acabit. C'est parce que les individus se sont éloignés de leur famille qui les enserrait (voir point suivant) qu'ils sont devenus de plus en plus dissemblables, et c'est parce qu'ils sont devenus de plus en plus dissemblables qu'ils sont devenus de plus en plus complémentaires. À ce titre, pour Émile DURKHEIM dans *De la division du travail social* (1893), la ville est l'un des symboles du passage d'une société traditionnelle à une société moderne.

En effet, pour DURKHEIM, dans cet ouvrage de référence, le passage des sociétés traditionnelles aux sociétés modernes correspond au passage d'une société à « solidarité mécanique » à une société à « solidarité organique ». Dans la première, la cohésion sociale est assurée par la ressemblance entre les individus. C'est une société villageoise, où l'on s'entraide et où l'on est semblable. Cette ressemblance est garantie par une forte présence des us et coutumes, des normes et valeurs. Les individus doivent se conformer à un ensemble de règles transmises par la famille, par la tradition, par l'Église ou le clan. Toute entrave à cette tradition est sanctionnée, ainsi les individus se conforment davantage à la règle, et comme tous les individus respectent la même règle, ils deviennent davantage semblables.

À l'opposé, dans les sociétés modernes, les individus quittent leur village pour venir s'installer dans des villes. Ils s'éloignent ainsi de la famille et du contrôle qu'elle pouvait appliquer sur leur vie. Par la même occasion, les individus s'éloignent du prêtre et du clan, ils se libèrent. C'est ainsi que les individus individualisés vont devenir de plus en plus dissemblables. La cohésion sociale n'est donc plus assurée par une solidarité mécanique (la ressemblance), mais par une « solidarité organique », c'est-à-dire par la complémentarité entre les individus. Dans *De la division du travail social* (1893), DURKHEIM utilise cette expression de « solidarité organique » en référence au fonctionnement du corps humain. Chaque organe du corps a une fonction bien définie, différente de celle d'un autre organe, mais le corps humain fonctionne grâce à cette complémentarité. Ainsi, pour que la société fonctionne, les ouvriers ont besoins des entrepreneurs, les médecins ont besoin des scientifiques... Les individus sont devenus complémentaires et cette complémentarité est assurée notamment par leur proximité au sein des grands pôles urbains. Ainsi, les différences entre les sociétés à solidarité mécanique et les sociétés à solidarité organique sont nombreuses, les individus quittent leur campagne pour aller en ville (exode rural), le poids de la religion, des normes et valeurs s'affaiblit (sécularisation) et l'individualisme apparaît et libère l'individu de tous les carcans qui l'enserrait (individualisme). En un mot, on passe bien d'une société traditionnelle à une société moderne, la ville est à la fois une cause et une conséquence de cette modernité.

1.3 Au final, l'avènement des villes bouleverse la société en profondeur en touchant aux pouvoirs politiques et religieux

Pour Max WEBER, notamment dans son ouvrage *L'Éthique protestante et l'esprit du capitalisme* (1904-1905), la ville a permis le déploiement du capital, constituant une étape essentielle dans le « désenchantement du monde ». En effet, Max WEBER, dans son ouvrage posthume *La ville,* indique que les villes médiévales d'Europe du nord ont acquis une autonomie politique par rapport au pouvoir centralisé, ce qui a permis l'invention de nouvelles sources de légitimité. C'est en ville que la légitimité bureaucratique s'est mise en place, permettant un traitement impersonnel, mais égalitaire des individus. La ville a donc permis au processus de rationalisation du monde de se développer, puisque c'est la domination légale rationnelle, et non plus traditionnelle ou charismatique, qui s'impose. La naissance d'une nouvelle source de légitimité, qui n'est plus centrée sur la tradition ou le charisme d'un individu, mais qui est plus objective, bureaucratique, a changé profondément la structure de l'État et amené la naissance de l'État moderne dirigé par des gouvernants élus et géré par une administration professionnelle.

Parallèlement à la naissance des villes se développent donc les États modernes basés sur des règles précises le plus souvent écrites. Cette règle semble exister dès la création des premières villes. En effet, Béatrice ANDRÉ-SALVINI, directrice du département Antiquités Orientales au Louvre montre, dans *Le Code d'Hammurabi* (2008), que les premiers textes juridiques, qu'il s'agisse de ce code écrit aux alentours de l'an 1750 avant notre ère ou de celui d'Ur-Nammu, entré en application aux alentours de l'année 2100 avant notre ère, ont été édictés pour favoriser la vie en communauté des individus se concentrant dans les nouveaux pôles urbains. Avec l'arrivée de ce que WEBER nomme « les villes occidentales », l'État moderne est né afin, écrit-il dans *La ville*, « *d'harmoniser les intérêts conflictuels des villes et des groupes en son sein* ». Ainsi, la ville a amené cette nouvelle forme d'État basée sur une réglementation administrative et juridique modifiable par des lois, un monopole de la violence légitime, des institutions rationnelles et continues.

Enfin, WEBER, comme nous l'écrivions précédemment, souligne que la naissance des villes a pour conséquence « *le désenchantement du monde* ». Celui-ci, qui peut être considéré comme le processus de recul des croyances religieuses et magiques au profit des explications scientifiques a entraîné une importante sécularisation des sociétés occidentales. Ainsi, l'arrivée des villes serait également une des causes du recul du religieux dans le monde occidental. Les individus s'éloignant de l'influence du clergé vont petit à petit voir la place du religieux reculer dans leur vie. Ce processus a été analysé par René REMOND, dans *Religion et société en Europe* (1988), comme un processus de « déreligionisation », c'est-à-dire de sortie progressive de la religion de nos sociétés. Même, s'il a pu être contesté par ailleurs (voir la partie sur les radicalités), ce phénomène a bien été mesuré et les croyances religieuses ont connu un fort déclin que l'on peut mettre en parallèle de l'exode rural. Alors qu'en campagne, le contrôle social est très fort et tout le monde sait qui est, ou non, allé à l'Église, en ville le rapport au religieux est plus libre, plus intime. Les individus ne cessent pas nécessairement de croire mais ils font entrer leur croyance dans la modernité, on entre dans ce que Claude LEVI-STRAUSS, nommait dans *La pensée sauvage* (1962), « *une religion bricolée* ».

2 La ville rend l'individu plus libre et ouvre la voie à l'individualisme

2.1 Pour Ferdinand TÖNNIES, c'est en ville que naît l'individu

Dès le XIXe siècle, alors que l'urbanisation s'accélère, de nombreux auteurs montrent que la croissance des villes a une forte influence sur l'organisation de la société en elle-même. Pour ces auteurs, la ville va donner naissance à l'individu, cet homme progressivement détaché des liens traditionnels, autonome et libre, mais aussi déraciné et seul. Le sociologue et philosophe allemand Ferdinand TÖNNIES dans son ouvrage *Gemeinschaft und Gesellschaft* (1887) souligne que l'urbanisation est le résultat du passage d'une communauté auparavant fondée sur les liens du sang (la *Gemeinschaft*), à une société organisée autour du contrat (la *Gesellschaft*). En effet, dans les villages prévalait un fort contrôle social : chacun était en mesure de savoir ce que l'autre faisait, les rôles familiaux et sociaux étaient bien définis et le temps régulièrement cadencé. Au contraire, en ville, les relations sont impersonnelles : on connaît peu ses voisins, les activités sont très spécialisées, puisque chaque individu travaille dans un secteur particulier et le contrôle social est beaucoup plus faible.

Pour TÖNNIES, en ville « *l'attachement à la coutume cède ; le désir de créer prédomine. (...) La vie devient plus diverse et plus nuancée.* » La vie en ville favorise donc l'individualisation, c'est-à-dire la formation d'individus qui ne sont plus une partie d'un tout, mais sont seuls face à leurs choix et leur destin. La vie n'est plus tracée dès la naissance comme au village, où l'on reprenait les activités exercées par les parents et l'on se mariait avec ceux qui vivaient la même vie que soi. La ville risque donc également de favoriser l'individualisme. En effet, pour TÖNNIES, « *ici chacun est pour soi et dans un état de tension vis-à-vis de tous les autres. (...) Une telle conduite négative est normale, elle est le fondement de la position de ces "sujets-forces" les uns vis-à-vis des autres. Personne ne fera quelque chose pour un autre, personne ne voudra accorder ou donner quelque chose à un autre, si ce n'est en échange d'un service ou d'un don estimé au moins équivalent au sien.* »

Cette naissance de l'individu est consigné dans de nombreuses œuvres et se recoupe notamment avec le travail préalablement évoqué de DURKHEIM dans *De la division du travail social* qui souligne également que l'individu naît en s'affranchissant progressivement des carcans familiaux et religieux qui l'enserraient préalablement. On retrouve cette idée dans un roman d'un écrivain et figure de proue du nationalisme français, Maurice BARRES : *Les déracinés* (1897). Dans ce roman, l'on suit sept jeunes originaires de Nancy qui viennent s'installer à Paris. On y découvre leurs relations amoureuses, leur désir d'élévation sociale mais également leurs problématiques morales. Libérés du poids du contrôle familial, clanique et religieux, ces individus sont « déracinés » et pour certains s'épanouissent pleinement, et pour d'autres se perdent. L'individu individualisé responsable de ses choix, de sa carrière et de sa vie est né.

2.2 La vie en ville glorifie l'individu et lui permet de s'épanouir

Dans la même logique, un proverbe allemand, dont l'origine daterait du XVe siècle affirme « *l'air de la ville rend libre* ». Ce proverbe exprime l'attractivité des villes pour les paysans, strictement encadrés par la féodalité locale. Au contraire des campagnes, fortement hiérarchisées où les serfs doivent allégeance à leur seigneur, la ville apparaît comme un lieu de liberté, où ascension sociale et enrichissement sont possibles. À ce titre, MARX et ENGELS, dans *Le manifeste du parti communiste* (1848) évoquent la « *stupidité de la vie rurale* ». Ainsi, la ville libère l'individu et lui ouvre le champ des possibles.

La ville semble en effet être le lieu de mise en avant de l'individu quand la campagne semblait être celle de la mise en avant du collectif. En effet, pour le sociologue allemand, Georg SIMMEL, dans son ouvrage *Sociologie* (1908) : « *les stimulations du sentiment, si importantes pour la conscience subjective du Moi, se rencontrent précisément là où l'individu, très différencié se tient parmi d'autres individus très différenciés, et où donc les comparaisons, les frictions, relations spécialisées déclenchent une foule de réactions qui restent latentes dans un cercle restreint indifférencié, mais qui ici, justement à cause de leur nombre et de leur diversité, suscitent le sentiment que le Moi est l'élément absolument "personnel"* ».

C'est pourquoi, en 1929, dans un article intitulé « La ville comme laboratoire social », le sociologue américain Robert PARK, fondateur de l'école de Chicago, affirme que « *dans la liberté propre à la ville, tout individu, quelle que soit son excentricité, trouve quelque part un milieu où s'épanouir et où exprimer d'une certaine façon la singularité de sa nature. Une communauté plus réduite tolère quelquefois l'excentricité, mais la ville souvent lui accorde une prime. Sans aucun doute, l'un des attraits d'une ville est que chaque type d'individu – le criminel, le mendiant, aussi bien que l'homme de génie – peut trouver quelque part la compagnie qui lui convient, de sorte que le vice ou le talent, qui étaient étouffés dans le cercle plus intime de la famille ou dans les limites étroites d'une petite communauté, trouvent ici un climat moral où ils s'épanouissent. Le résultat est que, dans la ville, toutes les ambitions secrètes et tous les désirs réprimés trouvent quelque part une expression. La ville amplifie, étale et affiche les manifestations les plus variées de la nature humaine. C'est cela qui rend la ville intéressante, et même fascinante. C'est cela, d'ailleurs, qui en fait le lieu par excellence de découverte des secrets du cœur humain et d'étude de la nature humaine et de la société.* »

2.3 L'individualisme des sociétés contemporaines semble donc être le fruit de la ville

Dans son ouvrage de référence, *De la démocratie en Amérique* (1835), Alexis de TOCQUEVILLE souligne que « *l'individualisme est un sentiment réfléchi et paisible, qui dispose chaque citoyen à s'isoler de la masse de ses semblables et à se retirer à l'écart avec sa famille et ses amis : de telle sorte que, après s'être ainsi créé une petite société à son usage, il abandonne volontiers la grande société à elle-même.* » Selon lui, dans les sociétés contemporaines, « *la trame des temps se rompt à tout moment et le vestige des générations s'efface... les plus proches seuls intéressent... Ainsi non seulement la démocratie fait oublier à chaque homme ses aïeux, mais elle lui cache ses descendants, et le sépare de ses contemporains. Elle le ramène sans cesse vers lui seul, et menace de le renfermer enfin tout entier dans la solitude de son propre cœur.* »

Ainsi, TOCQUEVILLE, TÖNNIES et DURKHEIM soulignent le même processus. La ville est le résultat de l'exode rural et ce dernier libère l'individu du contrôle social préexistant. TOCQUEVILLE souligne toutefois, dans *De la démocratie en Amérique* (1835), que cet individualisme est également le fruit d'autres facteurs comme la démocratisation des sociétés. En effet, cette démocratisation développe ce que TOCQUEVILLE considère comme un amour de l'égalité et c'est cet amour de l'égalité, combiné au moindre contrôle social qui rend les individus plus indépendants et plus autonomes. Ce philosophe et homme politique souligne que l'industrialisation et les progrès scientifiques, également nés en ville, ont par ailleurs entraîné davantage de division du travail et de pensées rationnelles amenant un homme libéré des contraintes et des hiérarchies sociales.

Le développement du phénomène urbain peut toutefois avoir comme conséquence l'excès d'individualisme et une fragilisation de l'individu. En effet, si la libération de l'individu est présentée comme un apport des sociétés modernes, l'individualisme excessif devient une de ses faiblesses. C'est ce que souligne Gilles LIPOVESTKY dans *L'ère du vide* (1983), une ère où règnent le narcissisme et l'indifférence tant les individus semblent affranchis de tout : de leur famille, de leur religion, des grandes idéologies... Ces excès de l'individualisme sont soulignés par de nombreux auteurs comme le sociologue Alain EHRENBERG, auteur de deux ouvrages majeurs soulignant ces problématiques : *La culture de la performance* (1991) et *La fatigue d'être soi* (1998). Déraciné, tourné seulement vers lui-même, sommé de se définir et se distinguer des autres, l'individu contemporain, fruit de la ville et de la modernité, semble, selon cet auteur, épuisé, lassé et déprimé.

3 La ville améliore les échanges et développe le commerce

3.1 La ville, en favorisant les échanges, est favorable au développement économique

Comme cela a été souligné dans le chapitre 4, il y a un lien incontestable entre le développement économique et le développement urbain. L'un et l'autre sont interdépendants. La ville, en encourageant les échanges, facilite la croissance économique qui est généralement accompagnée d'une croissance urbaine. C'est ce que montrent les économistes Pierre-Philippe COMBES, Thierry MAYER et Jacques-François THISSE dans leur ouvrage *Économie géographique* (2006). En effet, ces auteurs soulignent que les grandes villes sont des lieux où l'on produit. Ainsi, Tokyo est à la fois la plus grande agglomération du monde, mais aussi la plus productive, avec un produit intérieur brut comparable à celui du Royaume-Uni, huitième puissance mondiale. Les habitants des grandes métropoles produisent plus que ceux du reste du pays : Bangkok, avec 10 % de la population du pays, produit 65 % du PIB du pays. L'Île-de-France accueille 18 % de la population française, mais produit près du tiers de la valeur ajoutée du pays.

Ainsi, il existe une vaste littérature économique sur les forces d'agglomérations. Dans leur ouvrage de référence, *Evidence on the Nature and Sources of Agglomeration* (2004), les économistes ROSENTHAL et STRANGE soulignent trois liens directs entre ville et développement économique : un marché du travail plus efficient, une réduction des coûts des échanges du fait d'une plus grande proximité et une amélioration de la diffusion.

En effet, pour ces auteurs, en réunissant les offres et demandes de travail dans un même lieu, les grandes agglomérations auraient rendu le marché du travail plus efficient. Par ailleurs, le coût des échanges est réduit grâce à la proximité géographique entre les différentes entreprises et notamment entre des firmes qui interviennent en amont et en aval d'un processus de production. Enfin, les villes ont permis d'accélérer les effets de diffusion de connaissances grâce à des interactions de proximité. Là encore, la proximité géographique permet de réduire les coûts de transaction et facilite les échanges de connaissances. Ainsi, les économistes JAFFE, TRAJTENBERG et HENDERSON soulignaient, en 1993, dans *Geographic Localization of Knowledge Spillovers as Evidenced by Patent Citations*, qu'aux États-Unis, les citations de brevets sont le plus souvent très proches du lieu d'origine des inventeurs.

3.2 Ainsi, le lien développement économique/développement urbain semble constant et explique la concentration des activités dans certaines villes, certains pôles

Paul BAIROCH, dans *Taille des villes et développement économique* (1995), souligne le lien entre le développement urbain et une série de données comme le climat, la pollution, la santé, la criminalité, les revenus ou les loisirs. L'objet de ce développement est de déterminer la taille optimale d'une ville ainsi que sa taille maximale. Même s'il fixe une limite autour de 500 000 habitants dans les pays développés et de 700 000 habitants dans les pays en développement, il souligne qu'il y a un lien intrinsèque entre développement urbain et développement économique. Ainsi, parmi la série de critères étudiés, l'historien et économiste Paul BAIROCH souligne que la croissance urbaine a des impacts sur la consommation des ménages, sur la structure de leur épargne mais aussi et surtout sur l'emploi, le chômage et la productivité. Selon cette même logique, Pierre VELTZ dans *Paris, France, Monde. Repenser l'économie par le territoire* (2013) met en avant un « effet agglomération » soulignant un lien entre la taille des villes et leur productivité. Dès 1996, dans son ouvrage *Mondialisation, villes et territoires : l'économie d'archipel* (1996), cet ingénieur et sociologue créait l'expression de « ville en archipel » pour souligner un paradoxe, alors que les télé-activités se développaient et devaient donc favoriser l'essor d'activités quel que soit le territoire sur lequel on se situe « *les grandes villes concentrent une part croissante de la richesse et du pouvoir sur l'ensemble de la planète* ». Ces grandes villes s'organisent d'ailleurs de plus en plus en grappes, en réseau, en aire métropolitaine justifiant cet expression de « ville en archipel ».

Dans son ouvrage, *L'urbanisation du monde* (2006), le démographe Jacques VERON souligne le fait que dans ce contexte, le monde n'a de cesse de s'urbaniser. « *Les pays développés sont très largement urbains, les trois quarts de leurs habitants vivant dans des villes. Si les taux d'urbanisation des pays en développement sont bien moindres, ces pays abritent plus de deux milliards de citadins, sur les quelque trois milliards que compte la planète.* » Ce directeur des relations internationales de l'Ined précise cependant dans cet ouvrage que « *croissance urbaine et développement économique sont longtemps allés de pair (mais) aujourd'hui, (...), en particulier dans les pays pauvres, l'urbanisation semble un phénomène largement autonome* ». Ainsi, le développement économique n'est pas le seul moteur du développement urbain.

Aujourd'hui, pour renforcer le lien entre développement économique et développement urbain, l'État a mis en place une politique de « clusters ». En effet, si la ville a longtemps été naturellement associée à la notion de développement économique c'est parce qu'elle permet de créer des externalités positives, c'est-à-dire des conséquences qui ne sont pas directement recherchées. La proximité de professions intellectuelles supérieures, des grandes entreprises, des lieux culturels, du gouvernement, se traduit par des externalités positives et permet l'invention de nouveaux produits et de nouveaux services, stimulée par l'ambiance créative régnant dans la ville. DURANTON, MARTIN, MAYER et MAYNERIS dans *The Economics of Clusters* (2010) soulignent que les externalités positives sont aujourd'hui davantage provoquées lorsqu'apparaissent ces « clusters », c'est-à-dire ces espaces où se concentrent des activités différentes mais complémentaires dans l'optique de créer de l'innovation et de la croissance économique.

3.3 La ville concentre ainsi l'essentiel de la production de la richesse et réunit une grande partie des cadres

Haithem BEN HASSINE et Claude MATHIEU, dans un rapport pour France stratégie paru en février 2017 intitulé *Évaluation de la politique des pôles de compétitivité : la fin d'une malédiction ?*, soulignent que la concentration d'activités est aujourd'hui devenue très fréquente. En effet, les exemples sont nombreux d'activités qui se sont concentrées sur un territoire dans une logique de « cluster » : Grasse est devenue une capitale pour les parfums, arômes et senteurs, Toulouse dispose d'un cluster nommé Aerospace Valley du fait de la concentration des activités aéronautiques, Oyonnax concentre les activités autour du plastique (Plastipolis), Lyon a créé un biopôle en fédérant de nombreux acteurs de la santé... Cette logique de pôle renforce la concentration d'activités sur certains territoires urbains. En effet, la très grande majorité des clusters existants en France sont concentrés sur les quinze principales métropoles françaises.

Dans le rapport intitulé *Les entreprises en France* qu'il publie régulièrement, l'Institut national de la statistique et des études économiques (Insee) souligne que la plupart des entreprises générant une importante valeur ajoutée sont concentrées dans les grands pôles urbains essentiellement situés sur le pourtour de la France. En effet, à l'exception de la région parisienne et de la région lyonnaise, les grandes entreprises sont essentiellement concentrées sur des villes comme Lille, Rennes, Nantes, Bordeaux, Toulouse, Montpellier, Marseille, Nice, Grenoble ou Strasbourg. Cette concentration des entreprises a une conséquence sur la répartition de la population sur le territoire et notamment sur la population des cadres.

Ainsi, la région Île-de-France représente un peu moins de 2 % de la superficie du pays, concentre près de 19 % de sa population et produit plus de 30 % de son PIB. Dans une étude publiée par l'APEC portant sur un peu plus de trois millions de cadres, intitulée *L'emploi cadre : une répartition très inégale sur le territoire*, publiée en mars 2015, l'association pour l'emploi des cadres souligne que la France connaît un peu plus de trois cents zones d'emploi mais que seules dix-sept d'entre-elles comptent plus de 25 000 cadres. Ainsi, on trouve jusqu'à 750 000 cadres pour la seule ville de Paris, 130 000 pour Lyon, 67 000 pour Marseille ou 65 000 pour Lille.

4 La ville concentre l'offre culturelle et de loisir

4.1 Dès son origine, la ville est associée à la culture et à sa diffusion

Pour Jacques BONNET, auteur de l'article « Ville » de *l'Encyclopédie Universalis*, le phénomène urbain est lié à l'écriture, indispensable au commerce, à la comptabilité des réserves. La communication est à l'origine du fait urbain, l'essence de la ville est donc culturelle.

En effet, le mot ville tire ses racines du mot latin *urbs*, qui désigne un ensemble de maisons et d'édifices, racine que l'on retrouve dans des mots comme urbain, urbanisme, urbanité, par exemple, mais aussi du mot *civitas*, c'est-à-dire ensemble de citoyens, racine à l'origine des mots cités et citadins par exemple. Pour Jean-Marc STEBE et Hervé MARCHAL, dans l'introduction du *Traité sur la ville,* ces deux origines du mot ville en sont venues à symboliser la civilisation.

Comme l'affirment Jean-Marc STEBE et Hervé MARCHAL dans leur ouvrage *Sociologie urbaine,* la ville naît de la culture humaine, mais la culture humaine naît également de la ville. En effet, « *si le développement de la culture humaine produit la ville, celle-ci produit également celui-là. La ville a été rendue possible grâce à la concentration dans un espace déterminé d'individus qui ont su inventer et construire l'espace urbain par le recours à la géométrie, à la statistique, à l'écriture, à la politique... Parallèlement, ces divers domaines de connaissance n'ont pu voir le jour qu'à travers l'existence des premières entités urbaines qui sont autant de nouvelles formes de vie humaine.* »

4.2 Ainsi, historiquement, des villes comme Paris sont des foyers essentiels de la vie intellectuelle et artistique

L'exemple de Paris est à ce titre très parlant. En effet, dès le Moyen Âge, la ville de Paris devient un lieu essentiel de la vie intellectuelle. Ainsi l'université de Paris est la seule université qui existe en France jusqu'au début du XIVe siècle. La langue française dérive du dialecte parlé à Paris : adoptée par le roi et ses proches, elle se diffuse ensuite à travers le pays.

Au XVIe siècle, le poids de Paris s'affirme encore, la ville devenant un foyer du courant humaniste qui prend forme. L'Académie française est ainsi créée à Paris en 1635 par Richelieu, pour fixer la langue française, notamment par l'édition d'un dictionnaire, le premier datant de 1694. Au milieu du XVIIe siècle, la ville de Paris est devenue presque le centre unique de la littérature française, le règne de Louis XIV constituant une période féconde pour les écrivains, encouragés par le roi. Les salons littéraires attirent l'aristocratie parisienne, et la Comédie française est créée en 1680.

Un temps éclipsé par Versailles, Paris redevient le centre culturel de la France sous les règnes de Louis XV et Louis XVI. Les salons parisiens, lieux où l'on discute de littérature et de mondanités, sont en plein essor, et encouragent les écrivains à se rendre à la capitale. Au XIXe siècle, Paris continue d'être un haut lieu de la vie culturelle et artistique : c'est à Paris qu'ont lieu les expositions de l'académie de peinture, mais aussi les salons alternatifs, comme ceux organisés par le mouvement des impressionnistes. Les peintres s'installent à Paris, pour profiter du bouillonnement artistique et culturel de la ville.

Cette tendance continue au XXe siècle. Beaucoup d'écrivains, de Max Jacob à Léon-Paul Fargue, de Colette à Cocteau, vivent à Paris, voire en font l'objet de leur écriture. De nombreux écrivains viennent à Paris pour chercher l'inspiration, d'Ernest Hemingway à James Joyce. Après la seconde guerre mondiale, Saint-Germain-des-Prés accueille des écrivains comme Jean-Paul Sartre, Simone de Beauvoir, Boris Vian ou Jacques Prévert. Aujourd'hui encore, Paris reste un haut lieu de la vie culturelle et intellectuelle, et chaque quartier, du Marais à Montparnasse, en passant par le quartier Latin, possède ses écrivains et ses artistes, qu'ils y aient vécu ou qu'ils y vivent encore.

4.3 Aujourd'hui encore, l'offre culturelle est très concentrée dans les villes

En 1998, le ministère de la culture publiait *L'Atlas des activités culturelles* soulignant le fait que la France était globalement bien équipée en équipements culturels mais que d'importantes inégalités spatiales demeuraient. Le rapport soulignait que « *équipements et activités culturels sont étroitement liés à la densité démographique et urbaine* ». Ce même bilan a été depuis dressé par deux rapports majeurs : « L'action culturelle diffuse, instrument de développement du territoire » de la Délégation à l'aménagement et au développement durable du territoire (2006) et *Les pratiques culturelles des Français* du sociologue Olivier DONNAT. Enfin, l'enseignant à l'Institut d'études politiques de Grenoble spécialiste des politiques publiques et de la culture, Guy SAEZ, écrivait, dans *Les politiques culturelles* (2009), « *petites ou grandes, ce sont les villes qui accueillent biens et services culturels, dans les villes que se créent, se reçoivent et se consomment les propositions artistiques et culturelles* ». Il souligne un point important : l'offre culturelle dépend de la nature de la ville plus que de sa taille. En effet, selon lui, on ne peut pas parler d'une offre culturelle spécifique aux villes de vingt mille, cinquante mille ou cent mille habitants puisque plusieurs facteurs vont jouer sur l'offre culturelle. Ainsi, à titre d'exemple, une ville de cinquante mille habitants située à proximité de Paris proposerait vraisemblablement une offre culturelle moins abondante qu'une préfecture de département aussi peuplée. Il souligne ainsi l'existence d'un phénomène de ville-centre. Par ailleurs, parmi les autres critères pouvant jouer figure l'histoire du territoire, tout comme l'orientation politique de la ville.

5 La ville produit un mode de vie aujourd'hui recherché et valorisé

5.1 Dès le début du XXe siècle, la sociologie proposée par l'école de Chicago souligne la particularité de la vie en ville

Entre 1915 et 1933, vont être produits de nombreux travaux ethnographiques et sociologiques, s'appuyant sur des méthodes très diverses, comme l'observation, l'entretien, l'analyse de documents écrits ou de récits autobiographiques. Le journaliste et sociologue Robert PARK, l'un des auteurs de *The city* (1925), s'intéressera ainsi à la figure du marginal, à la fois situé à l'intérieur de la ville, et en dehors de la société. Il étudiera ainsi les trajectoires du « hobo », travailleur mobile sans attache, toujours en transit, révélant ainsi une forme de sociabilité propre à la ville. De la même façon, Louis WIRTH, dans *The Urban Mode of Life* (1937), analyse la ville comme un mode de vie éclaté. L'individu peut jouer tour à tour plusieurs rôles tout en restant dans l'anonymat, multiplier les contacts avec les autres tout en restant dans la superficialité des contacts. Ces traits caractériseraient une mentalité typiquement urbaine.

La ville est également étudiée sous un angle écologique : par exemple, dans leur ouvrage *The City*, paru en 1925, BURGESS, MCKENZIE et PARK montrent que la ville de Chicago peut être considérée comme un milieu naturel progressivement transformé par les individus qui s'y installent. Les relations entre communautés sont alors pensées en termes de compétition, de conflits ou de symbioses. Les auteurs mettent en évidence les « aires urbaines » qui structurent la ville de Chicago. La ville serait ainsi la juxtaposition de communautés très différenciées, idée que poursuivra Louis WIRTH par la suite dans son ouvrage *Le Ghetto* (1928). Pour les auteurs de l'école de Chicago, étudier la ville revient à mettre en avant l'ordre « naturel » qui y règne, les logiques qui y sont sous-jacentes, et qui ne sont pas la simple résultante de volontés politiques ou économiques. La ville ne se fige pas dans un ordre institué, elle est sans cesse en mouvement.

Pour autant, leurs travaux vont fortement influencer les premiers auteurs qui vont véritablement s'intéresser à la ville en tant qu'objet à part entière, qui formeront l'école de Chicago. La ville de Chicago constitue en effet au début du XXe siècle un terrain privilégié : alors qu'elle n'était qu'une petite ville de 5 000 habitants en 1840, elle possède, cinquante ans plus tard, plus d'un million d'habitants. Lieu d'immigration, elle accueille des groupes d'origines culturelles très différentes, qui vont s'installer dans des quartiers distincts, finissant par former de véritables ghettos. Par la suite, la sociologie urbaine s'est développée dans de nombreuses directions. Elle s'est ainsi attachée à étudier les manières d'habiter des usagers de la ville, comparant « l'espace conçu » des urbanistes, architectes et hommes politiques, de « l'espace vécu des citoyens ». La sociologie de la ville s'intéresse alors au logement, analysé sous de multiples aspects. Le logement apparaît ainsi comme un révélateur culturel. En effet, les manières d'habiter tendent à refléter les classes sociales : c'est l'objet notamment de l'ouvrage de Richard HOGGART intitulé *La culture du pauvre* (1957). De la même façon, la disposition des logements révèle les transformations des manières de vivre : l'introduction des couloirs dans les appartements du XXe siècle traduit un besoin d'intimité qui n'existait pas un siècle plus tôt, de même que l'apparition de bureaux dans les maisons familiales traduit la porosité grandissante entre le lieu de travail et le lieu d'habitation. L'étude de la rue, ou des quartiers de la ville procède de cette même analyse.

5.2 La sociologie permet également de mieux cerner l'évolution et la diffusion de cette culture urbaine

La sociologie urbaine s'est également intéressée à la diffusion du fait urbain. Elle s'est en effet attachée à suivre la généralisation de la vie en ville, en montrant les conséquences d'une diffusion de l'urbanisation. Analyses de l'étalement urbain, de l'espace périurbain, de l'opposition ville-campagne notamment ont visé à renforcer notre connaissance sur la ville. Dans la lignée de l'école de Chicago, la sociologie de la ville s'est également intéressée aux cultures de la ville. La ville est en effet segmentée, entre quartiers populaires et quartiers bourgeois, entre ségrégation et mixité sociale. Des auteurs comme Loïc WACQUANT ou Louis WIRTH se sont ainsi intéressés au phénomène de ghettos.

Selon l'*Encyclopédie Universalis*, le monde d'aujourd'hui est devenu un monde urbain. Le taux d'urbanisation était de 8 % en 1700, et de 19 % en 1910. En 1950, la population urbaine ne regroupait encore que 33 % de la population totale. Aujourd'hui, plus d'un humain sur deux, soit près de 3,5 milliards d'individus vivent en ville, et un habitant sur sept vit dans une agglomération de plus d'un million d'habitants. Au début du XIXe siècle, seules vingt villes dans le monde comptaient plus de 100 000 habitants. Aujourd'hui, elles sont plusieurs milliers. Si elle concerne un nombre croissant d'individus, la ville reste pourtant minoritaire : à peine 15 % de la surface des continents est urbanisée. Pour autant, ce n'est pas parce que l'on n'habite pas en ville que l'on n'est pas concerné par le fait urbain. Les individus qui vivent dans les périphéries des villes, y travaillent le plus souvent, font leurs courses, pratiquent des activités de loisirs. Au-delà de l'urbanisation, ce sont les façons de vivre des urbains, qu'il s'agisse de la manière de se nourrir, de dormir, de se divertir, qui se sont diffusées, y compris dans des zones non urbanisées.

Selon une étude du CREDOC (Centre de recherche pour l'étude et l'observation des conditions de vie) intitulée *Les différences de modes de vie selon le lieu de résidence* datant de décembre 2009, le fait de vivre en ville modifie un certain nombre de comportements et de pensées des individus. En effet, ce centre de recherche a analysé de nombreuses variables comme le logement et le cadre de vie, le sentiment de sécurité dans sa vie quotidienne, l'appropriation des technologies de l'information et de la communication, les départs en vacances, les relations sociales, la participation associative, les pratiques culturelles, les opinions et attitudes vis-à-vis de l'environnement, la perception de son état de santé, les attitudes vis-à-vis des politiques sociales ou encore le souhait de voir se transformer la société, dans 83 % des cas, les réponses différaient selon la taille de l'agglomération dans laquelle résidait l'individu. C'est à ce titre, l'un des facteurs les plus importants après les revenus (91 %), le niveau de diplôme (88 %) mais loin devant le sexe par exemple (60 %).

5.3 Les études montrent une importante disparité entre les modes de vie en ville et à la campagne

Toujours selon l'étude du CREDOC intitulée *Les différences de modes de vie selon le lieu de résidence* (2009), on peut noter que le fait de vivre en ville est souvent associé à un diplôme plus élevé, au fait d'être plus souvent locataire que propriétaire, de plus souvent partir en vacances et d'être plus sensible aux questions environnementales... En effet, cette étude a été réalisée selon un triple classement de la population Île-de-France versus Province, selon la taille de l'agglomération (moins de 2 000, 2 000-20 000 habitants, 20 000-100 000 habitants, plus de 100 000 habitants), selon le zonage de l'aire urbaine : ville centre, banlieue, périurbain et espace rural.

Selon, le premier classement, si l'on regarde le niveau de diplôme : 50 % des Parisiens sont titulaires d'un diplôme du supérieur, contre 33 % dans la petite couronne, 26 % dans la grande couronne et 21 % en province. Par ailleurs, les cadres supérieurs y sont surreprésentés (24 %, contre 13 % dans la petite couronne, 10 % dans la grande couronne et 6 % dans l'ensemble de la province). On dénombre en effet dans la capitale deux fois plus de célibataires qu'en province (41 %, contre 20 %). Ce statut est aussi un peu plus fréquent dans la petite couronne (29 %, contre 21 % en moyenne). Enfin, le taux de ménages disposant d'au moins 3 100 € mensuels est de 25 % à Paris intra-muros, de 23 % en petite couronne et de 27 % en grande couronne, contre 18 % pour la province. La même logique se retrouve selon les deux autres formes de classement, ainsi il y a 15 % de célibataires dans les villes de moins de 2 000 habitants pour 25 % dans les villes de plus de 100 000 habitants, il y a 23 % de personnes sans diplômes et 64 % de personnes ayant un diplôme inférieur au bac dans les communes de moins de 2 000 habitants contre 18 % de personnes sans diplômes dans les très grandes villes et 52 % de personnes ayant un diplôme inférieur au bac. La même logique est également visible si l'on regarde la distinction entre ville centre et espace rural.

De nombreux auteurs montrent, à l'instar de Pascal BONIFACE dans *Comprendre le monde* (2010), qu'aujourd'hui « *il y a plus de points communs entre les habitants des différentes villes du monde, qu'entre un Français vivant en ville et un Français vivant à la campagne* ». La culture urbaine se serait standardisée comme le souligne notamment, Jean-Pierre WARNIER dans *La mondialisation de la culture* (1999). En effet, selon lui, notamment par le biais des séries télévisées, un mode de vie urbain a été codifié et diffusé (transports en commun, vie en appartement, célibat, consommation, grandes chaînes de magasin...). C'est ce que souligne également Frédéric MARTEL dans *Mainstream* (2010) où l'auteur enquête sur une culture faite pour plaire à tout le monde comme l'indique le sous-titre de l'ouvrage.

CHAPITRE 6

La ville et ses crises

SOMMAIRE

1 La ville est un espace de ségrégation sociale

1.1 La structuration des villes s'est faite autour d'enceintes

La construction des villes s'est dès l'origine concrétisée autour de différentes limites qui avaient pour objectif de séparer les différents lieux de la ville. Cette structuration de l'espace symbolisait alors les inégalités de valeurs. Cette hiérarchie sociale, marquée par les murs, permettait de délimiter et séparer les lieux d'édification des sanctuaires et palais des lieux d'habitations réservés au peuple. Le peuple étant lui-même subdivisé entre les habitants de la ville et ceux de la campagne environnante.

L'histoire de Remus et Romulus, fondateurs de la ville de Rome, est particulièrement représentative de l'importance des enceintes. Selon l'historien TITE-LIVE, les deux frères voulaient bénéficier du privilège de nommer la ville et d'en définir les contours, leur donnant ainsi le droit de gouverner la ville. Après avoir décidé de s'en remettre aux augures, qui n'ont pas trouvé de solution au problème, Remus décide de franchir le sillon sacré que venait de tracer Romulus pour délimiter la ville et meurt alors sous les coups de son frère. Romulus aurait alors déclaré que tous ceux qui franchiraient les remparts de Rome subiraient le même sort que Remus, fondant de fait la mythologie des remparts protecteurs de la cité. Cette conception se retrouve au Moyen Âge où les invasions barbares provoquent un sentiment d'insécurité qui incitent à construire des remparts pour protéger les villes et ses habitants quand d'autres bâtiments publics s'érigent pour montrer la puissance de la bourgeoisie à l'image des beffrois des villes des Flandres. Cette reconstruction de la ville à l'intérieur de ses remparts se conçoit notamment à Paris qui va s'étendre jusqu'aux limites des enceintes construites successivement par Philippe Auguste au XIIe siècle, Charles V au XIVe siècle, la Ferme Générale au XVIIIe siècle et Thiers au XIXe siècle.

La poussée de l'urbanisation lors de la Révolution industrielle conduit les villes à se réinventer mais toujours au sein des enceintes. Ainsi lorsque Haussmann décide d'agrandir les limites de la ville de Paris, il choisit d'annexer toutes les villes qui se situent entre Paris et l'enceinte de Thiers. Dès lors, après l'acte d'annexion de 1860, plus jamais les limites de la capitale n'évolueront hormis après la destruction de l'enceinte de Thiers qui permettra la construction du boulevard périphérique dans les années 60. Aussi, si l'on peut considérer que les derniers remparts de Paris sont tombés, le boulevard périphérique est rapidement devenu la nouvelle frontière, la nouvelle enceinte, qui sépare Paris intra-muros du reste de la banlieue. La ségrégation spatiale se poursuit sous une forme réinventée, certes non décidée par les pouvoirs publiques – l'objectif du boulevard périphérique n'était pas de séparer Paris et sa banlieue – mais pour autant bien réel. Cette ségrégation a aussi pris une forme fonctionnelle avec une délimitation de nouveaux lieux qui maintiennent des barrières entre les différentes zones. À titre d'exemple, les plans locaux d'urbanisme (PLU) divisent l'espace entre zones réservées à l'habitation, aux activités agricoles, commerçantes ou industrielles. La mixité est donc réduite au minimum, puisque chaque espace est dédiée à une fonction distincte.

1.2 Cette structuration géographique a généralement engendré une forte homogénéité sociale entre les quartiers des villes

La ségrégation spatiale des villes dispose aussi d'un impact social important notamment dans la manière dont les habitants peuvent se rassembler par groupes sociaux. Éric CHARMES, dans *Gated communities : des ghettos de riches ?*, présente les *gated communities* comme des quartiers résidentiels dont l'accès est contrôlé, et dans lesquels l'espace public est privatisé. Leurs infrastructures de sécurité, généralement des murs ou grilles et une entrée gardée, protègent contre l'accès des non-résidents. Dès les années 1990, plus de 20 000 *gated communities* existaient aux États-Unis accueillant huit millions de résidents. Initialement centrées sur les grandes villes d'Arizona, de Californie, de Floride ou du Texas, ces *gated communities* se sont ensuite retrouvées dans toutes les aires urbaines des États-Unis avant de se répandre sur le reste de la planète. Pour Éric CHARMES, ces communautés résidentielles fermées forment une sorte de « ville privée » coupée de la société globale et opposée à toute mixité sociale. Pour Éric CHARMES, dans *La ville émiettée*, ces *gated communities* sont encore peu nombreuses en France mais se développent progressivement comme des clubs résidentiels notamment en Île-de-France et dans le sud à Toulouse par exemple. Selon Éric CHARMES, les *gated communities* répondent essentiellement à un besoin de sécurité dans un contexte où le sujet est fréquemment mis en avant dans les médias et les discours politiques. Ces communautés permettent en outre d'instaurer des règles de vie pour la communauté et d'assurer un lieu de vie sécurisé où l'on peut jouir d'une vie agréable, choisir ces interactions sociales et pratiquer des activités entre-soi que ce soit à la piscine, au golf ou au tennis. Néanmoins, ce sociologue souligne qu'en aucun cas, les *gated communities* françaises ne disposent des mêmes pouvoirs que leurs homologues américaines qui se voient attribuer des responsabilités importantes en matière de régulation collective et se substituent de plus en plus à la puissance publique sur ces territoires.

À l'inverse, d'autres quartiers se sont constitués en opposition et concentrent alors toute la misère. Mais à la différence des villes françaises où les quartiers ségrégués se situent essentiellement en banlieue, en périphérie, les ghettos américains se concentrent surtout au cœur des villes. Selon Hervé VIEILLARD-BARON, dans *Les banlieues françaises ou le ghetto impossible,* la principale différence entre les ghettos français et américains réside dans le fait qu'aux États-Unis, la couleur de peau a toujours été et est encore au fondement du séparatisme territorial : les ghettos ne sont pas seulement sociaux, ils sont raciaux. L'exclusion raciale des noirs américains a traversé l'histoire des États-Unis de l'esclavage aux émeutes des années 90 en passant par la Guerre de Sécession ; aujourd'hui néanmoins le même schéma se reproduit avec la population hispanique. Une enquête américaine de 2005 montre que dans les soixante dernières années, la ségrégation raciale n'a pratiquement pas évolué aux États-Unis. À ce titre, le Bronx et le Queens restent à New-York des quartiers essentiellement peuplés par des populations noires. Autre exemple, la ville de Détroit dans le Michigan a une population composée de 82 % de Noirs. Christine DUALE note dans *Les Noirs et la réussite universitaire aux États-Unis,* que seulement 2 % des Blancs ont un voisin Noir aux États-Unis. Aussi, pour Michel WIEVORKA dans *L'espace du racisme*, les ghettos noirs américains sont devenus l'aire géographique de l'exclusion et cumulent toutes les composantes du racisme : les préjugés, la violence, la ségrégation et la discrimination. À ce titre, ils sont devenus des « *enclaves urbaines de détresse, de précarité et de désolation* ».

1.3 Si la mixité n'est pas impossible, elle reste compliquée car largement dominée par des choix socio-économiques

Pour autant, des points de passage existent. Ainsi, si l'observateur qui regarde la ville de loin peut la décrire comme la juxtaposition d'espaces spécifiques, au centre, des quartiers huppés, regroupant les individus les plus fortunés, en première périphérie, les quartiers périurbains, lieu de vie des classes moyennes, et en dernière périphérie, les quartiers populaires, un examen plus attentif révèle que cette répartition n'est pas si évidente : les individus sont mobiles, socialement et géographiquement. Ils deviennent plus riches, ou plus pauvres, et ne quittent pas forcément leur ancien quartier, leurs racines. Ils font des choix résidentiels atypiques, par militantisme, et l'on voit par exemple des professions intellectuelles supérieures s'installer dans des quartiers populaires. Par ailleurs, des espaces interstitiels existent, qui réunissent au sein d'un même espace, des individus socialement très différents : zones commerciales, zones de loisirs, zones industrielles... Les centres-villes également apparaissent comme des lieux de mixité : coexistent ainsi commerçants et professions libérales, personnes pauvres habitant des logements anciens dégradés et personnes plus aisées habitant des immeubles historiques rénovés. De la même façon, la rupture entre l'urbain et le rural n'est pas forcément aisée à distinguer. Où s'arrête la ville, où commence la campagne ? L'Insee parle ainsi d'« aires urbaines » pour désigner ce continuum qui n'est presque plus une ville, mais pas encore une zone rurale.

Néanmoins, Éric MAURIN publie en 2004 *Le ghetto français, enquête sur le séparatisme social*, un ouvrage dans lequel il montre l'importance du lien existant entre territoires et inégalités sociales. Si l'on photographie la société française à l'instant T, on s'aperçoit qu'elle est découpée en « voisinages » très homogènes dans leur composition, mais très différents entre eux. Les inégalités sont donc autant sociales que territoriales. Éric MAURIN montre ainsi que « *les ghettos les plus fermés sont des ghettos de riches* » : les diplômés du supérieur sont près de cinq fois plus concentrés dans le territoire que la moyenne, et les rémunérations les plus fortes (1er décile) sont trois fois plus concentrées dans le territoire que la moyenne. À l'inverse, les rémunérations les plus faibles (dernier décile) sont seulement deux fois plus concentrées que la moyenne.

L'auteur s'attache également à montrer qu'il existe un lien très fort entre territoire et destin individuel : si l'on ne s'intéresse plus à la photographie figée, mais que l'on s'attache à suivre les mouvements, on observe alors que les nouveaux arrivants sont en général conformes au voisinage dans lequel ils emménagent : ce n'est donc pas l'immobilisme, mais la « sélectivité des mobilités qui fige nos ghettos ». Le prix du logement en est le principal responsable : si l'on observe la formation des prix, l'on se rend compte qu'« au-delà de la qualité des logements, c'est bel et bien la qualité du voisinage qui semble compter le plus ». Les meilleures écoles, tout en étant officiellement ouvertes à tous, s'entourent d'un voisinage où viennent s'installer les parents qui en ont les moyens financiers et intellectuels. La ségrégation territoriale est donc non seulement une ségrégation sociale, mais aussi et surtout la ségrégation des avenirs et des possibles. « *L'extraordinaire sélectivité de la mobilité résidentielle révèle le mieux l'anxiété intime des familles et l'importance quasi existentielle du lieu d'habitation.* » Cette angoisse ne peut être dénoncée comme un pur fantasme de l'insécurité ou de la peur de l'autre. Toutes les études montrent en effet que le choix du voisinage aura des effets non négligeables sur le destin individuel des enfants.

2 Les zones ségréguées sont celles où se concentrent toutes les difficultés

2.1 L'organisation territoriale des villes tend à confirmer que les habitants habitent dans les villes qui leur ressemblent et donc influent sur la forme de la ville

Dans leur ouvrage *Les ghettos du gotha*, les sociologues PINÇON et PINÇON-CHARLOT montrent à quel point les quartiers les plus aisés sont homogènes et fermés sur eux-mêmes. Ainsi même si ces espaces clos – les *gated communities* – ne représentent souvent qu'un quartier d'une ville, ils soulignent une distinction entre les villes de riches et les villes de pauvres. Selon l'Insee, les foyers français déclaraient en moyenne 23 230 euros par an. Pourtant, si l'on observe les données au niveau local, l'on constate que plus de 200 communes ont une population déclarant en moyenne au moins le double de cette donnée nationale. Les dix communes les plus riches de France ayant même une population déclarant plus de 90 000 euros de revenus annuels par foyer. Parmi ces villes, l'on retrouve Neuilly-sur-Seine (90 553 euros). Si l'on élargit aux cinquante villes les plus riches, 14 sont situées à proximité de Versailles et quatre sont localisées dans les Hauts-de-Seine. Les Hauts-de-Seine et les Yvelines étant, après Paris, les deux départements où les résidents reçoivent les plus importants revenus. À l'opposé, la ville de Denain dans le Nord voit ses habitants déclarer en moyenne 6 724 euros de revenus annuels. Parmi les 10 villes les plus pauvres de France, sept sont dans le Nord-Pas-de-Calais. Parmi, les autres profils des villes les plus pauvres figurent certaines villes du sud comme Alès, Béziers, Carpentras ou Lunel mais également des villes de banlieues comme Vaulx-en-Velin, Mantes-la-Jolie, Vénissieux, Garges-lès-Gonesse ou Sarcelles. Ces données montrent dans quelle mesure les villes regroupent des profils socialement homogènes, certaines n'accueillant que des riches, d'autres que des pauvres.

De plus, il existe, parallèlement à l'antagonisme villes de pauvres/villes de riches, une typologie distinguant les villes de gauche des villes de droite. Comme le notait, dès 1913, André SIEGFRIED dans son *Tableau politique de la France de l'Ouest sous la Troisième République*, à chaque territoire correspond durablement une orientation politique. Cela peut se noter sur les résultats de l'élection présidentielle de 2012 où l'on voit apparaître des scores révélateurs de l'orientation de certains territoires, ainsi au-delà des fiefs – François Hollande réalise plus de 75 % des voix à Tulle, Nicolas Sarkozy 84 % à Neuilly – des territoires marquent de très nettes préférences comme la Seine-Saint-Denis qui a accordé 65 % des voix à François Hollande ou la Réunion qui a accordé 71,5 % des voix au même candidat tandis que Nicolas Sarkozy obtient près de 70 % des voix à Toulon et plus de 60 % dans le Var. Ces données montrent la prégnance d'une géographie électorale figée qui est particulièrement visible dans la couleur politique de l'édile municipal. Ainsi, à titre d'exemple la ville d'Ivry-sur-Seine n'a connu que trois maires depuis 1945, tous communistes, tandis que la ville de Neuilly-sur-Seine a vu se succéder trois édiles municipaux sur cette période, tous de droite.

Cette prégnance de certaines couleurs politiques a un impact sur la ville, ses choix politiques, son organisation. Cet impact peut être noté notamment à travers les choix symboliques qui sont faits sur ces territoires. Ainsi, à Ivry de nombreuses rues rendent hommage aux grands hommes de gauche et notamment aux communistes, l'on y trouve par exemple une rue Blanqui, un boulevard du Colonel Fabien, une rue de la liberté, une avenue Jean Jaurès, une avenue Maurice Thorez mais surtout une rue Lénine et un boulevard de Stalingrad. Tandis qu'à Neuilly-sur-Seine, l'on peut trouver sept rues ou avenues du nom d'un Saint (contre une à Ivry, celle de Saint-Just), sept avenues aux noms de généraux, deux aux noms de commandants et une avenue du nom d'un capitaine, mais surtout une rue Louis-Philippe, un boulevard Maurice Barrès et une avenue Céline.

2.2 Les écarts de richesses entre les villes sont aussi représentatifs des différences entre les types d'économie qui les composent

En effet, certaines villes se sont spécialisées dans l'économie industrielle : de nombreuses usines sont disséminées dans la ville et le pourcentage d'actifs employés dans le secteur secondaire est élevé. C'est le cas notamment de villes comme Valenciennes, dans le nord de la France. Jusque dans les années 1970, et le premier choc pétrolier, l'économie de la ville de Valenciennes reposait principalement sur l'industrie, notamment la sidérurgie et le textile. Aujourd'hui encore, même si de nombreuses usines ont fermé dans les secteurs de la métallurgie notamment, d'autres subsistent, comme l'industrie automobile, les ateliers de construction ferroviaire, la fabrique de tubes. De nombreux fabricants d'automobiles y ont des installations, comme Peugeot, Fiat, Lancia, Toyota ou Daimler. Selon l'Insee, en 2009, seuls 0,1 % des actifs travaillent dans l'agriculture, alors que 13,7 % des actifs travaillent dans l'industrie ou la construction. Les ouvriers représentent 12 % de la population alors que les employés 15 %, les retraités 22 %. Une telle présence de l'industrie a marqué la ville de son empreinte, notamment par la présence de nombreuses usines, ou, lorsque ces dernières ont fermé, de friches industrielles.

À l'opposé, d'autres villes se sont construites en s'appuyant sur les services et le tourisme. Ainsi, la ville de Nice, dans le sud de la France. Bénéficiant de nombreux atouts naturels, comme la présence de la mer, d'un ensoleillement important, d'un arrière-pays réputé, la ville possède la deuxième capacité hôtelière du pays, accueillant chaque année près de 4 millions de touristes. Les ouvriers ne représentent en 2009, selon l'Insee, que 9 % de la population active, tandis que les employés représentaient 18 % de la population active, et les retraités 29 %. Cette importance du tourisme, et plus généralement, des activités tertiaires, a également marqué l'architecture de la ville. Ainsi, la ville possède un aéroport d'une taille significative, puisqu'il est le troisième de France. Elle a construit deux palais des congrès, qui lui permettent d'accueillir du tourisme d'affaires. Plusieurs musées, un opéra et un théâtre témoignent de l'importance du tourisme dans la ville.

Lorsque les structures économiques de la ville changent, les habitants évoluent aussi. À l'image de Boulogne-Billancourt, qui hébergea pendant près de 60 ans les usines Renault. Dès lors, cette ville qui était à la pointe de l'industrie automobile et des moteurs d'avion est aussi devenue une ville essentiellement ouvrière. Sa population va augmenter de manière considérable pour en faire ainsi la deuxième ville la plus peuplée d'Île-de-France après Paris. Pour autant, à la fermeture des usines Renault en 1992 s'opère une transformation radicale de la ville qui devient alors une des villes les plus riches et tertiaires de la région. La proportion de cadres augmente considérablement quand celle des ouvriers chute drastiquement. Cette transformation se reflète dans le profil de vote de la commune. Alors que jusqu'en 1991, les habitants de la commune vont élire un maire de gauche ou de sensibilité de gauche, ils vont ensuite élire sans discontinuer depuis des personnalités de droite, marquant le tournant sociologique.

2.3 La ville ségréguée reflète donc toutes les difficultés de la société actuelle

La ville, parce qu'elle accueille une population nombreuse, est aussi l'illustration des problèmes que peuvent rencontrer les sociétés occidentales : grande pauvreté, chômage, insécurité par exemple.

Ainsi, selon l'Insee, le taux de pauvreté (60 % du niveau de vie médian, données 2009) est beaucoup plus élevé en ville qu'à la campagne : il est en moyenne de 14 % en ville, et de 11,6 % dans les campagnes, soit 20 % de plus. Dans certaines régions, comme en Île-de-France par exemple, le taux de pauvreté des villes est 2,7 fois supérieur à celui des campagnes : en moyenne, les habitants des villes sont plus riches, mais la moyenne dissimule le fait qu'en ville, les inégalités sont plus grandes. De la même façon, le taux de chômage est plus élevé à la ville qu'à la campagne. Une enquête de l'Insee montre ainsi qu'en 2009, le taux de chômage était de 6,5 % dans les communes rurales mais de 11,8 % dans les unités urbaines entre 20 000 et 200 000 habitants, la moyenne sur l'ensemble du territoire se situant à 9,1 %. De même, la délinquance peut apparaître comme un phénomène spécifique urbain, même si elle existe aussi dans les zones rurales.

Cet effet de miroir grossissant des villes n'existe pas que pour les pays occidentaux. Dans les pays en développement aussi, les villes exemplifient les problèmes affectant le pays dans son ensemble. Ainsi, la croissance urbaine des pays en développement reflète leurs difficultés à intégrer une population coupée de ses racines, qui vit en ville dans des campements sans eau ni électricité. Des villes géantes semblent absorber toute l'économie du pays, la capitale s'opposant au reste de l'espace national. L'explosion démographique de ces villes du tiers-monde se traduit par la croissance de la violence, la montée des inégalités sociales.

3 La ville devient synonyme d'insécurité

3.1 Le sentiment d'insécurité est d'abord lié à l'image d'une classe laborieuse considérée comme dangereuse, qui se trouve reléguée aux confins de la ville, et qui se rebelle

Dans son ouvrage *Classes laborieuses et classes dangereuses au cours de la première moitié du XIXe siècle*, Louis CHEVALIER souligne qu'à la fin de la Restauration, tout comme sous la Monarchie de Juillet, les classes laborieuses ont pu devenir des classes dangereuses pour la tranquillité publique et l'ordre établi. La misère, le chômage, les mauvaises conditions de vie, de travail et de logement portaient les prolétaires à des revendications de masses enclines à sombrer dans les pires excès. Le crime est alors devenu un fait social majeur et la peur se répand à Paris comme dans les grandes villes. Des romans comme la *Comédie Humaine*, *Anemort*, *Mystères de Paris* ou les *Misérables* témoignent de cette violence et de la confusion qui règne entre classes laborieuses et classes dangereuses.

Pour Louis CHEVALIER, les raisons de cette criminalité élevée tiennent en premier lieu à l'inadaptation des lieux aux évolutions de la population. En effet, la population parisienne était de 500 000 personnes en 1789, elle dépassait largement le million un demi-siècle plus tard. Pourtant, le cadre urbain était demeuré rigide, ni les possibilités de logements, ni les équipements urbains, ni les conditions de l'emploi n'étaient dès lors adaptés. En surnombre, les nouveaux Parisiens sont relégués en dehors de la ville et Louis CHEVALIER montre qu'ils sont nombreux à sombrer dès lors dans la déchéance la plus totale : indigence, folie, suicide, prostitution, concubinage, natalité illégitime, infanticide... Ces classes laborieuses nouvellement arrivées dans ces grandes villes vont être progressivement redoutées, renforçant ainsi leur mise au ban – donnant alors le nom de banlieue à ces espaces de relégation – qui elle-même renforce leur violence et génère un cercle vicieux.

Ce sentiment d'une classe laborieuse dangereuse est d'ailleurs plus ancien encore. Déjà, au XIVe siècle, les paysans – souvent surnommés « Jacques » – se révoltent à plusieurs reprises contre la noblesse notamment en signe de rébellion contre l'importance de la pression fiscale sur cette population qui peine à se nourrir en période de disette. Ces révoltes paysannes sont progressivement qualifiées de « Jacqueries » et montrent les grandes difficultés que les paysans pouvaient connaître sur cette période qui va continuer jusqu'à la Révolution française. Puis parallèlement à l'exode rural, ces révoltes paysannes vont petit à petit disparaître pour se transformer et apparaître sous forme d'émeutes urbaines. En effet, progressivement les difficultés sociales se concentrent en ville et dans les banlieues et ce sera le terreau des émeutes modernes qui apparaissent dès la fin du XIXe siècle et deviennent plus récurrentes tout au long du XXe siècle et notamment lors des trois dernières décennies. En 1968, le sociologue Kenneth CLARK qui intervient dans le cadre d'une commission sur les émeutes urbaines demandée par le président

Johnson, déclare : « *je lis ce rapport sur les émeutes de Chicago en 1919 et c'est comme si je lisais le rapport de la commission d'enquête sur les désordres à Harlem en 1935, le rapport de la commission d'enquête sur ceux de 1943, le rapport de la commission McCone sur les émeutes de Watts. Je dois sincèrement vous dire, Membres de la commission, qu'on se croirait dans* Alice au pays des merveilles, *avec le même film qu'on nous repasse éternellement : même analyse, mêmes recommandations, même inaction.* »

En effet, les émeutes urbaines semblent toujours rencontrer les mêmes causes et se déroulent toujours dans les mêmes lieux, les quartiers ségrégués des grandes villes, qu'elles soient américaines ou françaises.

3.2 Les émeutes urbaines se sont accentuées au cours du XXe siècle démontrant l'accroissement des tensions dans les quartiers défavorisés

Même si les événements en banlieue ne commencent pas dans les années 1980, l'idée d'émeute fait progressivement son apparition au début de cette décennie. Ainsi, en 1981, les rodéos du quartier des Minguettes, à Vénissieux, font prendre conscience en France de la situation dégradée des quartiers populaires d'habitat HLM. Ils consistent alors essentiellement en une série de vols de voitures qui sont utilisées pour quelques courses poursuites avant d'être calcinées. Progressivement les émeutes urbaines vont devenir plus fréquentes et plus violentes. Ainsi, le 6 octobre 1990, une moto se renverse au niveau d'un barrage de police qui cherche à la stopper. La mort du passager, un jeune handicapé, Thomas Claudio, déclenche la colère des jeunes de Vaulx-en-Velin. Des affrontements avec la police ont lieu, suivis d'un incendie et de pillages du centre commercial et d'un certain nombre de services publics. Suite à ces incidents, les médias titrent sur le terme d'« émeute », un mot qui sera dès lors souvent utilisé pour qualifier les événements en banlieue. Sartrouville, Mantes-la-Jolie, le quartier des Sapins à Rouen, Dammarie-les-Lys, Amiens, La Duchère à Lyon… tous ces quartiers connaissent dans les années 1990 le même engrenage qui voit se succéder un accident ou une « bavure » policière à une série d'affrontements entre jeunes et police, accompagnés de voitures brûlées. Les années 2000 ne dérogent pas à la règle, et c'est à nouveau ce type d'événements qui provoque les émeutes de 2005 à Clichy-sous-Bois puis dans toute la France, de Montfermeil en mai 2006 ou à Villiers-le-Bel en 2007. Lors de ces dernières, les médias ont particulièrement souligné l'usage des armes à feux contre les forces de l'ordre tout comme le bilan de 150 policiers blessés. Les émeutes urbaines ont atteint alors un niveau de violence inédit, bien loin de celui des années 1980.

Pour comprendre la source de ces émeutes et tenter de trouver une solution, est institué le 27 juillet 1977 le Comité d'études sur la violence, la criminalité et la délinquance, présidé par Alain Peyrefitte et qui remet à Valéry Giscard d'Estaing un rapport soulignant un lien de causalité entre les formes urbaines et les manifestations de violences qui se développent alors progressivement en France. Pour ce Comité, les grands ensembles sécrètent violence et insécurité que seul un nouvel urbanisme pourra résorber. Les sociologues, James Q. Wilson et George L. Kelling, développent en 1982, une théorie intitulée : « *Broken windows theory* » (généralement traduit par théorie de la fenêtre brisée) qui va connaître un retentissement planétaire. Les auteurs partent d'un exemple concret : selon eux, un bâtiment qui disposerait d'une fenêtre cassée, si elle n'est pas réparée immédiatement, va progressivement être dégradé, d'autres fenêtres seront cassées, puis l'immeuble risque d'être squatté voire calciné. Ils soulignent que la même idée peut se développer sur d'autres exemples : un trottoir sur lequel figure des immondices recevra toujours plus d'immondices qu'un trottoir propre, tout comme une voiture rayée sera toujours plus rayée qu'une autre...

C'est l'idée que l'environnement peut être criminogène. Ainsi, plus l'individu évolue dans un quartier dégradé, plus il peut être enclin à entrer en délinquance et plus la délinquance se développe, plus on assiste à une escalade de la délinquance. Les auteurs montrent dès lors qu'il existe un lien de cause à effet entre la dégradation de certains grands ensembles et les émeutes urbaines. Ils en appellent dès lors à un nouvel urbanisme qui empêcherait l'escalade de la délinquance connue dans les quartiers dégradés. Cette théorie a été reprise et analysée dans de nombreux pays et a donné naissance progressivement à l'idée d'une politique de la ville. De nombreux ouvrages et enquêtes de terrain ont pu confirmer ce lien. La géographe Louisa Plouchart, dans *Comprendre les grands ensembles* (1999), a ainsi pu montrer que les individus vivant dans des grands ensembles peuvent développer un sentiment très hostile vis-à-vis de leur quartier qu'ils jugent souvent dégradé, mal-entretenu et peu sûr. Ces quartiers sont souvent ceux qui connaîtront le plus de violences urbaines mais également le plus d'actes d'incivilité (tags, dégradations...).

3.3 Des émeutes urbaines à l'augmentation du sentiment d'insécurité

Sophie Body-Gendrot dans son ouvrage *Les villes face à l'insécurité* (1998), analyse le sentiment d'insécurité. Selon cette sociologue, l'insécurité est très cantonnée sur des zones sensibles qui peuvent être repérées par des marqueurs géographiques parmi lesquels figure la présence de grands ensembles. Dans cet ouvrage, l'auteur montre que partout aux États-Unis, de Cleveland à San Francisco, les quartiers où les grands ensembles sont dégradés sont les quartiers les plus criminogènes. Il y aurait donc un lien entre la zone d'habitation et le sentiment d'insécurité.

Pourtant selon le sociologue Sébastien Roche et son ouvrage de 1993, *Le sentiment d'insécurité*, un décalage existerait entre insécurité et sentiment d'insécurité. Si l'on mesure l'insécurité au nombre de crimes et délits, on constate qu'elle a particulièrement cru entre 1950 et 1990 avant de décroître dans les années 2000. En effet, dans les années 50, la France enregistrait 575 000 crimes et délits qui concernaient 13 Français sur mille. Un demi-siècle plus tard, on recensait 3,7 millions de crimes et délits concernant 64 Français sur mille avant de décroître aux alentours de 3,5 millions touchant 57 Français sur mille. Aujourd'hui, on relève un peu plus de deux millions d'atteintes aux biens chaque année (essentiellement des vols ou des détériorations) et près de cinq cent mille attaques contre les personnes (violence, viol, homicides) dont 700 homicides contre 1 600 en 1995. Dans les dernières années, l'insécurité aurait donc tendance à baisser. Pourtant, le sentiment d'insécurité augmente comme le souligne Laurent BONELLI dans *La France a peur,* paru en 2008. Cette même année, une grande enquête menée sur les valeurs des Français souligne que 14 % des Français ont souvent peur pour leur sécurité et 40 % de temps en temps. Seuls 15 % des Français disent ne jamais avoir peur pour leur sécurité. En 2012, 14 % des Français considèrent que l'insécurité est le problème le plus important avant le chômage, l'environnement ou la pauvreté.

Pour Christophe LAMBERT, dans *La société de la peur* (2005), « *la société française est aujourd'hui entièrement dominée par la peur, au point de voir sa cohésion menacée* ». Ce sentiment d'insécurité explique, selon cet auteur, l'importante hausse du vote pour le Front national en France, car le sentiment d'insécurité est fortement lié à la peur de l'autre et à la peur du déclassement qui sont des vecteurs de vote pour le Front national. Ce même parti politique s'appuie donc sur un sentiment et un effet médiatique de présentation des quartiers « sensibles ». C'est ce que Julie SEDEL présente dans son ouvrage de 2009, *Les médias & la banlieue*, dans lequel elle explique que le traitement de l'information par les médias depuis les années 80 fait des banlieues et de ses habitants un « problème social ». Le traitement de l'information brûlante et tape-à-l'œil va privilégier les voitures brûlées et les problèmes de délinquance plutôt que les actions positives et de renouveau de ces quartiers devenus très populaires. Renforçant alors de fait le sentiment d'insécurité et ainsi les arguments de crainte utilisés par le Front national.

4 La ville s'étale et fait disparaître les espaces verts

4.1 Le phénomène de périurbanisation efface les frontières de la ville et pose de nouvelles problématiques sans solutionner les anciennes

On ne peut opposer villes et campagnes comme s'il s'agissait de mondes étanches, et totalement différenciés. En effet, les campagnes des pays occidentaux n'ont que peu à voir avec ce qu'elles étaient il y a quelques siècles. Si les activités agricoles n'occupent plus qu'une faible partie de la population (3 % en 2008), les campagnes ne sont pas désertifiées pour autant. Au-delà de leur fonction de production agricole, elles ont aujourd'hui des fonctions résidentielles, industrielles ou récréatives. On parle alors de rurbanisation, ou de périurbanisation, pour désigner un type d'espace inédit, entre villes et campagnes.

Ce n'est plus totalement la campagne, car des constructions édifiées par des individus qui travaillent en ville apparaissent. Mais ce n'est pas non plus la ville, car l'espacement entre les bâtiments est nouveau, la densité bien moindre que celle que l'on observe en ville. Les aires périurbanisées sont ainsi composées de lotissements, ensembles de pavillons construits sur d'anciennes parcelles agricoles, mais aussi d'industries, de centres commerciaux, de lieux de loisirs. Plusieurs raisons rendent compte de ce phénomène. Si les habitants évoquent souvent les attraits de la campagne (paysages apaisants, tranquillité du voisinage, proximité avec la vie agricole traditionnelle), d'autres logiques sont également présentes, notamment l'aspect plus abordable du foncier par rapport aux centres des villes, permettant à des ménages qui ne le pourraient pas autrement, de devenir propriétaires.

Ce développement pavillonnaire à outrance a étendu de manière très importante et sans interruption les limites de la ville sans pour autant solutionner les problématiques auparavant existantes. Si les habitants de ces nouveaux espaces ont cherché à obtenir une meilleure qualité de vie en se rapprochant de la campagne, ils l'ont généralement fait au détriment de la proximité des commerces et de leur lieu de travail. Le phénomène de « banlieues dortoirs » s'est donc amplifié, favorisant avec lui la congestion des transports en communs et des voies routières. Le développement des transports en communs apparaît en effet limité en comparaison du mouvement important de périurbanisation, augmentant de fait le nombre d'heures passées dans les bouchons et saturant les lignes ferroviaires. À l'image de la ligne du RER A, la plus chargée d'Europe, qui transporte dorénavant 1,2 millions de personnes par jour, et qui arrive donc à saturation générant tous les jours d'importants problèmes de gestion. Cette ligne est symbolique de ce mouvement d'urbanisation. La plupart du foncier disponible à un prix abordable, et se rapprochant de la campagne, se situe dans les départements de l'est parisien, quand la plupart du travail se situe dans les départements de l'ouest parisien en comprenant notamment le quartier d'affaires de la Défense. Dès lors, un flux pendulaire particulièrement conséquent a lieu tous les jours de semaine pour transporter ces populations.

4.2 Cet étalement urbain, qui s'est accéléré ces dernières décennies, est appelé à se poursuivre

Éric Hamelin et Olivier Razemon, dans *La tentation du bitume, où s'arrêtera l'étalement urbain ?* (2012), notent que dans la plupart des pays occidentaux, la taille des maisons et des lotissements grandit, alors que le nombre moyen d'habitants par maison a fortement chuté du fait de l'augmentation de l'espérance de vie et des divorces. Ce phénomène de développement des surfaces urbanisées en périphérie des villes est qualifié d'étalement urbain. Cet étalement urbain est en grande partie lié au développement de l'habitat pavillonnaire et notamment des lotissements mais également au développement des activités économiques elles aussi très consommatrices d'espace.

Pour Eric Hamelin et Olivier Razemon, le coût prohibitif des logements dans certains centres-villes amène de nombreux urbains à chercher un logement en banlieue où un logement plus vaste avec terrain peut être moins onéreux qu'un appartement d'un quartier central. En outre, les résidents de ces territoires sont souvent en quête d'un nouveau cadre de vie, plus calme, moins stressant. Ainsi une grande partie des constructions actuelles ont des conséquences en termes d'étalement urbain. En effet, selon l'Institut Français de l'Environnement (IFEN), sur les quelques 200 000 maisons construites en 2003, plus de 152 000 l'ont été en secteur diffus plutôt qu'en secteur concentré. Ce phénomène ne semble pas enclin à s'essouffler puisqu'en 2007, année record, 437 000 logements ont été mis en chantier, contre 330 000 en 2009, dont plus de la moitié est constituée par des maisons individuelles. Cet étalement urbain a eu pour corollaire direct le développement des grands centres commerciaux en dehors des centres-villes. Ainsi, à titre d'exemples, il y avait deux hypermarchés en 1960, 115 en 1970, 407 en 1980, et 1 400 en 2010. Aussi, selon l'IFEN, la France a vu son territoire urbain augmenter de 10 % entre 1990 et 2004, passant de 10 à 11 millions d'hectares, et continue de voir chaque année 75 000 hectares de terres naturelles ou agricoles disparaître sous l'effet de l'urbanisation soit l'équivalent d'1 % du territoire chaque année.

Enfin, la construction de logements neufs ou la réhabilitation de logements anciens en centre-ville coûte encore souvent plus cher que la construction sur un terrain vierge en bordure de ville, ce qui entrave d'autant plus les politiques de densification des villes. Les terrains en plein cœur des villes sont souvent situés sur des parcelles avec des contraintes techniques fortes, augmentant de fait le coût de la construction, ou nécessitant une dépollution importante. Cet ensemble d'obstacles encourage peu les communes à se saisir de cette problématique. À l'inverse, le développement pavillonnaire relativement bon marché et accessible, source de gains fiscaux importants pour les communes a été encouragé de manière importante et parfois de manière dramatique. L'épisode de la tempête Xynthia, qui a submergé en 2010 une partie de la côte ouest française, rappelle les conséquences néfastes de ce type d'urbanisme. En effet, les maires de certaines communes, comme celles de La-Faute-Sur-Mer, n'ont pas hésité à autoriser la vente et la construction de terrains en zone inondable pour dégager un profit, au risque de mettre en péril les habitants de ces constructions.

4.3 Cet étalement urbain peut expliquer les visions négatives de la ville alors encouragées par le récit qu'en font certains auteurs

Dès la fin du XIXe siècle, Maurice BARRES dans son roman intitulé *Les déracinés,* retrace le destin de jeunes provinciaux qui montent à Paris se confronter à la grande ville, connaissant pour certains le crime et la mort, pour d'autres la mise à mal de leurs idéaux de jeunesse : « *Chaque jour de cette semaine, il fut plus déniaisé, mais plus sombre. Il apprit que si toutes les convictions ne sont pas déterminées par l'argent, presque toutes du moins en rapportent, ce qui atténua leur beauté à ses yeux.* »

En 1943, René BARJAVEL publie *Ravage,* roman qui prend place en 2052, dans un Paris futuriste, défiguré par les gratte-ciel et les couloirs automobiles automatiques. Lorsque l'électricité s'arrête de fonctionner, du jour au lendemain, la folie se diffuse parmi la population, et les trois héros sont obligés de chercher refuge à la campagne, qui seule paraît offrir un mode de vie plus simple, proche de la nature, opposé à l'hystérie qui règne en ville. La ville de Paris est ainsi décrite comme un monstre dangereux, devenu hors de contrôle, à qui il faut donc échapper.

Puis, en 1956, Michel BUTOR décrit, dans son roman *L'emploi du temps,* l'enquête de Jacques Revel au sein de la ville anglaise de Bleston, ville imaginaire qui semble être devenue vivante, oppressant le narrateur qui ne peut y échapper. La structure labyrinthique de la ville l'attire mais l'ébranle à la fois, la ville sortant de ses limites pour devenir un personnage à part entière, influençant le comportement du narrateur.

5 L'essor des métropoles risque de générer « deux France » distinctes

5.1 Régulièrement l'idée qu'il existe « deux France » a été utilisée, aujourd'hui cette opposition est souvent évoquée entre « France des villes » et « France des champs »

Historiquement, l'idée que la France soit clivée, coupée en deux, a souvent été exprimée. Cela est vrai à l'époque de la Révolution française, pendant l'affaire Dreyfus, la seconde guerre mondiale... Toutefois, comme le souligne le sociologue Alain TOURAINE dans *Après la crise* (2010), depuis la fin des Trente Glorieuses, « *notre société, à l'heure de l'économie globale et de l'individualisme triomphant, a rompu avec le vieux modèle d'intégration qui avait été le sien depuis la Révolution industrielle. (...) Frappés par le choc économique et social, les acteurs peuvent, en effet, tout aussi bien subir une exclusion sociale croissante que voir s'accélérer la mutation culturelle inscrite dans le long terme.* » Ainsi, il existe des inclus et des exclus, des « in » et des « out », les deux France seraient donc celle d'un côté des Français, « intégrés-insérés » pour reprendre l'expression de Robert CASTEL et celle des exclus de l'autre.

L'historien Jacques MARSEILLE a dans ce cadre publié, en 2004, *La guerre des deux France. Celle qui avance et celle qui freine.* Si cet ouvrage a parfois été critiqué du fait d'une excessive dichotomie, il souligne l'existence de l'idée d'un clivage, d'une « fracture sociale » pour reprendre l'expression popularisée par Jacques CHIRAC en 1995. Le fondateur d'*Alternatives Économiques*, Denis CLERC écrivait, à propos de cet ouvrage, que selon Jacques MARSEILLE, « *si tout ne va pas bien en France, c'est à cause des fonctionnaires, des syndicats, des cheminots, des chômeurs et des allocataires des minima sociaux. La France qui freine empêche la France qui gagne de progresser. D'un côté le corporatisme, de l'autre le dynamisme* », soulignant ainsi la description des deux France réalisée par l'auteur.

Toutefois, depuis quelques années, cette idée d'un clivage entre inclus et exclus s'est territorialisée. Alain TOURAINE écrivait d'ailleurs dans *Après la crise* que la distinction entre les « in » et les « out » était de plus en plus inscrite dans les territoires. Il prenait ainsi l'exemple du périphérique parisien comme symbole d'une frontière entre les « in » et les « out », ceux qui sont intégrés et ceux qui risquent l'exclusion. Plus encore que le périphérique, le débat sur la mise en place des métropoles en 2010 a beaucoup tourné autour de cette question d'une séparation de la France en deux. En effet, dans le cadre des débats parlementaires préalables à la loi du 16 décembre 2010, beaucoup d'élus ont souligné le risque de créer un statut juridique spécifique pour les territoires urbains de plus de cinq cent mille habitants. Ce statut aurait, selon eux, accéléré la croissance économique des zones métropolitaines au détriment des autres espaces urbains, périurbains et ruraux. Le statut des métropoles verra finalement le jour dans la loi mais a été profondément modifié par rapport au projet initial qui visait à supprimer les départements et régions au sein des métropoles.

5.2 Dans ses publications, GUILLUY souligne l'existence d'une « France périphérique »

Depuis, la publication en 2004, d'un *Atlas des nouvelles fractures sociales* — coécrit avec Christophe NOYE — le géographe Christophe GUILLUY s'est consacré à la description des deux France popularisant la notion de « gradient d'urbanité ». En effet, que ce soit dans son ouvrage *Fractures françaises* ou dans *La France périphérique*, Christophe GUILLUY a souligné qu'il existe plusieurs France et qu'elles dépendent en grande partie de leur proximité avec les villes. Ainsi, dans l'introduction de son ouvrage *La France périphérique,* le géographe souligne que les nouvelles classes populaires sont « *marginalisées culturellement et mises à l'écart géographiquement* » dans ce qu'il nomme « la France périphérique ».

Pour cet ouvrage, le géographe a construit un « indice de fragilité » et l'a comparé sur deux espaces : la France des grandes villes et la « France périphérique ». Pour ce faire, il n'a conservé dans la première que les villes des 25 aires urbaines d'au moins 370 000 habitants (cela correspond à 2 640 communes et près de 39 % de la population) et a réuni toutes les autres (34 014 communes représentant 61,3 % de la population) sous l'étiquette de « France périphérique ». Puis il a comparé l'écart de ces territoires avec la moyenne française sur huit indicateurs : part des ouvriers dans la population active (moyenne française : 23,6 %), part des employés et ouvriers dans la population active (moyenne française : 52,9 %), temps partiel (moyenne française : 17 %), emploi précaire (moyenne française : 11 %), taux de chômage (moyenne française : 12 %), propriétaires occupants précaires (c'est-à-dire avec un revenu inférieur à 15 639 euros), revenus (en soulignant le nombre de personnes percevant moins de 18 749 euros) et enfin, l'évolution de la part des ouvriers-employés depuis 1999 (moyenne française : -5,7 %).

En fonction de ces critères, le chercheur calcule l'indice de fragilité qui oscille entre 0 et 8. Ainsi, un territoire obtiendra 0 à l'indice de fragilité s'il est systématiquement en dessous des moyennes nationales aux huit critères préalablement évoqués, il obtiendra 8 s'il est systématiquement au-dessus. Le chercheur considère un territoire comme fragile dès qu'il obtient un score supérieur à 3, c'est-à-dire qu'il est au-dessus des moyennes nationales sur au moins trois items. Selon ses calculs, 12,3 % des communes situées en zones métropolitaines sont considérées comme « fragiles » contre 74,8 % des communes situées dans la France périphérique. Ainsi, l'auteur souligne que dans le discours médiatique, les zones pauvres sont souvent représentées par les banlieues des grandes villes ce qui cacherait en fait une réalité tout autre, la pauvreté est en fait essentiellement concentrée en zone rurale. Pierre VELTZ, dans *Mondialisation, villes et territoires : une économie d'archipel* (1996) évoquait le fonctionnement des grandes aires urbaines en « métropoles assurantielles », c'est-à-dire un territoire où « *le risque de perdre son emploi est compensé par la possibilité d'en trouver un autre rapidement grâce au dynamisme du marché de l'emploi métropolitain* ». Ainsi, il y aurait une différence notoire entre les territoires pauvres des villes situés en zones dynamiques, et les territoires pauvres ruraux ne bénéficiant pas de cette dynamique. Dans cette même logique, une note de l'Insee datant de juin 2014 intitulée « En matière d'emploi, les métropoles ont davantage résisté à la crise », montre que la crise économique a accentué les inégalités entre les métropoles et les territoires de la « France périphérique ». Christophe GUILLUY note dans *La France périphérique* que « *les villes petites et moyennes ont ainsi enregistré une forte augmentation de leur taux de chômage. La crise de 2008 a frappé de plein fouet où l'emploi industriel était encore important. Seule la présence d'un important secteur "Administration publique, enseignement, santé, action sociale" et le développement des services à la personne ont permis d'atténuer les effets de la crise, sans pour autant empêcher la stagnation, voire la baisse, de l'emploi total dans les moyennes aires.* »

5.3 Laurent DAVEZIES voit dans cette nouvelle fracture territoriale « une crise qui vient »

Dans son ouvrage *La crise qui vient. La nouvelle fracture territoriale* (2012), l'économiste Laurent DAVEZIES préfère, plutôt que de s'intéresser au PIB par région, indicateur de la richesse productive, se focaliser sur le revenu des individus qui y vivent. Il distingue dès lors quatre sources de revenus : ceux issus de la production, ceux qui sont liés aux pensions de retraites et aux allocations sociales, ceux engendrés par la consommation et enfin ceux provenant du tourisme. Cela lui permet ainsi de distinguer la richesse productive d'un territoire (mesurée par le PIB) et son niveau de développement (mesuré par le revenu). L'auteur montre ainsi que la carte du PIB et celle du revenu ne se superposent pas, dessinant « quatre France ». Parmi ces « quatre France », il existe donc une France composée d'un ensemble de territoires productifs et dynamiques qui concentrent l'activité économique : il s'agit principalement des bassins d'emplois des grandes métropoles et des régions fortement urbanisées (Île-de-France, Rhône-Alpes et

Provence-Alpes-Côte d'Azur). Cette France concentre 36 % de la population. Ensuite, Laurent DAVEZIES identifie une France des territoires non productifs mais pourtant dynamiques. Il s'agit d'espaces qui profitent des richesses produites par les zones productives parce qu'ils sont des lieux de vie et de récréation attractifs pour les touristes, retraités et travailleurs pendulaires. Ces deux premières France ne sont pas touchées par la crise contrairement aux deux autres. En effet, les régions anciennement industrielles, aujourd'hui en déclin, qui sont confrontées aux difficultés de la reconversion de leur tissu productif fondent les deux autres France. L'auteur distingue d'un côté les bassins industriels du Nord (8 % de la population), qui restent marchands, et les bassins de l'Est qui dépendent essentiellement de revenus sociaux (12 % de la population).

Laurent DAVEZIES souligne qu'une partie des individus « des France » en difficulté peuvent se déplacer vers « les deux autre France ». Cependant, « *l'immobilité résidentielle, c'est-à-dire le fait que les individus ne quittent que peu les zones d'emploi sinistrées, est la règle, du fait de nombreux freins à la mobilité que rencontrent les plus pauvres.* » L'auteur souligne que « *l'État reste le principal artisan de la redistribution des richesses entre les régions* » notamment par le biais de l'existence d'emplois publics dans ces zones dites sinistrées. Or, la réduction des dépenses publiques enclenchée depuis des années met en péril ce modèle selon l'auteur d'où le titre de son ouvrage, *La crise qui vient.*

Selon Laurent DAVEZIES, la crise économique pose un dilemme à la France. Depuis quelques années, la croissance économique ne semble pouvoir provenir que des métropoles. La France a donc le choix de renforcer la croissance économique en favorisant ces zones mais en risquant de renforcer les inégalités territoriales entre France des villes et France des champs. Ainsi, selon Laurent DAVEZIES, la crise pourrait être « *le fossoyeur de l'égalité territoriale à la française* ». Dès lors, l'économiste souligne que la France va connaître dans les prochaines années un véritable processus de métropolisation, avec le lot d'inégalités territoriales que cela suppose car l'arbitrage politique semble pencher davantage du côté de l'efficacité économique que de l'équité territoriale. En juillet 2016, le « think tank » du gouvernement, France Stratégie publiait une note intitulée « 2017-2027. Dynamiques et inégalités territoriales » qui visait à répondre à la question suivante : « *L'investissement public est-il capable d'assurer un développement de tous les territoires en déclin, où doit-il s'orienter vers les métropoles notamment pour en faciliter l'accès ?* ». En soulignant que les quinze plus grandes aires urbaines françaises ont concentré 75 % de la croissance entre 2000 et 2010 et que les métropoles ont concentré plus de 70 % des créations nettes d'emplois privés entre 2007 et 2014, ce rapport semble pencher vers l'investissement dans les métropoles au détriment des autres territoires.

CHAPITRE 7

Les politiques de la ville comme solution

SOMMAIRE

1 Les politiques de la ville sont nées concomitamment aux villes

1.1 La prise de conscience d'une urbanisation pensée de la ville s'est imposée avec le phénomène d'urbanisation du XIXe siècle

Vouloir imaginer une ville nouvelle, aux proportions parfaites répondant à un objectif de meilleure urbanisation n'est pas une philosophie qui apparaît avec le XIXe siècle. Déjà, Richelieu avait imaginé une ville, qui porte toujours son nom, et qui répondrait à des proportions idéales pour loger au mieux la population vivant près de son château. De la même manière, lorsque Louis XIV conçoit de nouvelles villes, elles ont pour objectif de répondre à un ensemble de critères : espace, salubrité, sécurité, lumière, qui les rendront saines. Ce fut notamment le cas de Versailles qui fut alors dotée en très grand nombre, contrairement à Paris, de larges avenues et de Rochefort, imaginée par Colbert pour accueillir le nouvel arsenal de la marine royal et qui fut entièrement bâtie *ex nihilo* avec un ensemble de rues perpendiculaires et de bâtiments de même hauteur.

Mais le XIXe siècle et l'amplification d'un phénomène nouveau, l'urbanisation, vont bouleverser la conception des villes. Il devient dorénavant nécessaire de loger des millions de personnes pour éviter des risques d'épidémie comme celle de choléra que subit Paris dans la première moitié du XIXe siècle. Aussi, lorsque Claude-Philibert Barthelot de Rambuteau arrive à Paris en 1833 en tant que préfet de la Seine, il décide d'ouvrir l'ère de grands aménagements, un an après l'épidémie de Choléra de 1832 qui fit près de 18 000 morts. Il a pour mission d'assainir les quartiers centraux et faciliter les transports en commun qui tendent à se développer. En partant des premières expériences de grandes avenues construites dans Paris, tels que les boulevards-promenades de Louis XIV ou encore la rue de Rivoli débutée sous Napoléon Ier, il décide de détruire des quartiers entiers pour percer des grandes artères, dont la rue qui porte actuellement son nom à Paris et mesure 13 mètres de large, un record pour Paris à cette époque. Cette action porte aussi sur les équipements urbains : plantation d'arbres le long des avenues, égouts, éclairage au gaz et urinoirs. La devise qu'il défend « de l'eau, de l'air, de l'ombre » sera reprise très largement par Napoléon III lorsqu'il confie au préfet Haussmann, en 1853, le soin de poursuivre cette mission pour « aérer, unifier et embellir la ville ». Georges Eugène Haussmann va profiter du régime autoritaire du Second Empire et de moyens financiers décuplés pour industrialiser cette nouvelle urbanisation de la ville en dotant Paris d'un réseau d'axes encore structurant aujourd'hui, en abattant la forteresse des fermiers-généraux construite peu avant la Révolution française et en étendant la ville de Paris jusqu'à la forteresse de Thiers, dotant ainsi la capitale de vingt arrondissements en lieu et place des douze qu'elles possédaient jusqu'à présent.

En 1870, lorsque le Second Empire s'achève, c'est une ville profondément transformée que va redécouvrir Victor Hugo de retour d'exil. L'ensemble de l'urbanisme parisien a été bouleversé, comprenant les rues et boulevards, la réglementation urbanistique, les espaces verts, le mobilier urbain, les égouts et les réseaux d'adduction d'eau, les équipements et monuments publics. 500 km d'égouts vont être construits, de nouveaux grands espaces verts vont apparaître comme le parc des Buttes-Chaumont, le parc Montsouris ou le parc Monceau quand d'autres vont être réaménagés avec les Bois de Boulogne et de Vincennes. Un aménagement homogène des rues va se développer avec l'utilisation de la pierre de taille et l'harmonisation de la hauteur des bâtiments pour éviter des tailles disproportionnées vis-à-vis de la taille des rues. C'est donc une conception globale de la ville qui va émerger et être répercutée dans de nombreuses grandes villes de France comme Lyon, Lille ou Marseille.

1.2 Cette nouvelle manière de concevoir la ville s'appuie aussi sur le développement du courant de pensée hygiéniste

La pensée hygiéniste s'inscrit dans un mouvement d'évolutions scientifiques importantes qui permet à Louis PASTEUR de découvrir en 1865 le rôle des bactéries et des micro-organismes dans la contamination des maladies humaines. Il est alors question selon l'ouvrage de Georges VIGARELLO, *Le sain et le malsain* (1993), de vouloir améliorer le fonctionnement du corps humain en prenant en compte de nouveaux éléments tels que la nourriture, les boissons mais aussi la qualité de l'air respiré, le travail, le repos, la propreté du corps, etc. De nouvelles pratiques et théories vont donc émerger dans le domaine politique, social, médical ou encore urbanistique. Elles ont pour conséquence le développement du réseau d'égouts de Paris mis en œuvre par Eugène Belgrand sous la commande d'Haussmann, mais aussi d'un système de traitement des eaux usées qui évite que celles-ci soient rejetées directement dans la Seine en plein Paris, mais plus loin en aval à Asnières et enfin d'un réservoir d'eau potable, le réservoir de Montsouris, permettant à la capitale d'obtenir une eau saine.

Dans l'esprit de l'Empereur et d'Haussmann, cet ensemble de transformations vise à donner à la capitale l'espace nécessaire pour y loger toute sa population en imaginant la ville telle un immense réseau qu'il faut interconnecter via un système d'avenues traversant la ville et diminuant de fait la densité de la population au cœur de Paris qui était alors très forte. C'est tout l'intérêt de ces grands axes de 20 à 30 mètres dont le tronc commun est une grande trouée nord-sud et est-ouest, avec le boulevard Sébastopol et boulevard Saint-Michel pour l'axe nord-sud et la rue de Rivoli pour l'axe est-ouest qui se rencontrent sur la place du Châtelet. Tout un ensemble de ruelles et d'impasses est alors détruit tout comme l'est l'Île de la Cité qui est pratiquement entièrement rasée, hormis ses monuments. Napoléon Ier souhaitait déjà sa destruction expliquant alors que « *ce n'est qu'une vaste ruine, tout au plus bonne à loger les rats de l'ancienne Lutèce* ». Mais cette mise en pratique de la théorie hygiéniste ne s'arrête pas à la construction d'avenues. À titre d'exemple, Haussmann décide de réorganiser complètement le marché des Halles, alors cœur alimentaire de Paris, afin de le doter d'infrastructures modernes et permettant un meilleur traitement des denrées. Les Halles dessinées par Victor Baltard émergeront de ce projet et resteront près d'un siècle en place avant leur destruction en 1960. Elles étaient alors l'essence de la modernité architecturale et urbanistique au service d'une meilleure organisation de la ville.

Ce courant hygiéniste se retrouve notamment dans la littérature de Jules VERNE et son ouvrage *Les Cinq cents millions de la Bégum*. Paru en 1880, il décrit un Français, le docteur François Sarrasin, et un Allemand, le professeur Schultze, tous deux héritiers d'une fortune de 500 millions de francs d'une richissime Bégum. Chacun décide alors de construire une ville fondée sur des idéaux spécifiques. Sarrasin décide de construire Franceville basée sur les plus récentes techniques d'urbanisme et d'hygiène quand Schultze bâtit Stahlstadt, une cité de l'acier, une gigantesque usine à canon. Franceville est alors décrite comme la cité idéale des hygiénistes où tout est réalisé scientifiquement, des plans de la ville, en passant par l'emplacement de la végétation jusqu'au choix des matériaux. Jules VERNE souligne ainsi que grâce à ces règles, Franceville est la ville où les hôpitaux sont les moins nombreux et les moins remplis.

1.3 Mais cette politique de la ville reste incomplète, elle exclut une partie de la population et s'appuie sur des pratiques qui limitent sa pérennité

La capacité d'Haussmann à transformer aussi profondément Paris en l'espace de 25 ans est à l'image des moyens dont il dispose, qu'ils soient financiers ou politiques. Le préfet de la Seine peut s'appuyer sur l'Empereur Napoléon III qui fonde son régime sur un autoritarisme très marqué qui facilite l'expropriation et par voie de conséquence la destruction de quartiers entiers qui logeaient généralement des classes populaires. Il permet certes un embourgeoisement du cœur de Paris, mais aux dépens de toute une partie de la population qui se retrouve aux bordures de la ville et qui vit dans des conditions d'insalubrité très fortes. De plus, cette manière de réorganiser la ville permet de mieux maîtriser les foules et les barricades en développant des rues larges qui permettent de tirer aisément sur la foule. Cette dimension sécuritaire d'Haussmann ne peut pas être résumée comme son seul objectif, mais il est notable de remarquer que plus aucune révolution ayant eu lieu dans Paris ne sera la source de la chute d'un régime politique.

Cette exclusion des classes populaires de Paris entraîne le début d'une césure géographique et sociale qui ne fera que s'aggraver tout au long du XXe siècle. Elle a ainsi exporté le problème de l'urbanisme aux bordures de Paris et à la banlieue parisienne. En étudiant les données de la population, l'on remarque une stabilisation voire une baisse du nombre d'habitants dans les arrondissements centraux, mais une très forte augmentation dans les arrondissements périphériques. Comme le XXe arrondissement qui est passé de 70 000 à 92 000 habitants de 1861 à 1872 sans pour autant avoir fait l'objet d'investissements et de travaux aussi spectaculaires que ceux de la place de l'Étoile et ses douze avenues dans le XVIe et le XVIIe arrondissements. De fait, si Napoléon III développe les premières habitations accessibles aux classes populaires sur ses moyens financiers propres, il le fait à des conditions très strictes notamment de surveillance et de contrôle des déplacements qui rendent le projet très impopulaire. Haussmann, à l'inverse de l'Empereur, était quant à lui très peu intéressé par cette population et ne laissa alors que des terrains mal situés, aux limites de Paris, rendant de fait les logements encore moins populaires.

Enfin, pour développer des travaux aussi gigantesques et sur une période aussi courte, Haussmann a profité du système bancaire qui commence à réellement se développer. Il emprunte des sommes très importantes aux banquiers Pereire et Rothschild. Haussmann a ainsi entrepris des travaux pour 2,5 milliards de franc-or en 17 ans pour un budget prévisionnel de 1,1 milliard. Patrice de MONCAN explique notamment qu'il a dû faire voter successivement quatre emprunts par le Corps législatif et que ces derniers ont été au fur et à mesure de plus en plus difficiles à justifier. Jules Ferry décrivit ce montage financier dans un célèbre pamphlet *Les Comptes fantastiques d'Haussmann* (1867) qui fut à l'origine d'une prise de conscience sur les moyens développés par le préfet de la Seine, puis la source de son renvoi en 1870. Cette dette considérable évaluée à 1,475 milliard de francs mettra près de 40 ans à être remboursée par la ville.

2 Les politiques de la ville se sont renforcées pour développer le logement social

2.1 La question du logement ouvrier est tout d'abord perçue comme une problématique d'ordre privé

Il apparaît dans l'ouvrage de Jacques BAROU, *La place du pauvre – histoire et géographique sociale de l'habitat HLM*, que l'État n'était pas un membre actif dans la construction de logements pour les plus démunis. La réalisation de ces logements revient donc aux grands entrepreneurs d'industrie qui désire loger leurs ouvriers. Jean Dollfus, directeur de l'entreprise textile Dollfus-Mieg Compagnie (DMC), est en cela le premier qui réalise une cité ouvrière en 1854 en se fondant sur des expériences étrangères. Cette cité comprenait alors 1 240 maisons pouvant accueillir jusqu'à 10 000 habitants.

Cette première expérience encouragea de nombreux autres entrepreneurs à prendre en charge les conditions de vie des ouvriers, à l'image du Familistère de Guise voulu par l'industriel Jean-Baptiste André Godin. Ce dernier souhaitait alors s'inspirer du phalanstère de Charles Fourier, imaginé comme un regroupement organique des éléments considérés nécessaires à la vie harmonieuse. Situé dans la commune de Guise et débuté en 1859 pour se poursuivre jusqu'en 1884, ce lieu de vie comprend un ensemble de bâtiments qui doivent permettre aux ouvriers de disposer de tout ce qui est considéré comme nécessaire. Jean-Baptiste André Godin, d'origine modeste et ayant été lui-même simple ouvrier, avait conservé le souvenir des conditions de vie très difficiles de ces derniers. En créant cet endroit, il cherche donc à développer de meilleures conditions de vie pour ses ouvriers. Il dote ainsi son familistère d'habitations, mais aussi d'une nourricerie, d'écoles, d'un théâtre, de bains et d'une piscine. Si une certaine forme de paternalisme se dégage de cette conception du logement ouvrier, il n'en demeure pas moins que ces conditions sont révolutionnaires pour une époque où le droit du travail est inexistant et alors que la plupart des ouvriers vivent dans une grande pauvreté.

Godin, contrairement à Dollfus, proscrit l'usage de la maison individuelle et s'explique dans *Solutions sociales* : « *Les prôneurs de petites maisons ne remarquent pas qu'en descendant un peu, à partir de la petite maison, on voit poindre la hutte du sauvage. (...) Dans les campagnes, le mendiant en haillons possède un toit et un jardin. (...) L'isolement des maisons est non seulement inutile, mais nuisible à la société.* » Dès lors, le familistère peut créer selon lui des « équivalents de richesse » accessibles aux ouvriers grâce à la mise en commun d'institutions qu'ils n'auraient pas pu obtenir individuellement. Ces « équivalents de richesse » rassemblent tout ce que la théorie hygiéniste a pu produire. Un environnement sain, doté de luminosité, d'espace, d'une bonne circulation de l'air, d'un accès à l'eau potable. Cet ensemble de mesures prend également la forme d'une protection sociale par la création de caisses de secours protégeant de la maladie et des accidents du travail. C'est donc bien l'ensemble des compétences sociales, dont l'État assurera plus tard la charge, que les entrepreneurs développent en premier.

2.2 L'État prend néanmoins compte de l'importance du logement social à la fin du XIXe siècle

Selon l'enseignant à Sciences Po Grenoble Jacques Barou dans *La place du pauvre : histoire et géographie sociale de l'habitat HLM* (1992), la question du logement social, qui avait émergé durant le Second Empire, prend toute son ampleur sous la IIIe République. Il convenait alors de rediriger une politique de la ville qui avait négligé une grande partie la population. C'est l'intérêt de la loi Siegfried de 1894 qui marque le désir de l'État d'agir dans le domaine du logement social grâce aux habitations bon marché (HBM), les ancêtres des HLM. Si le principe n'est pas exactement le même, l'État mettant en place des exonérations fiscales pour les propriétaires de manière à encourager leurs logements à des loyers relativement bas, elle rend compte d'une réelle prise de conscience. La loi Strauss, votée en 1906, s'inscrit dans cette même logique en poussant les communes et les départements à favoriser la construction de ce type de logements grâce à des exemptions fiscales locales.

L'importance de l'urbanisation liée à l'industrialisation et qui a pour conséquence un exode rural massif, même s'il est en France relativement plus lent à prendre forme comparativement aux autres pays européens, nécessite donc d'accueillir une population toujours plus nombreuse en ville. En effet, le taux d'urbanisation double entre 1850 et 1910, passant de 19 % à 38 %. C'est pourquoi est votée en 1912 la loi Bonnevay qui soutient la création d'Offices publics des habitations à bon marché améliorées (HBMA) dans l'optique d'attirer les « classes moyennes » naissantes. C'est dans ce cadre que sera construit durant l'entre-deux-guerres à Paris un ensemble de logements ouvriers, des HBM reconnaissables par l'utilisation qui est faite de la brique rouge à l'inverse de la pierre de taille des bâtiments haussmanniens. Ces logements prennent alors la place de la forteresse de Thiers, détruite au lendemain de la première guerre mondiale, démontrant toujours de la sensibilité quant à l'emplacement de ces logements, encore situés aux bordures de la ville.

Mais cette politique, si elle se veut encourageante, ne permet pas de répondre à une problématique qui devient de plus en plus urgente, les besoins de logements étant toujours plus nombreux. Aussi, le dispositif HBM est stoppé en 1949 au profit des HLM, habitations à loyer modéré, qui ont un objectif plus global. La création des HLM coïncide avec l'appel de l'Abbé Pierre de l'hiver 1954 qui souligne la crise du logement et l'absolue nécessité d'accélérer la construction des HLM. S'engagent alors deux décennies de constructions de grands ensembles, regroupement sur le même endroit de plusieurs centaines à plusieurs milliers de logements marqués par un urbanisme de tours et de barres, et de villes nouvelles organisées sous la forme de Zones à urbaniser en priorité (ZUP) instituées entre 1959 et 1967. Le constat est en effet édifiant, en 1946, sur les 12,6 millions de logement existant, le tiers est surpeuplé, la moitié est sans eau courante quand 42 % des Parisiens vivent dans des logements insalubres ou surpeuplés.

2.3 Ces nouveaux logements deviennent pour un temps un nouvel idéal d'une politique de la ville qui offre une modernité, une mixité sociale et une qualité de vie unique

Alors qu'en 1946, la France comptait seulement 500 000 logements sociaux, elle en compte trente ans plus tard près de 3 millions dont un tiers de grands ensembles. Ces derniers sont alors au nombre de 350 et près de 40 % sont dans la région parisienne où la demande était particulièrement forte. Mais ces HLM ont eu pour vocation l'accueil de quatre populations aux caractéristiques sociales très hétérogènes. Sont attendus des ruraux qui continuent d'arriver en ville (la France ayant atteint le seuil de 50 % d'urbains 30 ans plus tôt), des personnes rapatriées des anciennes colonies et notamment d'Algérie (près d'un million de personnes en 1962), des populations migrantes au service du boom économique de la période des Trente Glorieuses et qui viennent majoritairement des anciennes colonies françaises, et des personnes aisées d'une nouvelle classe moyenne attirée par la modernité de ces logements qui disposent d'une cuisine et d'une salle de bain, deux nouvelles pièces de la maison. Ces changements sont alors révolutionnaires pour une majorité de Français.

Pourtant, cet idéal de modernité va rapidement s'essouffler au rythme des évolutions sociales françaises qui vont bouleverser cette politique de la ville. Si l'objectif d'assurer un logement décent pour chaque foyer est alors pratiquement atteint en France au début des années 70 – un des derniers bidonvilles de France, situé dans ce qui sera le quartier d'affaires de La Défense est alors détruit dans le courant des années 60 – l'objectif d'une mixité sociale disparaît au fur et à mesure du départ des classes moyennes. Ces dernières, ainsi que les habitants des centres-villes, vont trouver de nouveaux logements plus qualitatifs, tout particulièrement pour les classes moyennes qui vont profiter du développement de l'habitat pavillonnaire de banlieue.

Les HLM des grands ensembles et des villes nouvelles ont en effet été souvent construits dans une optique privilégiant la quantité à la qualité. Or, dès les années 70, de nombreux problèmes d'étanchéité et d'isolation apparaissent sur la plupart des logements, ce qui se cumule avec un isolement géographique par rapport aux centres-villes et à un déficit d'équipements de proximité et de moyens de transport. Le départ des classes sociales les plus aisées va donc entraîner une homogénéisation sociale de ces quartiers. Le gouvernement intervient pour tenter de mettre un terme à ce processus. En 1973, la circulaire Guichard met un terme aux programmes de grands ensembles. Puis en 1977, une nouvelle politique sociale s'instaure au travers de l'allocation personnalisée au logement (APL) qui vise à aider les individus à se loger dans le parc de logements privés. Cette réforme, appelée aussi « réforme Barre », est un changement de paradigme dans la politique du logement menée par l'État qui privilégie dorénavant les aides « à la personne » au détriment des aides « à la pierre » qui prédominaient jusqu'alors et marque le désengagement étatique dans la construction de logements sociaux. Cette politique sera d'autant plus amplifiée lorsque l'APL sera ouverte aux étudiants en 1991.

3 L'expression de politique de la ville est toutefois intrinsèquement liée à une réponse à la crise des banlieues

3.1 Le développement d'une « politique de la ville » à partir des années 80 s'apparente à une volonté de répondre aux problématiques des quartiers concentrant les HLM

La prise en compte de la problématique d'une présence quasi-exclusive des HLM au sein de certains quartiers a eu lieu à l'été 1981. Pour la première fois en France, de nombreux affrontements opposent policiers et jeunes dans le quartier des Minguettes à Vénissieux, une ZUP de la banlieue lyonnaise. Cet évènement particulièrement médiatisé, où seront filmés des incendies de voitures, des dégradations urbaines et des courses poursuite, montre pour la première fois l'image de ces quartiers où vit majoritairement une population immigrée ou de descendants d'immigrés, avec un taux de chômage atteignant le double du taux de chômage national, des équipements publics inexistants et des logements sociaux se dégradant très rapidement. Ces affrontements seront à l'origine de la Marche pour l'égalité et contre le racisme, surnommée par les médias la *Marche des beurs* de l'hiver 83. Elle aura pour objectif principal de médiatiser la problématique des banlieues qui souffrent d'une multitude de difficultés dépassant assez largement le logement.

La politique de la ville commence alors à prendre de l'ampleur dans une vision multimodale qui concerne à la fois un volet d'aménagement du territoire urbain, mais également un volet économique et social tout comme des questions de sécurité publique ou d'égalité des chances à l'école. Elle s'appuie pour cela sur deux dispositifs mis en place en 1981. Ils comprennent le Développement social des quartiers (DSQ) qui s'appuie sur le rapport d'Hubert Dudebout « *Ensemble refaire la ville* » (1983). Ce rapport se concentre sur la question des quartiers déshérités et sur les zones d'éducations prioritaires (ZEP) liant la question de la ville à la question sociale et scolaire. La même année, est lancé le projet banlieue 89 à l'initiative de l'architecte Roland Castro et de l'urbaniste Michel Cantat-Dupart. Ce projet a pour objectif de révolutionner l'urbanisme des banlieues de manière innovante. Dès 1984, deux consultations sont organisées en direction des professionnels de l'urbanisme et de la construction pour proposer des projets de rénovation de la banlieue pour sortir de la logique des grands ensembles. Soixante-treize projets sont retenus en avril 1984 et cent quarante-six autres en octobre 1984 avec pour visée principale une réhabilitation des quartiers retenus pour mieux les relier aux villes et les intégrer au dynamisme urbain. En 1989, des assises de la banlieue se tiennent à Nanterre pour faire un bilan des réalisations. Elles seront renouvelées en 1990 à Bron avec cette fois-ci un objectif très clair, en étant intitulées « Pour en finir avec les grands ensembles ».

Aussi, entre 1984 et 1988 sont signés les premiers contrats de plan État-régions intégrant le Développement social des quartiers. Ils sont au nombre de cent quarante-huit et concernent alors cent soixante-dix quartiers. Pour poursuivre sur cette logique d'intégration de la politique de la ville comme une politique de l'État, est créée en 1988 la délégation interministérielle à la ville. Cette reprise en main vise à professionnaliser les actions tout institutionnalisant les structures liées à cette politique.

3.2 La création du ministère de la Ville confirme le renforcement de la politique de ville et des moyens qui lui sont alloués

Après les assises de Bron, François Mitterrand annonce la création du ministère de la Ville confié à Michel Delebarre. Il cherche aussi à répondre aux émeutes de Vaulx-en-Velin d'octobre 1990 qui ont marqué la population. La question des banlieues devient centrale, car elle représente un concentré de tous les échecs français, un échec de méritocratie sociale, d'inclusion, d'intégration, de renouvellement, etc. Mais la multiplicité des problèmes qui touchent les banlieues appelle au développement d'une diversité de solutions autant urbanistiques que sociales.

Michel Rocard engage en 1991 les premiers grands projets urbains et fait voter la loi d'orientation pour la ville qui imposa notamment un quota minimal de 20 % de logements sociaux pour les grandes villes. Cette loi démontre de la transversalité de la politique de la ville en fixant trois grands objectifs : le développement des solidarités entre territoires, l'engagement dans le développement durable et le renforcement de la démocratie locale. Cette politique sera d'autant plus médiatisée par l'arrivée en 1992 de Bernard Tapie qui cherche à lui donner un nouveau relief. Pour autant, le changement de majorité n'aura pas d'impact sur l'importance de cette politique. Simone Veil signera en effet les premiers contrats de ville en 1994 en tant que ministre des Affaires sociales du gouvernement d'Édouard Balladur.

Puis, en parallèle de ces programmes urbanistiques de renouvellement des banlieues et tout particulièrement des HLM, s'intensifie la politique du zonage qui vise à définir une zone géographique sur laquelle il est prévu de concentrer les moyens financiers. À l'image des ZEP, qui allouaient plus de moyens aux établissements scolaires situés dans des quartiers en difficulté, vont donc être créées les quarante-quatre premières zones franches urbaines (ZFU) en janvier 1996 dans le cadre du Pacte de relance de la ville. Ces zones permettent des exonérations sur les bénéfices, sur les taxes pour une durée de quatorze ans et sur les cotisations sociales et patronales pour un coût de 639 millions d'euros en 2009. Elles cherchent à revitaliser le tissu économique pour encourager la création d'emplois et rompre avec le chômage endémique de ces quartiers. Sur une autre forme, seront aussi créées les zones urbaines sensibles (ZUS) en novembre 1996 pour définir un développement social urbain conduit par l'État et les collectivités territoriales en allouant des moyens plus importants pour des quartiers particulièrement marqués par la pauvreté, l'exclusion dans l'espace urbain et composés d'habitats dégradés. Ces dépenses fiscales et sociales ouvrent donc la voie à une diversification des moyens utilisés pour parvenir à un même objectif.

3.3 Les changements apportés par la loi SRU et l'ANRU ont donné une nouvelle ampleur à la politique de la ville

Le vote de la loi relative à la solidarité et au renouvellement urbain, dite loi SRU, engage une transformation sur la manière dont est conçue la politique de la ville en lui donnant une portée durable autour de trois exigences fortes : l'exigence de solidarité, le développement durable et le renforcement de la démocratie et de la décentralisation. Elle restera néanmoins surtout connue pour son article 55 qui impose à toutes les communes de plus de 3 500 habitants de disposer d'au moins 20 % de logements sociaux. Le vote de cette loi qui ne s'est pas fait sans débats houleux, cherche à encourager encore un peu plus le développement d'une politique à la charge de la collectivité tout entière. En effet, il est prévu des sanctions financières pour toutes les communes ne respectant pas ce quota démontrant une réelle volonté de parvenir à une meilleure homogénéité des villes françaises.

Une autre avancée fondamentale dans l'institutionnalisation de la politique de la ville est la création de l'Agence nationale pour la rénovation urbaine, l'ANRU, qui va de pair avec la mise en place du Programme national de rénovation urbaine (PNRU) issu de la loi dite loi Borloo d'août 2003. Ce programme marque une amplification considérable de la politique de restructuration des quartiers. Dix milliards d'euros sont prévus sur dix ans, répartis sur l'ensemble du pays. La mise en place d'un programme aussi ambitieux s'inscrit dans une logique avant tout urbanistique. Il est alors imaginé que si les banlieues sont en crise, cela est majoritairement dû à l'état des logements sociaux. Cette conception se retrouve dans la théorie des *Broken Windows* développé par WILSON et KELLING. Selon eux, le comportement des individus évolue selon le contexte et il peut être générateur d'incivilité voire de délinquance si ce dernier est dégradé. Il faut donc lutter en permanence contre la moindre incivilité liée à l'environnement dans lequel évoluent les individus. C'est l'optique défendue par l'ANRU où l'on décide de détruire énormément de logements sociaux devenus insalubres, des tours symboles de la désaffection de ces quartiers, de lieux empêchant une bonne circulation des flux, pour ouvrir ces quartiers et leur donner une nouvelle image urbanistique.

En près de vingt ans, entre la première prise en compte de la politique de la ville comme une manière de résoudre la fracture géographique et sociale qui s'est installée entre les banlieues et les villes et la création de l'ANRU, de très nombreux projets ont été développés, en cherchant à multiplier les canaux d'intervention et les manières d'aborder cette problématique. Ils rendent compte de la diversité d'une politique marquée par son caractère évolutif selon les problématiques sociales et sociétales qu'elle révèle, que cela soit le manque de logements sociaux ou plus globalement la place de toute une partie de la population qui se sent mise à l'écart, oubliée par la République. C'est ce ressenti qui permet de mieux identifier la crise profonde des banlieues, crise qui émergea de nouveau en 2005 durant les violentes émeutes qui toucheront toute la France. Elles sont d'une certaine manière le signe d'un échec patent de vingt-cinq ans de politique de la ville.

4 Pourtant, ces politiques de la ville ont connu de nombreuses limites

4.1 Malgré les moyens engagés par la politique de la ville, les conditions de vie des habitants concernés n'ont pas été durablement améliorées

Afin de mesurer les évolutions dans certains des quartiers ciblés par la politique de la ville, un Observatoire national de la politique de la ville (ONPV) a été institué et remet chaque année un rapport qui donne l'occasion de mesurer les effets sur les conditions de vie des habitants des zones politiques de la ville (ZPV).

Aussi, le rapport de 2015 souligne que la pauvreté est encore trois fois plus élevée au sein des ZPV qu'en-dehors. Plus d'une personne sur trois (36 %) vit sous le seuil de pauvreté (fixé à moins de 960 euros par mois) en ZPV, quand ce taux est de 14 % au niveau national. Près de 23 % d'entre elles sont au chômage contre 9,4 % dans les mêmes unités urbaines, mais hors ZPV. Cette dégradation du contexte socio-économique se retrouve dans l'augmentation du taux de chômage de près d'un point en ZPV quand ce dernier est resté stable hors ZPV. Quant à l'école, considérée encore comme l'une des dernières institutions offrant un cadre méritocratique et d'égalité des chances, les élèves en ZPV ont en général des parcours plus courts et moins prestigieux. À titre d'exemple, quand 40 % des élèves de 17 ans sont en première générale hors ZPV, ce chiffre tombe à 22 % en ZPV. De même, les élèves ZPV se dirigent à plus de 60 % vers une filière professionnelle, alors qu'ils ne sont que 30 % en zone hors ZPV à suivre cette voie.

Cette inégalité de traitement et de situation se retrouve dans le domaine de la santé où 70 % des habitants hors ZPV se déclarent en bonne ou très bonne santé contre la moitié en ZPV. Ils sont d'ailleurs trois fois plus nombreux à se déclarer en mauvaise ou très mauvaise santé et à ne bénéficier d'aucune complémentaire santé. Dès lors, si la rénovation urbaine est jugée positivement par les habitants dans le renouveau des logements, il est constaté un manque important d'équipements structurants tel que les transports en commun censés mieux relier ces quartiers défavorisés aux autres quartiers.

Enfin, malgré l'importance du budget de l'ANRU et son programme complet de restructuration urbaine au profit de cinq cents quartiers regroupant plus de 4,5 millions d'habitants, les effets se font encore attendre. La Seine-Saint-Denis a certes pu profiter du déploiement de trente-et-un projets concernant dix-sept communes touchant notamment le quartier nord de Bondy pour 250 millions d'euros ou Clichy-sous-Bois-Montfermeil pour 425 millions d'euros, mais il apparaît difficile de mesurer l'impact réel. Dans le bilan du comité d'évaluation et de suivi de l'ANRU intitulé *La rénovation urbaine : pour qui ?*, il est fait mention qu'un habitant sur cinq des quartiers rénovés a été relogé dans, ou en dehors, du quartier du fait des travaux de rénovation. Or, ces mouvements de populations ne semblent pas avoir été suffisants pour modifier la sociologie de ces quartiers qui souffrent d'une homogénéité trop importante bien qu'il soit possible de remarquer une concentration un peu moins forte de la pauvreté après les travaux de rénovation. Pourtant, l'une des principales missions de l'ANRU est de recréer de la mixité sociale dans l'habitat et d'introduire une diversification des fonctions pour chaque quartier.

4.2 La politique de la ville souffre d'une diplomatie du zonage et d'un habitat français atypique entravant son efficacité

La question de la définition même de zones ciblées, ou prioritaires, est, en effet, posée. La création des ZEP, ZFU, ZUS et autres a encouragé la dispersion des moyens financiers et humains au travers de différentes circonscriptions géographiques qui parfois se chevauchaient, se touchaient allant même jusqu'à s'ignorer. Leur logique a conduit à un effet de saupoudrage diminuant de fait la portée de chaque zonage.

C'est pourquoi le rapport rendu en septembre 2009 par P. Hamel et P. André propose de sortir de cette logique pour inscrire les actions de la politique de la ville dans un cadre communal, ou intercommunal. Les critères utilisés devraient être réorganisés pour assurer une meilleure prise en compte des difficultés qui se recoupent. Ils invitent donc à analyser dans chaque quartier : le taux de chômage, la proportion de HLM, la part des jeunes sans qualification professionnelle et les bénéficiaires de minima sociaux et d'allocations logement. De la sorte, un contrat unique et global pourrait être signé entre le préfet et le maire et se substituer à l'ensemble des dispositifs précédemment déployés tout en visant les quartiers les plus défavorisés de France.

À cette politique de zonage complexe et inégale, il est aussi possible de comprendre les limites de la politique de la ville avec la situation atypique de l'habitat français. Contrairement à ses partenaires européens, la France se distingue par deux caractéristiques spécifiques. Tout d'abord, la part des personnes résidant dans des maisons individuelles est très importante : 56,6 % contre 41 % de personnes vivant dans un appartement collectif quand 62 % des Allemands et 66 % des Espagnols vivent en appartement. Cette proportion s'explique par une extension des villes dans des zones rurales, la périurbanisation. Or, en plus d'avoir un impact non-négligeable sur l'environnement, en consommant l'équivalent d'un département entier de terres agricoles tous les dix ans, cet étalement complique encore les politiques de reconnexion des différents quartiers par les transports en commun ou bien l'objectif de diversification social plus facile à appliquer avec des immeubles qu'avec les maisons individuelles. De plus, les Français sont nettement moins souvent propriétaires que leurs partenaires européens : 58 % des ménages possèdent leur propre logement contre 65 % dans l'Union européenne. Alors que les logements français sont marqués par une forte diversité, plus d'un tiers ont cinq pièces, 18 % ont une pièce ou deux, les transformations sociétales (décohabitations consécutives aux divorces et situations de veuvage) amènent les ménages et les logements à se réduire. Quand en 1975, il y avait 17 millions de foyers en France qui comptaient en moyenne 2,88 personnes, trente ans plus tard, les 26 millions de foyers français ne comptaient plus que 2,3 personnes en moyenne. Cependant, ces modifications n'ont pas conduit à une réduction de l'habitat individuel, au contraire, sa taille a augmenté à 111 mètres carrés contre 102 auparavant. Alors qu'en habitat collectif, les données sont restées stables depuis 1992 avec des logements d'une taille moyenne de 66 mètres carrés. Cette situation de l'habitat confirme l'accentuation des inégalités selon les quartiers, les foyers pouvant s'offrir une maison individuelle ont donc profité d'un espace plus grand pour moins de personnes à l'inverse de ceux vivant en logement collectif et donc par extension des locataires du parc locatif social.

4.3 Il reste donc particulièrement difficile de se loger en France alors que la crise du logement devient de plus en plus globale

La situation du logement en France se caractérise par le poids de ces HLM souvent dégradées qu'il convient de rénover, mais aussi par un manque plus général de logements face à la démographie française vigoureuse qui maintient une demande conséquente. La fondation Abbé Pierre fait ainsi souvent état du mal-logement en France, une situation qui ne s'améliore pas au fil du temps. Dans son rapport d'octobre 2013, elle comptabilise ainsi 3,6 millions de personnes mal-logées en France. Mais cette expression sous-entend des situations diverses, telles que les 133 000 sans-abris, ou encore les personnes vivant en permanence dans des habitations de fortune, totalisant alors près de 700 000 personnes privées de logement. À cela, il est possible de rajouter les 2,8 millions de personnes résidant dans des logements insalubres privés de confort ou dans des logements en surpeuplement. Et c'est en rajoutant enfin la catégorie des « gens du voyage » ne disposant pas d'aire d'accueil que l'on peut parvenir au chiffre de 3,6 millions de personnes mal-logées. Si des nouvelles dispositions ont été mises en place comme le droit au logement opposable (DALO), débuté avec la loi Besson de 1990, mais rendu opposable en 2007, trop peu de logements ont été construits pour subvenir aux besoins. La création d'un droit n'engendre pas automatiquement son respect par l'État. Aussi, la fondation Abbé Pierre considère que près d'1,2 million de foyers restent en attente d'un logement social en France. Pour réussir à compenser en moins d'une décennie le déficit de logements sociaux, il faudrait construire au moins 150 000 logements sociaux par an et 500 000 logements au total, alors qu'en 2012, 97 000 logements sont sortis de terre et 120 000 ont été financés.

Ce problème est d'autant plus étendu qu'il ne touche pas que les mal-logés. Il y a près de 5 millions de personnes qui sont fragilisées par la crise du logement, dont 800 000 propriétaires qui vivent dans des copropriétés en difficulté, parfois très dégradées. Il y a également 1,2 million de personnes qui sont en situation d'impayés de loyers. Ce qui conduit la fondation Abbé Pierre à conclure que près des trois quarts des Français sont touchés par la crise du logement, et près de 90 % en Île-de-France. Cela s'explique notamment par une densité importante et dans des territoires précis et limités. Gérard MERMET explique, dans *Francoscopie,* que 75 % des Français vivent sur 18 % du territoire compliquant les possibilités pour se loger alors que les prix des loyers n'ont cessé d'augmenter. Ainsi, en 1960, les Français consacraient 10,7 % de leurs revenus à leur logement quand cette proportion dépasse largement les 20 % aujourd'hui, sachant que l'on considère qu'il n'est pas raisonnable en termes économiques de dépasser le seuil maximal de 30 % de revenus consacrés au logement.

L'Insee décrit enfin une autre problématique du logement en France dans son enquête intitulée *Avoir froid ou dépenser trop*, celle de la précarité énergétique. Il est souvent nécessaire pour près de 4 millions de Français de choisir entre ces deux alternatives. Encore une fois, plusieurs dispositifs ont été mis en place dont celui de la loi Besson qui introduisait un fonds de solidarité pour le logement permettant aux personnes rencontrant des difficultés pour payer leurs loyers ou leurs factures d'énergie de recevoir une aide du Conseil général. Mais ils sont encore trop peu nombreux et efficaces pour répondre à la globalité du problème malgré les dernières évolutions permises par la loi ALUR de 2013.

5 C'est pourquoi il faut les réinventer en faisant toujours davantage participer les habitants

5.1 Instaurer une politique de la ville plus juste ne peut fonctionner que par une meilleure concentration des moyens

Une politique de la ville plus juste s'attache avant toutes choses à lutter contre un mouvement de ségrégation des villes. La loi SRU s'inscrivait dans cette dynamique en imposant le quota de 20 % de logements sociaux pour les communes de plus de 3 500 habitants, mais Éric MAURIN dans *Le Ghetto français*, s'il reconnaît l'impact positif de cette loi, constate qu'elle n'est pas suffisante face au problème de ségrégation sociale. Les communes ont généralement cherché à construire des logements sociaux dans les quartiers où le foncier était le moins cher et où cela créerait le moins de tensions avec les habitants, conduisant à concentrer encore plus les logements sociaux au sein d'un même endroit cumulant toutes les difficultés. C'est pourquoi selon Éric MAURIN, il aurait fallu une échelle beaucoup plus réduite, le quartier ou la rue, pour appliquer ce seuil de 20 %, afin de forcer à une mixité sociale beaucoup plus efficiente pour créer une réelle homogénéité sociale. Une des dernières réformes votées fut l'augmentation du quota de logements sociaux par communes à 25 % prévue par la loi Duflot du 18 janvier 2013 tout en créant d'autres dispositifs tel que l'encadrement des loyers dans les zones tendues.

Mais, c'est en évoquant pour la première fois la présence d'un « *apartheid territorial, social et ethnique* » en France, que Manuel Valls, alors Premier ministre, permet de relancer le débat sur l'inclusion et l'intégration des habitants des quartiers défavorisés. En réaction à ce constat, la loi relative à l'égalité et à la citoyenneté sera votée en janvier 2017. Parmi ses très nombreuses mesures, elle prévoit l'amélioration de la transparence dans l'attribution des logements sociaux en rendant publics les critères, l'obligation pour les collectivités territoriales d'octroyer au moins 25 % des logements aux ménages prioritaires (renforçant ainsi le DALO), ou encore la possibilité pour le préfet de délivrer des autorisations d'urbanisme dans les communes qui ne respectent pas les critères de la loi SRU en matière de logements. Il s'agit donc de redonner des moyens politiques à l'État pour permettre une application plus concrète des objectifs de création de logements sociaux.

Cet approfondissement de la politique de la ville ne peut être efficace que si les moyens qui lui sont affectés le sont de manière coordonnée. Cela consiste donc à revenir sur la politique de zonage devenue au fil du temps totalement inefficiente. Pour Éric MAURIN, le zonage a généré de nombreuses frontières plus ou moins visibles et n'est plus porteur d'effets. Alors que Gwenaëlle CALVES rappelle, dans *La discrimination positive*, que les mesures de discrimination positive sont normalement censées être limitées dans le temps, certaines zones comme les ZEP existent parfois de manière continue depuis 1981. Or, quand les équivalents des ZEP aux Pays-Bas perçoivent 1,5 fois plus de moyens que les autres écoles, ce différentiel n'est que de 7 à 8 % en France, bien trop insuffisant pour que ces écoles rattrapent leur retard. C'est pourquoi en novembre 2013, François LAMY, ancien ministre délégué à la Ville, a réformé totalement le système en fusionnant l'ensemble des zones dans une nouvelle dénomination, les quartiers prioritaires de la ville (QPV), resserrant le nombre de quartiers prioritaires concernés à 1 300 contre 2 000 auparavant. En lien avec le rapport de 2009, les QPV ne se fonderont que sur un critère unique : la moitié des habitants du quartier doit disposer d'un revenu annuel inférieur à 60 % du revenu fiscal médian.

5.2 Pour pallier les limites du système scolaire français et la crise de la démocratie, il est nécessaire de refonder certaines institutions de la République

L'école reste le principal levier pour créer une société plus juste où la méritocratie aurait toute sa place. Or, les particularités du système scolaire français ont amplifié le phénomène de ségrégation, à l'instar de la carte scolaire, qui a ouvert la voie à une homogénéisation sociale très importante des écoles minimisant les espoirs des élèves en ZEP d'aller vers les meilleures formations d'enseignement supérieur. L'enquête PISA (Programme international du suivi de l'acquis des élèves) réalisée par l'OCDE auprès de soixante-douze pays vient confirmer ce constat. La dernière publication de décembre 2016 montre que, si le niveau général des élèves français se maintient (bien que déclinant sur cette dernière décennie), l'école française crée surtout un ensemble de conditions favorisant les excellents élèves, mais excluant de fait un nombre extrêmement important d'élèves qui sont mis en situation d'échec scolaire. L'origine sociale compte en effet pour 22,5 % du niveau d'un élève français contre 15 % en moyenne dans l'OCDE. Et ce rapport de l'origine sociale à la réussite de l'élève s'est continuellement accru depuis l'an 2000. Éric MAURIN propose ainsi de développer l'idée du « *school busing* » qui repose sur une répartition des élèves des quartiers sensibles sur plusieurs écoles pour créer de la mixité sociale. Certaines communes comme Bergerac et Oullins ont développé cette technique avec des résultats extrêmement convaincants pour la commune de Bergerac.

Dès lors, s'il est impossible de lutter contre le phénomène de ségrégation à l'école, il semble évident que la croyance générale d'une collectivité plus juste et équitable s'essouffle. Elle explique donc en partie le sentiment d'une crise de la démocratie. Cette dernière n'apporterait plus les réponses suffisantes aux citoyens. Michel CROZIER, Samuel HUNTINGTON et Joji WATANUKI avaient analysé cette problématique dans leur rapport publié en 1975, *The Crisis of Democracy*. Elle deviendra une thématique majeure de la fin du XXe siècle confirmée notamment par Pierre ROSANVALLON dans *La crise de l'État-providence* en 1981, où il souligne que les citoyens sont de plus en plus défiants vis-à-vis du politique.

Pour combattre ce déficit d'engagement démocratique, particulièrement présent dans les quartiers défavorisés, le renforcement de la démocratie locale fut considéré comme une des solutions. La représentation politique ne devient plus l'unique canal de la démocratie, la participation étant vue comme un moyen capable de susciter un sentiment d'appartenance à une communauté et ainsi développer un intérêt pour la chose publique. La loi d'orientation sur la ville de 1991 reconnaît donc le principe d'une concertation préalable pour toute opération de politique de la ville transformant les conditions de vie des habitants. Mais c'est la loi Barnier de 1995 qui viendra confirmer cette vision en introduisant la nécessité des débats publics pour tous les grands projets à incidences environnementales. Puis la loi SRU et surtout la loi Vaillant permettent d'accentuer cette tendance en rendant obligatoire la mise en place de conseils de quartiers dans les villes de plus de 80 000 habitants. Cette participation des citoyens a trois objectifs principaux : améliorer l'action publique en se fondant sur l'expertise du citoyen qui vit la ville, remobiliser ce citoyen en créant une cohésion sociale et transformer la culture civique des citoyens pour que ces derniers prennent en charge la vie collective en adoptant une culture de la proposition.

5.3 Mais ce renouveau démocratique peut sembler compliqué à mettre en place tandis que ses effets se font encore attendre

Bien que le pouvoir local dispose de pouvoirs importants depuis les nombreuses lois de décentralisation des années 80, 2000 et 2010, l'impact paraît difficile à mesurer. À titre d'exemple, jamais le taux d'abstention aux élections municipales n'avait été aussi élevé en 2014 atteignant plus de 38 % contre 21 % en 1983. Malgré le rapport privilégié de la ville au citoyen, considéré comme l'échelon démocratique le plus proche et le plus facile à comprendre, et le renouveau des pouvoirs des villes et de la participation citoyenne, rien ne semble enrayer le déclin d'une démocratie qui se voudrait participative. D'autant plus que, comme l'explique Sandrine RUI dans *La démocratie participative entre frustrations et production d'espaces critiques*, les citoyens sont le plus souvent enclins à critiquer les dispositifs de démocratie participative.

Ce constat, Thierry OBLET le fait d'une autre manière en 2005 dans *Gouverner la ville*, où, selon lui, il n'existe pas encore de démocratie locale. Cette inexistence s'expliquerait notamment par la complexité du niveau de participation à mettre en place pour obtenir satisfaction. Une participation trop en amont mécontente les citoyens du fait du caractère flou des débats, quand une participation trop en aval devient futile et inutile car ne s'occupant que de détails et non du projet en lui-même. De plus, la question du niveau de participation est sensible à gérer comme le montre l'affaire du pont de l'île d'Oléron résolue en décembre 2016. La Communauté de communes de l'île d'Oléron souhaitait rendre payant le pont qui relie l'île au continent et demanda au département l'organisation d'une consultation auprès de ses citoyens afin d'obtenir leur avis sur la question. Mais la délibération, qui autorisa la consultation, fut attaquée puis définitivement annulée par le Conseil d'État, qui expliqua qu'il n'était pas possible de poser cette question aux seuls habitants de l'île alors que tous les habitants des communes du littoral proche du pont, et faisant partie d'une structure institutionnelle nommée Bassin de Marennes-Oléron, travaillent majoritairement sur l'île d'Oléron et seront donc directement impactés par un futur péage. Ce contentieux rappelle l'ouvrage de Jean-Marc STEBE et Hervé MARCHAL, *La sociologie urbaine*, qui souligne que le mouvement intercommunal a amené à éclater les prises de décisions sur les territoires rendant de fait la gouvernance plus difficile à comprendre pour les citoyens et fragilisant l'émergence d'un réel espace public local au sens de Thierry PAQUOT dans *L'espace public* (2009), où celui-ci correspond à « *une sphère du débat politique où la publicité des opinions privées participent à la vie commune en devenant publiques* ».

La difficulté réside donc dans la définition de la notion d'espace public local qui aurait pu s'entendre par la mise en place progressive, en débutant par exemple dans les grandes villes, d'un débat citoyen actif, d'un véritable contre-pouvoir citoyen. Jürgen HABERMAS définit cette notion dans son ouvrage *L'espace public* (1962) comme « *le processus au cours duquel le public constitué d'individus faisant usage de leur raison s'approprie la sphère publique contrôlée par l'autorité et la transforme en une sphère où la critique s'exerce contre le pouvoir de l'État* ». Dès lors, selon Pierre ROSANVALLON, dans son ouvrage *La contre-démocratie* (2006), il pourrait y avoir une forme de contre-démocratie où les citoyens surveillent, empêchent et jugent leurs représentants, comme cela a déjà pu être le cas dans certaines villes. Mais en général, les citoyens se retirent plutôt de l'espace public en se repliant sur leur sphère privée.

PARTIE 3

LES RADICALITÉS

SOMMAIRE

CHAPITRE 8

Introduction

Attentat contre Charlie Hebdo, attentat à l'hyper-casher, attentats à Bruxelles, attentat à Magnanville, attentat à Nice, depuis le 7 janvier 2015, ce mot n'a jamais vraiment réussi à quitter l'actualité. Il ne l'a d'ailleurs pas vraiment quittée depuis le 11 septembre 2001, date charnière, date des attentats qui ont touché le cœur de New York et de Washington. Ces attentats sont le plus souvent associés à de nouvelles formes de radicalité : le fondamentalisme islamiste.

Les radicalités sont définies par *Le Larousse* comme « le caractère radical de quelque chose » précisant ainsi qu'il s'agit d'une « attitude d'esprit et doctrine de ceux qui veulent une rupture complète avec le passé institutionnel » et qu'il s'agit également d'une « attitude d'esprit d'une intransigeance absolue ». *Le Littré* précise par ailleurs qu'il s'agit de quelque chose « qui travaille à la réformation complète, absolue, de l'ordre politique dans le sens démocratique », rappelant que l'origine provient plutôt du domaine politique et est notamment associée au parti radical.

En effet, initialement, le radicalisme est l'ensemble des tendances politiques éloignées du centre. Ainsi, le radicalisme est une tendance républicaine qui apparut, en France, dans les années 1840 au début de la Révolution industrielle et se développa au début de la Troisième République en opposition au gouvernement des Républicains Opportunistes. Ce mouvement se cristallisa lors de la naissance du Parti républicain, radical et radical-socialiste. Aujourd'hui, dans le spectre politique français, ce n'est plus le parti radical qui correspond le mieux à la définition du radicalisme mais plutôt les partis extrêmes au sens où ils sont les plus éloignés du centre. Ainsi à l'extrême gauche, le radicalisme politique est plutôt représenté par le parti communiste, la France insoumise ou le Nouveau parti anticapitaliste et à l'extrême droite par le Front national. Les quelques sept millions de voix obtenues lors de l'élection présidentielle de 2017 par Marine Le Pen et Jean-Luc Mélenchon ont pu montrer la prégnance de ces partis radicaux sur la scène politique française.

Considérant à la fois le phénomène d'islamisme radical et le développement de l'écho des partis extrêmes ces dernières années, il n'est pas surprenant que Sciences Po invite les candidats au concours commun à réfléchir à cette vaste thématique qui modifie substantiellement notre société et nos institutions. Les questions soulevées par ces phénomènes sont nombreuses : quelles en sont les racines ? Quelles en sont les conséquences ? Faut-il lutter contre toutes les radicalités ou seulement contre certaines ? Et si oui lesquelles et surtout comment.

Avec cet ouvrage, nous allons essayer de vous guider dans ce vaste sujet en insistant dans un premier temps sur la civilisation de nos mœurs amenant à des sociétés qui ont visé à réduire les radicalités, les violences (chapitre 9), avant de montrer les résurgences des radicalités religieuses (chapitre 10) et celles des radicalités politiques (chapitre 11) pour conclure sur les solutions envisagées face à ces nouveaux radicalismes (chapitre 12).

CHAPITRE 9

De l'omniprésence des radicalités à la civilisation des mœurs

SOMMAIRE

1 De l'omniprésence des radicalités au progrès de la civilisation

1.1 En théorie, l'état de nature préexistant à celui de vie en société était violent, radical

Le philosophe Thomas HOBBES dans *Léviathan ou Traité de la matière, de la forme et du pouvoir d'une république ecclésiastique et civile* (1651) affirme que l'état de nature c'est la « guerre de tous contre tous ». En effet, dans l'état de nature il n'y a pas de loi et pas de force publique pour faire respecter l'ordre et la paix. De plus, les hommes ne sont pas naturellement sociables car ils sont soumis aux passions individuelles qui les divisent profondément et les conduisent, de manière inéluctable, à l'affrontement.

Et comme ils sont incapables de s'imposer durablement aux autres, sachant qu'il y a une certaine égalité des capacités psychiques et physiques de chacun, les hommes sont condamnés à être violents et à subir la violence des autres. « *En ce qui concerne la force du corps, le plus faible a assez de force pour tuer le plus fort, soit par une manœuvre secrète, soit en s'alliant à d'autres qui sont avec lui confrontés au même danger. (...) Cette égalité des aptitudes engendre l'égalité dans l'espérance que nous avons de parvenir à nos fins.* »

Mais de telles fins sont indissociables de trois passions essentielles qui consument les hommes de l'intérieur : la compétition, la défiance et la gloire. « *La première pousse les hommes à attaquer pour le profit, la seconde pour la sécurité et la troisième pour la réputation.* » écrit HOBBES dans le *Léviathan*. La compétition, d'abord, en vue de l'acquisition des biens de première nécessité mais aussi des biens superflus. Sachant qu'en l'absence d'un État toute idée de propriété, au sens juridique du terme, est vide de sens. La défiance qui découle de cette compétition : chacun vit dans la peur d'être dépouillé, réduit en esclavage ou encore tué. C'est pourquoi les hommes considèrent que, dans un tel état, la meilleure défense c'est l'attaque : « *un homme n'a pas d'autre moyen aussi raisonnable que l'anticipation pour se mettre en sécurité, autrement dit de se rendre maître du plus grand nombre possible de gens.* » La gloire, enfin, qui pousse les hommes à attaquer « *pour des détails, comme un mot, un sourire, une opinion différente et tout autre signe qui les sous-estime, soit, directement, dans leur personne, soit, par contrecoup, dans leur parenté, leur amis, leur nation, leur profession ou leur nom.* »

Si d'aucuns pensent que la raison pourrait permettre la régulation de ces passions, HOBBES, dans le *Léviathan*, pense que la raison n'est en fait que l'instrument de ses dernières. Elle se réduit fondamentalement au seul calcul des plaisirs et des peines. Ainsi la puissance de ces passions et l'absence d'une raison et d'un État régulateurs conduisent-elles les hommes, selon HOBBES, à un état de misère radicale et de malheur profond. « *La vie humaine est solitaire, misérable, dangereuse, animale et brève.* » Dans l'anthropologie proposée par HOBBES, tout semble conclure à la radicalité de l'existence de l'être humain, une radicalité que seule la puissance du Léviathan pourra éteindre.

1.2 Même si l'anthropologie de LOCKE est moins sombre que celle de HOBBES, la radicalité semble omniprésente à l'état de nature

À la différence de HOBBES, LOCKE ne met pas en avant la dangerosité de l'homme à l'état de nature. Il souligne que la loi naturelle commande aux hommes de se conserver eux-mêmes mais également de préserver la communauté. Il écrit ainsi, dans les *Deux Traités du gouvernement civil* (1690) : « *Cette loi naturelle peut être décrite comme le décret de la volonté divine, perceptible par la lumière naturelle, qui indique ce qui est et ce qui n'est pas conforme à la raison naturelle, et pour cette raison même ce qui est exigé et ce qui est interdit.* » Ainsi, dans l'état de nature, la loi naturelle attribue à chacun des droits et des devoirs et fonde à la fois l'égalité et la liberté parmi les hommes. Dieu est donc le garant, à l'état de nature, des conduites et des actions humaines au plan moral.

Dans ses *Deux Traités du gouvernement civil,* LOCKE précise que dans un tel état l'homme est maître de sa propre personne et qu'il est propriétaire du fruit de son travail. Il « *est le seigneur absolu de sa personne et de ses possessions* ». Toutefois, LOCKE pointe un problème qui ouvre les hommes aux radicalités à l'état de nature. En effet, à l'état de nature la jouissance d'un tel droit est « *fort incertaine et exposée sans cesse à l'invasion d'autrui* ». L'état de nature, en effet, ne peut garantir un tel droit, pour trois raisons principales exposées par LOCKE. Premièrement, bien que les lois de la nature soient « claires et intelligibles » à ces êtres dotés de raison que sont les hommes, ces derniers ne les suivent pas nécessairement. En effet, ils les ignorent du fait de leur paresse ou bien ils s'en détournent sous l'emprise des passions qui les aveuglent. Ils ne « *sont guère disposés, lorsqu'il s'agit de quelque cas particulier qui les concerne, à considérer les lois de la "nature", comme des choses qu'ils sont très étroitement obligés d'observer* ».

Par ailleurs, dans ces *Deux Traités du gouvernement civil,* il n'existe pas, dans un tel état des juges reconnus capables de trancher de manière la plus juste qui soit les différends qui peuvent survenir entre les hommes. Ces derniers, à la fois juges et parties, ne peuvent donc faire preuve d'une véritable impartialité. Ce qui risque de se traduire par de nombreux désordres et conflits car « *ils sont fort ardents lorsqu'il s'agit de ce qui les regarde, mais fort négligents et fort froids, lorsqu'il s'agit de ce qui concerne les autres* ». Enfin, il n'y a pas de pouvoir « *qui soit capable d'appuyer et de soutenir une sentence donnée, et de l'exécuter* ». Chacun, criminel ou victime, emploie la force pour échapper à la punition ou bien pour faire valoir ses droits. Ainsi, les hommes, à l'état de nature, ont une fâcheuse tendance à se détourner de la loi naturelle et à se soustraire à l'autorité de la raison. Ils plongent, alors, irrémédiablement dans le cycle infernal de la violence, de la radicalité.

1.3 ROUSSEAU s'oppose à l'anthropologie de HOBBES, mais il montre qu'avant le fondement de l'État les rencontres entre les hommes sont violentes

En effet, Jean-Jacques ROUSSEAU, dans *Du Contrat social* (1762), cherche à fonder une société juste qui associe étroitement la liberté et l'égalité. C'est pourquoi il rejette dans le livre premier toute référence à la nature et en particulier à l'état de nature qui, selon lui, n'est que le règne de la force. ROUSSEAU se démarque ainsi de l'état de nature décrit par HOBBES. En effet, bien que les deux auteurs soutiennent que l'homme n'est pas naturellement un animal politique (contrairement à ARISTOTE par exemple), ROUSSEAU considère que, dans cet état, les hommes vivent séparés les uns des autres et donc qu'ils sont comparables à des « *animaux stupides et bornés* ». L'état de nature n'existe que si l'homme ne vit pas en société. Un tel homme ne peut donc avoir des passions, comme c'est le cas chez HOBBES, lesquelles présupposent une véritable conscience de soi qui ne peut se déployer qu'en société.

Toutefois, selon ROUSSEAU, les hommes à l'état de nature peuvent bien se rencontrer de manière fortuite et se disputer alors des biens matériels (des fruits, du gibier) ou encore des « *femelles* ». L'affrontement est alors inévitable mais une fois que le plus fort et/ou le plus rusé l'a emporté, chacun se sépare et retrouve sa vie de solitude. L'état de nature c'est donc, même chez ROUSSEAU, le règne de la force. À ce titre, même si HOBBES, LOCKE et ROUSSEAU ne décrivent pas l'état de nature de la même manière, ils semblent converger vers un même constat : à l'état de nature, les radicalités et les conflits sont omniprésents.

En effet, à propos de la sortie de l'état de nature, ROUSSEAU écrit dans *Du contrat social* : « *Ce passage de l'état de nature à l'état civil produit dans l'homme un changement très remarquable, en substituant dans sa conduite la justice à l'instinct, et donnant à ses actions la moralité qui leur manquait auparavant. C'est alors seulement que la voix du devoir succédant à l'impulsion physique et le droit à l'appétit, l'homme, qui jusque-là n'avait regardé que lui-même, se voit forcé d'agir sur d'autres principes, et de consulter sa raison avant d'écouter ses penchants. Quoiqu'il se prive dans cet état de plusieurs avantages qu'il tient de la nature, il en regagne de si grands, ses facultés s'exercent et se développent, ses idées s'étendent, ses sentiments s'ennoblissent, son âme tout entière s'élève à tel point que si les abus de cette nouvelle condition ne le dégradaient souvent au-dessous de celle dont il est sorti, il devrait bénir sans cesse l'instant heureux qui l'en arracha pour jamais, et qui, d'un animal stupide et borné, fit un être intelligent et un homme.* «

2 Les sociétés primitives et traditionnelles pouvaient apparaître plus radicales, plus violentes

2.1 Pour l'ethnologue LEROI-GOURHAN, les sociétés primitives sont naturellement violentes

LA FONTAINE dans sa fable *Le Loup et l'Agneau* (1668) écrivait : « *La raison du plus fort est toujours la meilleure* ». Cette affirmation semble correspondre à son temps. En effet, le philosophe SPENCER affirme dans ses *Principes de sociologie* (1876-1896) : « *Dans la vie des Sauvages et des Barbares, les événements dominants sont des guerres* ». Par ces mots, il confirme la thèse défendue par André LEROI-GOURHAN, du point de vue des sociétés primitives, dans son œuvre *Le Geste et la parole* (1964-1965).

Selon cet ethnologue spécialiste de la préhistoire, le phénomène guerrier est un élément essentiel des sociétés archaïques. L'agressivité et l'usage de la violence sont ancrés, selon lui, dans la nature même de l'homme, plus précisément dans sa dimension biologique. LEROI-GOURHAN affirme « *qu'il y a, dans la vie sociale, une option biologique fondamentale au même titre que (...) dans la spécialisation du membre antérieur pour la préhension* ». Les caractéristiques et le dynamisme des sociétés primitives auraient pour objectif principal leur propre survie. Obsession de la survie qui se matérialiserait, en premier lieu, dans l'activité de la chasse puis, progressivement, dans la guerre définie par LEROI-GOURHAN comme une « chasse à l'homme ».

2.2 Pour l'économiste Maurice DAVIE, c'est dans la nature même des économies primitives que se trouve l'explication de leur violence

À partir du XIXe siècle, les études soulignant la particularité des économies primitives ont apporté une nouvelle explication aux violences existant dans ces sociétés. En effet, comme le souligne l'économiste Maurice DAVIE auteur de *La Guerre dans les sociétés primitives* (1931), l'économie primitive n'était qu'une économie de subsistance permettant seulement de survivre étant donné la rareté chronique des biens matériels disponibles. Ce qui, par conséquent, conduit à un état de guerre permanent, à une lutte féroce pour la survie. Chaque groupe humain se doit de lutter pour sa survie contre la nature mais aussi contre les autres groupes qu'il est amené à rencontrer.

Plus précisément de tels contacts peuvent donner lieu à des confrontations mais aussi à des alliances. Mais lorsque ces dernières « *dégénèrent en contestation par la force, nous appelons cela une guerre. (...) La guerre a été définie : une contestation par la force naissant entre des groupements politiques, sous l'action de la concurrence vitale... Aussi, l'importance de la guerre dans un groupe donné varie en raison directe de l'intensité de la concurrence vitale.* »

LEVI-STRAUSS, quant à lui, dans un article intitulé « Guerre et commerce chez les Indiens de l'Amérique du Sud » (1943) met en avant ce qu'on peut appeler un argument de type commercial et, plus largement, social. Il affirme que la guerre, dans ces sociétés indiennes d'Amérique du Sud, marque fondamentalement toutes les relations sociales. « *Les conflits guerriers et les échanges économiques ne constituent pas seulement, en Amérique du Sud, deux types de relations coexistantes, mais plutôt deux aspects, opposés et indissolubles, d'un seul et même processus social.* » Plus globalement, il est impossible de saisir ce qu'est la guerre indépendamment de la « *conduite propre aux éléments du tout social* ». Ainsi, la guerre et la violence font-elles partie intégrante du système social global : « *Les échanges commerciaux représentent des guerres potentielles pacifiquement résolues, et les guerres sont l'issue de transactions malheureuses* ».

2.3 Pour l'anthropologue Pierre CLASTRES, les guerres, qu'elles consistent à défendre ou à attaquer, visent surtout à protéger l'unité

Pierre CLASTRES, dans *Archéologie de la violence* (1977) défend lui aussi la thèse selon laquelle la guerre est un phénomène omniprésent dans les sociétés primitives mais en critiquant les arguments présentés précédemment. Il reproche à LEROI-GOURHAN d'avoir identifié la chasse et la guerre alors qu'il s'agit, de son point de vue, de deux activités différentes sachant que la première est animée par l'appétit alors que la seconde est mue par l'agressivité. Plus radicalement, CLASTRES critique la vision « naturaliste » ou « biologiste » de LEROI-GOURHAN : « *La société humaine relève non pas de la zoologie, mais de la sociologie* ». La guerre est un phénomène social et non pas le produit de l'instinct. Il critique aussi le discours « économiste » en s'appuyant sur certaines études ethnographiques comme celles de Jacques LIZOT (« Population, ressources et guerre chez les Yanomami », 1977) ou de Marshall SAHLINS (*Âge de pierre, âge d'abondance. L'économie des sociétés primitives,* 1974). Selon ces auteurs les sociétés primitives seraient, de fait, des sociétés d'abondance et de loisir.

Dans ces conditions, selon CLASTRES, les guerres ne sauraient être le pur produit de la rareté des biens matériels. Enfin, il existerait une véritable contradiction dans les propos de LEVI-STRAUSS lorsque celui-ci affirme que les sociétés primitives sont à la fois le lieu des échanges et de la violence.

CLASTRES considère que, dans de telles sociétés, la violence et la guerre constituent la norme de fonctionnement : « *Se demander, par conséquent, pourquoi les Sauvages font la guerre, c'est interroger l'être même de leur société* ». Pour lui, Les raisons qui expliquent cet état de guerre permanent sont au nombre de deux. L'une, qui rend compte de la guerre défensive, s'appelle « l'exclusivité territoriale ». Chaque société cherche par tous les moyens à posséder un territoire et à le défendre. L'autre, qui justifie l'aspect offensif de la guerre, consiste dans la volonté de garantir à tout prix le caractère indivisé de ces sociétés. Elles se veulent, en effet, des totalités marquées essentiellement par l'unité et la pureté. C'est pourquoi elles ne peuvent être qu'exclusives des autres sociétés. Il s'agit, en effet, de se protéger de toute hétérogénéité (impureté) pouvant provenir de l'extérieur.

3 Les États se sont construits pour pacifier les relations entre les individus et favoriser le « vivre-ensemble »

3.1 Pour HOBBES, c'est par un pacte entre les hommes que naît l'État pour protéger la sécurité des individus

HOBBES dans le *Léviathan* considère que l'état de nature est un état de guerre permanent synonyme de misère et de malheur pour le genre humain, « *il est manifeste que pendant ce temps où les humains vivent sans qu'une puissance commune ne leur impose à tous un respect mêlé d'effroi, leur condition est ce qu'on appelle la guerre ; et celle-ci est telle qu'elle est une guerre de chacun contre chacun* ». On a, dans ce passage, à la fois l'exposé du problème – l'état de nature est un état de violence chronique – et sa solution : l'institution d'un pouvoir fort pour garantir la paix civile. Il s'agira d'un État fort, dénommé « Léviathan » en référence à ce monstre évoqué dans la Bible à qui on offrait des enfants en sacrifice. Mais pour bien comprendre comment s'opère ce passage entre l'état de nature et l'état civil il convient de distinguer ce que HOBBES appelle le « droit naturel » et les « lois naturelles ».

Le premier désigne « la liberté que chacun a d'user de sa propre puissance comme il le veut lui-même pour la préservation de sa propre nature, autrement dit de sa propre vie ». Mais comme l'homme est animé naturellement d'un désir illimité on comprend alors pourquoi l'exercice d'un tel droit conduit nécessairement à la guerre de tous contre tous. C'est pourquoi il faut limiter, coûte que coûte, un tel droit afin de construire une société où règnent enfin l'ordre et la paix. Cela passe par l'application des lois naturelles. Elles sont mises en œuvre par les hommes de l'état de nature bien conscients qu'ils ont tout à gagner à vouloir en sortir. C'est donc, en quelque sorte, un désir de régulation des désirs qui va rendre nécessaire l'institution du « Léviathan ».

Plus précisément, les lois naturelles vont déterminer les conditions rationnelles permettant d'éradiquer la guerre. On peut les rapprocher, à ce titre, de la célèbre maxime (on l'appelle parfois la « règle d'or ») : « *Ne fais pas à autrui ce que tu ne voudrais pas qu'il te fasse à toi-même* ». L'État doit garantir ces lois. Il doit être le pouvoir qui impose à « *tous un respect mêlé d'effroi* ». L'État aura donc pour fonction de garantir l'application des lois de la nature et pour cela il devra disposer de tous les pouvoirs au plan politique et judiciaire sachant que « *les conventions sans l'épée ne sont que des mots* ». L'État absolu doit garantir la sécurité intérieure et extérieure. Le fonctionnement du pacte entre les hommes repose sur l'idée suivante : « *j'autorise cet homme ou cette assemblée d'hommes, et je lui abandonne mon droit de me gouverner moi-même, à cette condition que tu lui abandonnes ton droit et autorises toutes ses actions de la même manière* ».

3.2 Pour LOCKE et ROUSSEAU, l'État doit en effet préserver les individus mais sans tomber dans l'excès sécuritaire évoqué pour HOBBES

Pour les lecteurs de HOBBES comme LOCKE ou ROUSSEAU, la faiblesse de son raisonnement tient dans le fait que la seule perspective à l'état de nature soit la création d'un État au pouvoir absolu niant les libertés individuelles. À ce titre, LOCKE, dans son œuvre *Deux Traités du gouvernement civil* (1690), souligne que l'on ne doit pas considérer l'État comme un pouvoir sans bornes, détaché de toutes obligations à l'égard du peuple. C'est que pour lui, l'État n'est légitime qu'à la condition de respecter et de faire respecter, tels quels, des droits fondamentaux octroyés aux hommes par Dieu dès l'état de nature. À savoir « l'égalité », la « liberté » et le « pouvoir ». Par le contrat social ces trois « biens » sont remis par les individus à l'État mais c'est à la condition expresse que ce dernier les défende de toute la force des lois et de la puissance publique. L'État se doit de protéger les droits naturels donnés par Dieu aux hommes, de conserver « *leurs personnes, leurs libertés et leurs propriétés* ». C'est pourquoi les représentants de l'État doivent être tenus responsables, devant le peuple, de ce qu'ils disent et de ce qu'ils font.

Ainsi, pour LOCKE aucun décret arbitraire ne saurait être acceptable, aucun jugement intéressé et partial admissible, aucune action – non conforme aux lois consenties par le peuple – légitime. LOCKE souligne que la fin que doit poursuivre l'État consiste fondamentalement à garantir « la tranquillité, la sûreté » et à promouvoir « le bien du peuple ». On retrouve l'inspiration lockéenne notamment dans l'article 2 de la *Déclaration des Droits de l'Homme et du Citoyen* de 1789 : « *Le but de toute association politique est la conservation des droits naturels et imprescriptibles de l'Homme. Ces droits sont la liberté, la propriété, la sûreté, et la résistance à l'oppression.* »

ROUSSEAU va développer dans *Du Contrat Social* (1762), une critique directe de la conception hobbesienne de l'État et du pacte social qui l'institue. En effet, pour ROUSSEAU un tel État nous conduit à sacrifier la liberté du peuple sur l'autel de sa sécurité. « *On dira que le despote assure à ses sujets la tranquillité civile.* (...) [Cependant, on] *vit tranquille aussi dans les cachots ; est-ce assez pour s'y trouver bien.* » ROUSSEAU met en avant une inconséquence d'ordre logique dans les propos de HOBBES. En effet, affirmer qu'un peuple est capable d'aliéner toute sa liberté au profit d'une ou plusieurs personnes est impensable car contradictoire. En effet, toute convention suppose, de part et d'autre, des droits et des devoirs. « *Dire qu'un homme se donne gratuitement, c'est dire une chose absurde et inconcevable ; un tel acte est illégitime et nul, par cela seul que celui qui le fait n'est pas dans son bon sens. Dire la même chose de tout un peuple, c'est supposer un peuple de fous : la folie ne fait pas droit.* »

L'État selon ROUSSEAU doit donc garantir indissociablement la liberté et l'égalité. Il ne peut s'agir d'un État considéré comme un pouvoir surplombant la société (« l'État c'est eux ») mais bien d'un État identifié au peuple lui-même (« l'État c'est nous »). Plus précisément, l'État désigne le peuple en tant qu'il est soumis aux lois mais à des lois qu'il s'est données à lui-même comme législateur. Pour ROUSSEAU, il s'agit de la définition d'un peuple libre, un peuple autonome qui parvient à concilier parfaitement liberté et sécurité. Tous les citoyens sont égaux devant des lois qu'ils ont eux-mêmes instituées par la volonté générale. Mais les citoyens sont également protégés contre la violence et les radicalités. On retrouve l'inspiration rousseauiste notamment dans l'article 4 de la *Déclaration des Droits de l'Homme et du Citoyen* de 1789 : « *La liberté consiste à pouvoir faire tout ce qui ne nuit pas à autrui : ainsi, l'exercice des droits naturels de chaque homme n'a de bornes que celles qui assurent aux autres Membres de la Société la jouissance de ces mêmes droits. Ces bornes ne peuvent être déterminées que par la Loi.* »

3.3 Pour BURDEAU, l'État de droit est pensé pour lutter contre les violences et l'arbitraire

Georges BURDEAU dans *L'État* (1970), à la suite des trois auteurs évoqués précédemment, soutient que l'État a pour vocation d'en finir avec l'arbitraire et la violence qui caractérisent les relations humaines dans les sociétés primitives et anciennes. L'État est, plus précisément, une idée que les hommes se sont donnée à eux-mêmes pour garantir la paix civile. À ce titre, on peut dire que l'État « *est une forme de pouvoir qui ennoblit l'obéissance* ». En effet, grâce à l'État les hommes ne sont plus soumis à l'emprise d'autres hommes comme c'était le cas avec le « *pouvoir personnalisé* » qui caractérisait les sociétés anciennes. À cette époque, le chef détenait à la fois la propriété et l'exercice du pouvoir politique mais cela n'allait pas sans de graves inconvénients dans la mesure où un tel pouvoir laissait la porte ouverte à l'arbitraire et à l'instabilité politique. C'est pour cette raison, selon BURDEAU, que les chefs eux-mêmes ont décidé de se détourner d'un tel pouvoir : « *quand les princes se sont mis à songer à un pouvoir qu'ils ne tiendraient ni de leur épée ni des barons alors l'institution monarchique est apparue* ». L'État procède ainsi d'unc « institutionnalisation » du pouvoir politique. Le roi de France n'est pas le propriétaire du pouvoir politique, c'est la Dynastie : « *le roi est mort, vive le roi* ». Il en va de même en démocratie ou le pouvoir n'appartient ni au chef de gouvernement, ni au président de la République, mais au peuple lui-même.

Ainsi, l'idée de l'État a-t-elle été créée pour « *que les hommes n'aient plus à obéir aux hommes* ». On peut l'entendre de deux manières différentes au moins. D'abord, d'un point de vue horizontal : en faisant de l'État le « siège et le support » du pouvoir, les hommes n'ont plus à craindre d'être soumis à quelque volonté particulière que ce soit. L'État est ainsi apparu à la fin du Moyen Âge de la volonté du pouvoir central de combattre les libertés féodales qui menaçaient constamment la paix civile et l'ordre social. Mais, si l'exigence d'un tel ordre est à l'origine de l'apparition de l'État, elle n'en est pas le fondement. En effet, souligne BURDEAU, maintenir l'ordre n'éteint pas tous les conflits : on se contente alors « *d'en différer les effets, sans en pénétrer les causes* ». La véritable promotion du « vivre-ensemble » passe par l'instauration d'un territoire commun, d'une monnaie qui facilite les échanges, d'une justice qui défend l'égalité des droits et d'une instruction s'adressant à tous.

Enfin, d'un point de vue vertical : l'État suppose, selon BURDEAU, une relation de gouvernants à gouvernés qui exclut toute forme de violence illégitime. Certains types d'État sont parfois loin de correspondre à une telle idée comme les États totalitaires, mais cela est contraire à la pensée de BURDEAU pour qui l'État doit protéger des violences et des injustices. C'est pourquoi, selon BURDEAU, un État susceptible de promouvoir le « vivre ensemble » ne peut être qu'un « État de droit » c'est-à-dire un État limité par le droit positif mais aussi, plus fondamentalement, par le droit tel qu'il est défini dans les grandes déclarations universelles. Finalement le droit est une idée que les hommes se sont donnée à eux-mêmes pour délimiter et réguler les possibles violences et autres actions extrêmes et radicales que peuvent mener les individus.

4 La place des religions dans ces États a été abordée pour résorber les problématiques de radicalités religieuses

4.1 Avant la Révolution française, des solutions ont déjà été proposées mais la radicalité religieuse reste très présente

Les États modernes apparaissent progressivement dans un contexte de tensions religieuses. Les États font face à cette problématique des radicalités religieuses qui menacent la mission première de l'État, celle d'assurer la sécurité des individus qui le composent. L'État doit donc apporter des solutions à travers l'édification d'un système définissant son rapport aux religions. C'est en encadrant les religions que l'État encadre les radicalités religieuses. Différentes solutions sont apportées par différents États, selon leurs histoires et leurs réalités politiques au moment de l'institutionnalisation de ses rapports. Ainsi, le rapport aux religions n'est pas le même aux États-Unis, au Royaume-Uni ou en France.

Le rapport de la France aux religions s'inscrit dans le rapport aux Guerres de religion. Ces guerres traversent l'histoire de France principalement au XVIe siècle. Installées dans la durée, elles n'apportent pas, en tout temps, la même réponse. L'historienne Janine GARNISSON dans *L'Édit de Nantes et sa révocation* (1987) souligne que l'une des premières réponses apportées à la radicalité religieuse est cet Édit signé par Henri IV en 1598, à la suite d'une longue lutte face à la Ligue catholique. Dans cet ouvrage, elle rappelle que l'Édit de Nantes a été une réponse qui a temporairement résolu la question religieuse par la liberté de culte, alors que la violence de l'extrémisme catholique provoque des massacres des protestants comme en témoigne le massacre de la Saint-Barthélemy en 1572. Cet Édit est pourtant révoqué par Louis XIV en 1685 qui interdit le protestantisme sur le territoire français et qui apporte ainsi, une autre réponse, dogmatique, avec un succès limité quant à la résolution de la question religieuse. En effet, cette révocation ravive les tensions, et les protestants qui s'opposent à la révocation de l'Édit mènent une guérilla dans les Cévennes contre l'armée du Roi, soutenue par une bulle pontificale excommuniant les « Camisards ».

Les radicalités religieuses ne vont pas s'apaiser dans les années suivantes. C'est notamment ce que montre l'affaire Calas. Jean Calas est marchand protestant à Toulouse. On découvre le corps de son fils mort, pendu. Toulouse, profondément catholique voit se répandre des rumeurs. Ces rumeurs accusent Jean Calas d'avoir tué son fils parce ce dernier voulait se convertir au catholicisme. La justice se met alors en action contre Jean Calas, d'abord arrêté, il est torturé, étranglé puis mis au bûcher, tout cela de manière publique. Sa famille entière est elle aussi, dans un premier temps, condamnée. Finalement, seul son second fils sera effectivement condamné, le reste de la famille Calas se voyant acquitté. VOLTAIRE mène alors sa propre enquête. Sa conclusion est l'innocence de Jean Calas dans cette affaire. Ainsi, il considère que toute cette violence, provoquée par la radicalité religieuse, est à mettre sur le compte de l'intolérance, une intolérance vis-à-vis des protestants. L'Édit de Nantes, révoqué depuis 1685, n'est alors plus en vigueur. Ainsi, il semble que le fils Calas, Marc-Antoine, se soit suicidé car, du fait de sa croyance religieuse, il ne pouvait poursuivre ses études de droit. VOLTAIRE fait de ce fait divers local une affaire nationale, il cherche à rassembler des défenseurs posthumes de Jean Calas, à créer une véritable mobilisation de ce que l'on peut d'ores et déjà considérer comme une « opinion publique ». Il s'appuie pour cela sur la rédaction de textes et cherche à interroger les plus grandes institutions royales d'alors. Finalement Jean Calas sera réhabilité en 1765, le Parlement de Toulouse (les parlements sont, dans l'Ancien Régime, les institutions judiciaires) admettant son erreur. L'on comprend bien avec cette affaire la violence indue qui découle de la radicalité. Radicalité catholique d'une procédure qui, bien que moins caricaturale que ne le dit VOLTAIRE, n'a pas respecté la présomption d'innocence, (ou plutôt en ce temps, l'adage *in dubio pro reo*) du fait des préjugés des catholiques sur les protestants. Toutefois, la radicalité n'est pas le propre du catholicisme. En effet, cette présomption de culpabilité radicale reposait en partie sur une injonction protestante à la radicalité, telle une réponse : Jean CALVIN dans *Institution de la religion Chrétienne* (1536) écrit ainsi : « *Pourtant notre Seigneur commande de mettre à mort tous ceux qui sont désobéissants à Père et Mère. (...) Le Seigneur ordonne que l'enfant rebelle soit mis à mort.* » Le calvinisme, est aussi propice à la radicalisation.

Dans son *Traité sur la tolérance*, VOLTAIRE en 1765, retrace l'histoire de l'intolérance pour démontrer qu'elle n'est pas continue et qu'elle n'a rien de naturelle car, il défend, à travers les Grecs et les Romains, des exemples de tolérance. Il attaque néanmoins l'intolérance de l'Église et de l'inquisition. S'interrogeant sur les différences entre les cultures religieuses et l'importance de les respecter, il fait parler l'inquisiteur, avec ironie : « *Il y a bien de la différence ; il s'agit ici du salut de votre âme : c'est pour votre bien que (...) l'inquisiteur vous promet grâce, et ensuite vous condamne ; qu'il vous applique à cinq tortures différentes, et qu'ensuite vous soyez ou fouetté, ou mis aux galères, ou brûlé en cérémonie.* » Si cette intolérance n'est en rien un droit naturel, c'est qu'elle est absurde : « *La superstition est à la religion ce que l'astrologie est à l'astronomie, la fille très folle d'une mère très sage.* » VOLTAIRE constate l'existence des deux aspects du religieux, l'un violent car intolérant, qui émane de la radicalité, l'autre, tolérant et charitable, la charité étant un élément central du message religieux. Il constate ainsi que « *nous avons assez de religion pour haïr et persécuter, et nous n'en avons pas assez pour aimer et pour secourir* ». Dès lors, VOLTAIRE lance un appel dans le dernier chapitre du *Traité*, intitulé « Prière à Dieu » : « *Puissent tous les hommes se souvenir qu'ils sont frères ! Qu'ils aient en horreur la tyrannie exercée sur les âmes ; comme ils ont en exécration le brigandage qui ravit par la force le fruit du travail et de l'industrie paisible ! Si les fléaux de la guerre sont inévitables, ne nous haïssons pas, ne nous déchirons pas les uns les autres dans le sein de la paix, et employons l'instant de notre existence à bénir également en mille langages divers, depuis Siam jusqu'à la Californie, ta bontéqui nous a donné cet instant.* »

4.2 La Révolution française – elle-même fondamentalement radicale – apporte les bases d'un nouveau rapport à la religion

La Révolution, comme toute période de bouleversement politique majeur, est propice à l'expression de la radicalité. Cette expression passe par la violence comme moyen de règlement des conflits pour s'imposer dans une confrontation d'idéologies opposées. Ainsi, c'est la radicalité qui triomphe avec l'arrivée de Maximilien de Robespierre au Comité de salut public. En effet, Robespierre proclame que « la terreur est à l'ordre du jour » en septembre 1793. Robespierre, toujours membre du Comité de salut public, expose sa vision de la radicalité : « *Si le ressort du gouvernement populaire dans la paix est la vertu, le ressort du gouvernement populaire en révolution est à la fois la vertu et la terreur : la vertu, sans laquelle la terreur est funeste ; la terreur, sans laquelle la vertu est impuissante. La terreur n'est autre chose que la justice prompte, sévère, inflexible ; elle est donc une émanation de la vertu ; elle est moins un principe particulier, qu'une conséquence du principe général de la démocratie, appliqué aux plus pressants besoins de la patrie.* » La terreur est donc envisagée comme un moyen pour la vertu. La violence est le moyen du plus grand bien.

L'historien François FURET analyse, entre autres, la question de la radicalité révolutionnaire dans *Penser la Révolution française* en 1978. Tout d'abord, 1789 doit se comprendre comme l'année 0 du nouveau monde, mais justement parce que c'est une année 0 elle n'a pas véritablement de fin. Ainsi, l'Histoire entière du XIXe siècle est une lutte continue entre la mise en place d'un régime révolutionnaire, cherchant à résoudre la question de la place de la religion, et la Restauration, qui est un retour, en tout cas partiel, à l'Ancien Régime. Cette lutte constante lors du XIXe siècle peut en fait se voir comme la lutte entre la radicalité révolutionnaire et la radicalité réactionnaire. Toutefois, ces régimes ne visent qu'à répondre à la radicalité. François FURET établit donc, avec Alexis DE TOCQUEVILLE et son livre *L'Ancien Régime et la Révolution* en 1856, qu'il y a un gouffre entre le bilan de la Révolution et les intentions de ces acteurs. Finalement, la Révolution cesse pour FURET avec la République et le suffrage universel autour du consensus républicain qui n'est ni révolutionnaire ni réactionnaire. Par ailleurs, la société de 1789 n'est pas celle d'un État absolu mais d'un État qui est fortement affaibli dès 1797.

François FURET s'arrête sur le jacobinisme, la doctrine politique développée au Club des Jacobins par les Montagnards, partisans d'une rupture radicale avec l'Ancien Régime, et, rapidement menés par Robespierre. Le postulat du jacobinisme repose sur l'idée que la légitimité suprême repose sur un acteur unique : le peuple. Cette réalité fantasmée d'un peuple unanime et homogène, cette fiction radicale s'impose avec la violence de la Terreur. La question centrale est de savoir si l'on peut séparer la Terreur radicale de la Révolution. Pour François FURET, la radicalité de la Terreur fait partie de l'idéologie révolutionnaire. À ce titre, ce ne sont donc pas les circonstances qui font la Révolution, mais la Révolution qui s'établit sur les circonstances. Si FURET constate certes que les Jacobins veulent radicaliser la Révolution c'est pour qu'elle soit en adéquation avec son propre discours. La Révolution est en fait une dialectique entre le peuple révolutionnaire et le complot réactionnaire. Celle-ci est présente dès les débuts alors que la réaction n'existe pas encore, et est à son apogée en 1794 après des victoires décisives sur les fronts extérieur comme intérieur. Comme l'explique FURET, « *en réalité, le vrai danger contre-révolutionnaire naît de la guerre et de l'invasion, à la fin de l'été 92, et dans l'été 93. Mais cette guerre, c'est la Révolution qui l'a voulue, précisément parce qu'elle "a besoin de grandes trahisons". Que ces trahisons existent ou n'existent pas dans la réalité – elles existent, bien sûr, mais infiniment moins nombreuses que ne l'imagine le militant révolutionnaire –, la Révolution les invente comme autant de conditions de son développement ; car l'idéologie jacobine et terroriste fonctionne largement comme une instance autonome, indépendante des circonstances politiques et militaires, lieu d'une surenchère d'autant plus indéfinie que la politique est déguisée en morale et que le principe de réalité a disparu.* »

4.3 Jean BAUBEROT souligne que la laïcité à la française commence vraisemblablement dès cette période pourtant si éloignée de l'esprit de la loi de 1905

C'est avec la Révolution française qu'apparaît une solution à cette question de la place de la religion dans l'État. Si cette réponse n'est pas définitive, elle enclenche un processus de pacification trouvant un équilibre entre l'idée d'assimilation républicaine, d'une république « Une et indivisible » et les libertés individuelles. La recherche de ce chemin de crête ne se fait pas sans accroc. Cette tension se retrouve pleinement dans le traitement de la question religieuse lors de la Révolution française. L'article 10 de la *Déclaration des Droits de l'Homme et du citoyen* du 26 août 1789 proclame tout d'abord : « *Nul ne doit être inquiété pour ses opinions, même religieuses, pourvu que leur manifestation ne trouble pas l'ordre public établi par la Loi.* » Néanmoins, le troisième élément de l'article traite de l'ordre public et amène donc une limitation qui est renvoyée à la loi. La tension est là, entre l'affirmation de la liberté de culte et l'intervention de l'État. Les cultes sont donc libres de s'organiser. Dans cette même logique d'équilibre ténu entre assimilation et liberté, les juifs se voient accorder la citoyenneté en 1791. Toutefois, l'esprit et l'action révolutionnaires ne se limitent pas à une proclamation, à l'expression d'une volonté. Cela passe par la réduction de l'influence dont dispose l'Église, qui est alors un agent social majeur. Le catholicisme fut en effet une institution centrale de l'Ancien Régime, non tant par son pouvoir sur le politique, que son rôle social. Organisant la vie quotidienne, comme les moments charnières de la vie de chacun, du baptême à l'enterrement, les normes sociales sont totalement encadrées par l'Église. Les mesures révolutionnaires vont donc dans le sens d'une limitation de l'influence de l'Église. La Constitution civile du clergé est adoptée par décret en 1790 : la hiérarchie épiscopale dépend désormais de l'État et non plus du Pape ; ceci se fait à travers l'élection de l'évêque au niveau du département. Dans le même temps, les religieux sont désormais rémunérés par l'argent public. Dans la continuité de la Constitution civile du clergé, l'État soustrait aux paroisses la gestion de l'état civil à son profit. Paradoxalement, c'est donc lorsque la religion d'État disparaît que l'intervention de l'État y est la plus forte, et que la religion est la plus intégrée à la sphère publique. L'intervention semble nécessaire pour encadrer le pouvoir religieux, et donc permettre la liberté de culte, avec le risque pourtant de réduire la liberté d'organisation des cultes.

Dans son *Histoire de la laïcité en France*, parue dans sa dernière édition en 2017, l'historien et sociologue Jean BAUBEROT définit cette période interventionniste et trouble de « premier seuil de laïcisation ». BAUBEROT considère que ce premier seuil a trois caractéristiques. D'une part, c'est la fragmentation institutionnelle : l'Église, avec la Révolution perd la fonction sociale qui était la sienne. Elle occupait une position sociale centrale et donnait un sens à la société à travers notamment l'école qui devient autonome. D'autre part, la morale demeure et avec son fondement religieux : il s'agit donc aussi d'une reconnaissance de la légitimité sociale de l'Église. Enfin, c'est la reconnaissance du pluralisme religieux : le catholicisme n'est plus la religion officielle, et les minorités religieuses d'alors obtiennent une liberté de culte. C'est donc une phase interventionniste, où le politique va chercher à prendre le dessus sur la large sphère dont disposait le religieux, loin de l'idée de séparation séculière portée plus tard par la loi du 9 décembre 1905. C'est cette intention interventionniste qui va impliquer des conflits autour de la question religieuse qui ne s'effacent pas avec la Révolution, mais se poursuivent au XIXe siècle. La querelle voit s'opposer alors des cléricaux partisans de laisser à l'Église une place centrale dans la société et des anticléricaux qui sont partisans d'un plus fervent processus de laïcisation.

Cette révolution dans les rapports entre État et Église est source de violence et de radicalité, de la part des cléricaux comme des anticléricaux. La guerre de Vendée (1793-1796) ou la Chouannerie sont des épisodes de guerre civile. L'interventionnisme de l'État sur l'Église provoque des tensions dans ces terres catholiques de l'ouest de la France. Alors que la Convention décrète une mobilisation massive – « la levée en masse » – les Vendéens se soulèvent, provoquant une guerre opposant une radicalité catholique à la radicalité révolutionnaire. La violence d'un soulèvement par les armes s'oppose à la violence des « colonnes infernales » du général Turreau qui revendique de faire de la Vendée un « cimetière national. »

5 La civilisation des mœurs a fait disparaître les principales radicalités pour les remplacer par une coexistence pacifique

5.1 Norbert ELIAS souligne que les comportements radicaux ont été progressivement civilisés par un long processus d'intériorisation de règles de vivre-ensemble

L'écrivain et sociologue allemand Norbert ELIAS a consacré une grande partie de son œuvre à la question d'une « civilisation des mœurs », dont notamment un ouvrage paru en 1973. Dans *La civilisation des mœurs,* il note que ce processus s'est développé en Occident à partir de la Renaissance et repose sur le désir des hommes de « *refouler tout ce qu'ils ressentent en eux-mêmes comme relevant de leur "nature animale"* ». Il s'agit essentiellement de ne pas heurter autrui par ses gestes ou par ses conduites. Ainsi vont se développer la pudeur à l'égard de la nudité des corps, le désir de neutraliser les odeurs corporelles et plus généralement d'exercer ses fonctions naturelles loin de toute grossièreté et de toute bestialité. L'apparition de la fourchette permet ne plus manger avec ses doigts, le mouchoir évite de se moucher dans sa manche et le crachoir de cracher par terre... Un tel processus est, selon ELIAS, de part en part culturel et il se formalise dans des règles (de savoir-vivre, de bienséance) qui permettent de réguler, de manière plus ou moins explicite, les rapports sociaux. Et il n'exclut pas des phases d'accélération (l'utilisation de la fourchette, dans certains milieux, devient effective en quelques décennies) mais aussi des périodes de stagnation voire de régression. Cette dernière pouvant être simplement de surface, comme c'est le cas aujourd'hui pour ce que Norbert ELIAS appelle les « sociétés permissives ». Avec elles, en effet, on assiste à une sorte de mise à distance de la civilisation des mœurs mais qui reste superficielle car elle n'affecte pas la vie psychique profonde des individus. ELIAS souligne que les progrès d'une telle civilisation procède de « *l'intériorisation du contrôle des émotions et des pulsions, qui tend à raréfier les explosions affectives, à atténuer les écarts émotionnels et les sautes d'humeur* ».

Selon ELIAS, ce processus de civilisation ne s'explique pas à partir des conditions matérielles de la société, comme le recul de la misère ou bien l'amélioration des conditions sanitaires. En effet, nous sommes aujourd'hui autant rebutés par la manière de vivre des chevaliers du Moyen Âge que par celle des manants. Il ne s'agit pas, non plus, d'une question d'hygiène car alors on comprendrait mal pourquoi le fait de cracher ait été considéré comme hygiénique à une certaine époque et non plus aujourd'hui. De fait, selon ELIAS, les véritables causes explicatives des progrès de la civilisation des mœurs sont essentiellement sociales. Elles consistent dans les relations pouvant exister entre les différents groupes sociaux. Ainsi les aristocrates de l'époque féodale, bien souvent primaires et brutaux, ont-ils dû s'adapter à la vie de la cour et adopter, par conséquent, des manières d'être et de faire civilisées. Ils seront imités, progressivement, par les bourgeois et, par la suite, la civilisation des mœurs va gagner l'ensemble de la société.

Mais ELIAS souligne que cela n'aurait pu se réaliser sans une « *sociogenèse de l'État* ». En effet, le double monopole, financier et administratif, de l'État va produire deux effets essentiels dans la marche de la civilisation des mœurs. Premièrement, les violences de l'époque féodale sont remplacées par une concurrence aux plus hautes fonctions qui, même si elle peut être féroce, reste dans son principe pacifique. Deuxièmement, l'avènement de l'État va instituer une véritable interdépendance entre les individus et les classes sociales qui aura pour effet de réduire les tensions et les conflits. Ainsi, il y a un lien direct entre la réduction des violences, des radicalités et un processus global de civilisation des mœurs.

5.2 Les racines du processus évoqué par ELIAS se trouvent chez CONDORCET ou ROUSSEAU qui voient un progrès de la civilisation menant à une « paix perpétuelle »

Cette idée d'un progrès irrésistible de la civilisation en Occident est déjà présente dans l'œuvre de CONDORCET et notamment dans l'*Esquisse d'un tableau historique des progrès de l'esprit humain* (1795). Il y défend, notamment, deux thèses complémentaires. D'une part, l'histoire de l'humanité est un progrès « continu et indéfini » et, d'autre part, l'homme est un être perfectible. Ce qui signifie, dans ce dernier cas, qu'il n'est pas un produit de la nature comme l'animal, lequel est soumis à un instinct qui le pousse nécessairement à reproduire toujours les mêmes comportements dans des espaces et des temps différents. Cette même idée avait été préalablement mise en lumière par Jean-Jacques ROUSSEAU, dans son *Discours sur l'origine et les fondements de l'inégalité parmi les hommes* (1755), où il voit dans l'animal une machine ingénieuse tout comme dans l'homme. À la différence près que si la première assure toutes les fonctions de la bête, l'homme en revanche y concourt « *en qualité d'agent libre* ». L'homme est donc pour CONDORCET, comme pour ROUSSEAU, un produit de l'éducation et de la culture et, à ce titre, rien ne vient borner sa capacité de perfectionnement. Et ce qui est vrai de l'individu l'est aussi pour l'humanité considérée dans son ensemble. Pour CONDORCET, en effet, ce sont les mêmes lois et les mêmes étapes qui caractérisent les progrès spirituels de l'un et de l'autre.

Un tel progrès de la civilisation touche tous les aspects de la vie humaine : la science dans sa quête de la vérité, la technique dans la recherche de la prospérité et de la puissance exercée sur la nature et sur l'homme en vue de leur amélioration, la politique dans la promotion de l'égalité parmi les hommes, la morale dans les progrès de la justice et du bien. CONDORCET montre également que ce processus génère des progrès de la médecine, en particulier, car ils permettront d'améliorer considérablement la santé des hommes et même de les perfectionner de manière radicale. Si l'humanité peut se perfectionner indéfiniment alors pourquoi ne pas envisager que viendra un temps « *où la mort ne sera plus que l'effet, ou d'accidents extraordinaires, ou de la destruction de plus en plus lente des forces vitales, et qu'enfin la durée de l'intervalle moyen entre la naissance et cette destruction n'a elle-même aucun terme assignable* » ?

« *Nous montrerons comment la liberté, les arts, les lumières ont contribué à l'adoucissement des mœurs.* » Ainsi, CONDORCET prétend-il démontrer que les vices des Grecs n'étaient pas le résultat des progrès de la civilisation mais bien de leur grossièreté. Et plus généralement, il s'oppose fermement à ceux ou celles qui voient dans les progrès des sciences et des arts les ferments de tous les vices humains. Il s'agit finalement de montrer que l'humanité n'est pas un « fait » mais bien une « tâche » au sens où elle doit constamment se dépasser elle-même tant au plan théorique qu'au plan pratique et l'un des éléments contre lesquels elle lutte, ce sont les attitudes outrancières, excessives, radicales. On le voit, les progrès de la civilisation sont, pour CONDORCET, à la fois irrésistibles et irréversibles et ils permettront d'instaurer de manière définitive la paix perpétuelle entre les hommes sans pour autant sacrifier leur liberté.

5.3 Cette idée d'un processus de civilisation triomphant des radicalités pour offrir une vie paisible est toutefois critiquée

De CONDORCET à ELIAS, la notion de processus de civilisation revêt une part d'optimisme voire d'utopie parfois contrariée par les faits. Cette question a été évoquée par le philosophe Paul RICŒUR, dans *Histoire et Vérité* (1955). Dans cet ouvrage, Paul RICŒUR analyse cette dimension utopique avant d'envisager les moyens de la surmonter. Selon RICŒUR, nous assistons à l'émergence d'une civilisation mondiale où la science et la technique occupent une place capitale mais selon une mesure différente. En effet, c'est d'abord l'esprit scientifique « *qui unifie l'humanité à un niveau très abstrait, purement rationnel, et qui, sur cette base, donne à la civilisation humaine son caractère universel* ». Cette pensée rationnelle serait la pensée qui protège les individus des extrémismes en étant moins sensibles aux arguments radicaux mais davantage mesurés dans leurs propos comme dans leurs pratiques. Autre élément de ce processus, pour Paul RICŒUR, on constate qu'arrivées à un certain stade « *de bien-être, d'instruction et de culture* », les sociétés basculent inéluctablement d'un régime autocratique à un régime démocratique. Processus qui s'accompagne, au plan économique, de l'essor du « capitalisme » au détriment, en particulier, du « socialisme autoritaire ». Enfin, on observe que les manières de vivre sont de plus en plus marquées par la sphère de la technique du point de vue des productions, des échanges ou encore de la consommation (bien-être, loisirs, etc.). Selon RICŒUR, il y a ainsi « une culture de consommation de caractère mondial qui développe un genre de vie à portée universelle ». Tous ces éléments qui composent ce processus convergent vers une réduction des radicalités.

En effet, on pourrait voir dans tous ces phénomènes un véritable progrès de la civilisation, l'espoir d'une humanité plus unie et plus libre à la fois. Paul RICŒUR souligne qu'il est vrai que la globalisation tend à rapprocher les hommes et permet ainsi l'émergence « *d'une prise de conscience d'une unique humanité par elle-même* ». De même, les progrès de la technique, notamment, permettent d'améliorer le quotidien d'un nombre toujours plus grand de personnes. Mais aussi et surtout ce phénomène permet « *qu'un nombre croissant d'hommes accède aujourd'hui à cette culture élémentaire dont l'aspect le plus remarquable est la lutte contre l'analphabétisme et le développement des moyens de consommation et de culture de base* ». La diminution du nombre de personnes non éduquées, analphabètes, est un terreau favorable à la réduction des comportements radicaux.

Cependant, pour Paul RICŒUR, le processus est un peu plus complexe que cela car il est basé sur l'idée de l'articulation harmonieuse entre une civilisation mondiale (« le même ») et la particularité des différentes cultures (« l'autre »). « *Nous ressentons tous, à des degrés différents et sur des modes variables, la tension entre, d'une part, la nécessité de cet accès [à la civilisation] et de ce progrès et, d'autre part, l'exigence de sauvegarder nos patrimoines hérités.* » La seule manière de concilier ces deux choses passe, selon RICŒUR, par l'existence de cultures véritablement créatrices car « *seule une culture vivante, à la fois fidèle à ses origines et en état de créativité sur le plan de l'art, de la littérature, de la philosophie, de la spiritualité est capable de supporter la rencontre d'autres, non seulement de la supporter mais de donner un sens à cette rencontre* ». Cette dernière, en confrontant deux ou plusieurs dynamiques créatrices, ne pourra être autre chose que créatrice elle-même. Cette même question est posée par Tzvetan TODOROV dans son ouvrage *Nous et les autres. La réflexion française sur la diversité humaine* (1989) où il montre que, malgré ce processus de rapprochement généré par la mondialisation, malgré le fait, qu'en son sens, il n'y a qu'une seule civilisation et non plusieurs civilisations comme l'entend Samuel HUNTINGTON dans son ouvrage *Le choc des civilisations* (1996), les constructions identitaires continuent de distinguer « nous » et « les autres ». Cette distinction peut être la base de tous les rejets, la base de ce qu'il qualifiera dans un autre ouvrage de *La peur des barbares* (2008).

CHAPITRE 10

Le retour actuel des radicalités religieuses

SOMMAIRE

1 Historiquement, les conflits liés à la religion ont été nombreux

1.1 Des croisades aux guerres de religion, la diffusion des croyances a souvent été réalisée de manière radicale

Au sein de la plupart des religions, existe une volonté de diffuser plus largement la croyance. Si ce processus a pu prendre la forme d'une évangélisation, l'histoire du christianisme est également marquée par des tentatives plus violentes d'exporter la foi chrétienne, ou de la protéger. Ainsi, comme le montre l'historien René GROUSSET dans ses trois tomes de *L'histoire des croisades* (1934-1936), les « croisades » furent au Moyen Âge, entre 1096 et 1291, des expéditions militaires, organisées par l'Église, en vue de délivrer la Terre Sainte (Jérusalem) des mains des infidèles musulmans. Huit croisades seront donc successivement organisées. Au-delà des tentatives pour reprendre Jérusalem, protéger les chrétiens d'Orient, et assurer l'accès aux lieux saints, les croisades ont également permis la découverte d'un monde dont les Occidentaux étaient jusqu'ici peu familiers, les échanges entre marchands orientaux et occidentaux se sont développés. Pendant longtemps, les religions ne pouvaient être pensées sans prendre en compte cette volonté d'expansion. Les grandes découvertes des XVe et XVIe siècles seront ainsi également animées par des motifs religieux. La découverte de l'Amérique, par Christophe Colomb, se fait dans le prolongement de la « Reconquista », la lutte menée par les rois catholiques, Ferdinand d'Aragon et Isabelle de Castille, pour reconquérir les territoires occupés par les musulmans. Plus tard, les missionnaires relaieront les conquistadors, jusqu'au XIXe siècle et les dernières missions qui tenteront d'évangéliser les peuples africains conquis.

Par ailleurs, comme le montre Nicolas LE ROUX dans son ouvrage *Les guerres de religion* (2016), la notion de « guerre de religion » désigne les conflits qui, dans différents pays d'Europe, opposèrent catholiques et calvinistes, aux XVIe et XVIIe siècles. Pendant longtemps, aimer sa religion signifiait haïr celle de l'autre, d'où la multiplication de massacres, guerres et persécutions qui déchira l'Europe. En 1517, Martin Luther affiche quatre-vingt-quinze thèses sur les murs de Wittemberg, critiquant les dérives de la religion catholique (comme la pratique des indulgences, consistant à racheter en argent une partie de ses péchés, pour s'assurer d'une place au Paradis), et prônant un retour à la simplicité du message du Christ. La diffusion des thèses de Luther se traduit par des tensions croissantes. Les protestants devenaient une force dans le royaume, dont ils représentaient un quart de la population, et notamment une fraction importante de la noblesse. Le massacre de Vassy, en 1562, marque le début des conflits armés en France, trente-six années de troubles marqués par huit guerres civiles. Le massacre de la Saint-Barthélemy, en 1572, fit ainsi au moins 30 000 victimes. En 1598, l'Édit de Nantes mit fin à ces conflits, en octroyant aux protestants la liberté de conscience, une liberté de culte limitée, et l'égalité civile avec les catholiques. Des garanties judiciaires leur étaient assurées, sous la forme de tribunaux composés à la fois de catholiques et de protestants et une centaine de « places fortes » les protégeaient d'un possible retour de la violence catholique. Le Royaume de France fut donc durant cent ans un État à la fois catholique et protestant.

Les guerres de religion se sont cependant prolongées au XVIIe siècle (en 1685, l'Édit de Nantes est révoqué) jusqu'à ce que l'Édit de Versailles, en 1787, à la veille de la Révolution française, ne reconnaisse définitivement la liberté de culte aux protestants. Derrière ces désaccords religieux, se dissimulent cependant des ambitions politiques, et si chaque pays est en guerre à l'intérieur de lui-même, il est aussi en guerre avec l'ensemble de ses voisins. Si en 1555, après de longs affrontements entre catholiques et protestants, la paix d'Augsbourg reconnaît à chaque prince le droit d'imposer sa religion à ses sujets (principe de *cujus regio, ejus religio*), il faut attendre 1648 et le traité de Westphalie, pour que les Provinces-Unies (les Pays-Bas) soient reconnues en tant qu'État protestant.

1.2 L'antisémitisme qui a pu régner en Europe est révélateur des exactions commises contre une religion

Léon POLIAKOV, dans son *Histoire de l'antisémitisme* publiée en quatre volumes entre 1956 et 1977, souligne que l'antisémitisme a successivement reposé sur trois arguments, d'ordre religieux, socio-économique, et enfin, pseudo-scientifique. En effet, l'hostilité envers les juifs existait déjà chez certains lettrés grecs et romains, qui diffusaient des récits sur l'origine et les croyances du peuple juif, raillant sa prétention à ne reconnaître qu'une seule divinité, et ses pratiques, réelles (comme la circoncision) ou inventées (comme l'idée de meurtre rituel). L'idée d'une menace représentée par son influente diaspora était souvent déjà présente. Au contraire, l'antijudaïsme chrétien s'appuie sur l'idée d'un peuple « déicide », assassin du Christ. Durant le Moyen Âge, les communautés juives connaîtront des sorts contrastés. Dans certains pays, ils seront mis à l'écart, mais relativement protégés. Dans d'autres, ils connaîtront des persécutions violentes, des conversions forcées, une diabolisation systématique. Certaines fonctions leur sont interdites, comme celle de juge ou de percepteur d'impôts. En 1095, l'appel à la croisade se traduit par le massacre de nombreuses communautés juives, violence pourtant condamnée par le pape. À partir du XIIe siècle, leurs conditions de vie tendent cependant à s'aggraver fortement. Les mariages mixtes, jusque là fréquents, sont interdits. Depuis le quatrième concile de Latran, en 1215, les juifs doivent porter sur eux la marque de leur différence : en France, il s'agit de la « rouelle », une étoffe de couleur jaune qui doit être cousue sur leur robe. De nouvelles expulsions des juifs d'Europe ont lieu. L'usure (le prêt d'argent en échange d'un taux d'intérêt) étant interdit aux chrétiens, les juifs se spécialiseront dans cette pratique, ce qui marquera encore plus leur différence, et attise la haine, notamment en périodes de famines ou de crises économiques, nombreuses au Moyen Âge. En comparaison, le statut des juifs en terre d'islam est relativement plus clément, puisque régi par le « dhimma » : le Coran reconnaît expressément la présence en terre d'islam de non-musulmans, la tradition interdisant les conversions forcées, les non-musulmans sont soumis au paiement de l'impôt. Ils subissent une importante discrimination sociale et religieuse, doivent se distinguer des musulmans par leur costume, mais se voient garantir leur vie et la jouissance de leurs biens.

En 1791, la loi relative aux juifs est adoptée en France par l'Assemblée nationale, consacrant pour la première fois en Europe le principe de l'égalité en droits des juifs. Pourtant, l'antijudaïsme hérité du christianisme se politise, devenant l'apanage d'une droite monarchiste antilibérale, tandis que subsiste, dans l'imagerie populaire et rurale, l'image du juif agent de la Révolution, fossoyeur de la civilisation chrétienne. À gauche, un certain anticapitalisme socialiste dégénère très vite en antisémitisme économique : pour FOURIER, les juifs ne sont plus honnis pour être les ennemis de Dieu, mais pour constituer les ennemis du peuple, car ils investissent dans des machines qui détruisent l'emploi des pauvres. Il faudra attendre l'affaire Dreyfus pour que la gauche républicaine rompe avec cette tradition. Un troisième temps du rejet des juifs ne s'appuie plus sur des arguments d'ordre religieux, ou socio-économique, mais sur un discours pseudo-scientifique. Cet antisémitisme construit une hiérarchie entre les races, idéalisant l'aryen et infériorisant le sémite. Cette volonté de hiérarchisation des races se retrouve dans l'*Essai sur l'inégalité des races humaines*, de GOBINEAU, paru en 1853, ou dans les *Lois psychologiques de l'évolution des peuples*, de Gustave LE BON, paru en 1894. Les difficultés économiques que l'Europe connaît dans les années 1880 donnent alors naissance à l'antisémitisme moderne, une théorie du « complot juif » tel que décrit par Édouard DRUMONT, dans *La France juive*. En Russie, qui abrite la plus grande population de juifs d'Europe, environ cinq millions, les pogroms se multiplient.

L'antisémitisme réapparaît après la première guerre mondiale, renforcé par l'affaiblissement ressenti de la société européenne. À partir de 1919, la diffusion des *Protocoles des sages de Sion* devient une arme de la propagande antisémite : en un an, 120 000 exemplaires de ce faux fabriqué avant la guerre par la police russe pour fournir la preuve parfaite du complot juif sont vendus. L'Allemagne, l'Autriche et la Hongrie, vaincues de la Grande guerre, humiliées par le traité de Versailles, connaissent des formes d'antisémitisme particulièrement violentes. La crise économique des années 1930 aggrave encore la xénophobie et l'antisémitisme, l'année 1933 marquant l'arrivée d'Hitler au pouvoir en Allemagne, qui adoptera environ 2 000 lois et règlements discriminatoires à l'encontre des juifs. En 1935, les lois de Nuremberg déchoient les juifs de leur citoyenneté. Mariages et relations sexuelles entre aryens et non-aryens sont également interdits. En 1938, la « Nuit de cristal » constitue un gigantesque pogrom dans tout le pays. En France, en 1940, le gouvernement de Vichy instaure un « statut des juifs » et en 1942 les Allemands les obligent à porter l'étoile jaune. Le génocide des juifs d'Europe a fait entre 5,5 et 6,6 millions de victimes. Sur les 3 350 000 juifs polonais, il n'en restait plus que 50 000 en 1945. En 1939, 60 % de l'ensemble des juifs vivaient en Europe, en 1951, seulement 30 %. En 1998, après son silence pendant la guerre, l'Église catholique reconnaît, dans un texte intitulé *Nous nous souvenons. Une réflexion sur la Shoah*, « *les interprétations erronées et injustes du Nouveau Testament relatives au peuple juif et à sa culpabilité* ». L'antisémitisme demeure cependant un phénomène latent dans nos sociétés contemporaines, attisé périodiquement par les répercussions du conflit israélo-palestinien. Il s'inscrit dans un contexte plus large de regain de xénophobie dans les pays occidentaux.

1.3 De l'affaire Calas à l'affaire Dreyfus, les excès liés aux religions divisent profondément la France

Plus d'un siècle après l'affaire Calas préalablement évoquée, la France est divisée par l'affaire Dreyfus. En 1894, un jeune capitaine d'artillerie, Alfred Dreyfus, qui allait faire son entrée à l'état-major de l'armée, est accusé de donner des renseignements à l'Allemagne. Ses accusateurs ne disposent pas de preuves formelles, mais les origines alsaciennes du capitaine Dreyfus, son profil intellectuel, et surtout, sa religion juive, en font le coupable idéal. Malgré ses protestations d'innocence et son ignorance des charges réelles pesant contre lui, il est emprisonné. Une violente campagne de diffamation, menée par la presse antisémite et nationaliste, éclate alors. Un dossier composé de faux documents permet au conseil de guerre de condamner à l'unanimité le capitaine. Sa dégradation eut lieu en public devant près de vingt-mille Parisiens criant leur haine des juifs. Le capitaine Dreyfus est alors déporté sur l'île du Diable, où il subit des conditions de détention particulièrement sévères et illégales.

Les différents gouvernements républicains refusant de réexaminer le cas du capitaine Dreyfus, sa cause fut portée par des artistes, des écrivains, des savants, que Clémenceau, propriétaire du journal *L'Aurore*, désigna sous le nom d'« intellectuels ». En janvier 1898, Émile ZOLA publia un article dans le journal *L'Aurore*, intitulé « J'accuse », désignant nommément le véritable coupable qui avait renseigné les Allemands, mais également les chefs de l'état-major qui avaient participé à la condamnation du capitaine Dreyfus : « *Quant aux gens que j'accuse, je ne les connais pas, je ne les ai jamais vus, je n'ai contre eux ni rancune ni haine. Ils ne sont pour moi que des entités, des esprits de malfaisance sociale. Et l'acte que j'accomplis ici n'est qu'un moyen révolutionnaire pour hâter l'explosion de la vérité et de la justice.* » Pour ZOLA, « *c'est un crime d'égarer l'opinon, d'utiliser pour une besogne de mort cette opinion qu'on a pervertie, jusqu'à la faire délirer. C'est un crime d'empoisonner les petits et les humbles, d'exaspérer les passions de réaction et d'intolérance, en s'abritant derrière l'odieux antisémitisme, dont la grande France libérale des droits de l'homme mourra, si elle n'en est pas guérie. C'est un crime que d'exploiter le patriotisme pour des œuvres de haine, et c'est un crime enfin que de faire du sabre le dieu moderne, lorsque toute la science humaine est au travail pour l'œuvre prochaine de vérité et de justice.* » L'écrivain fut condamné, pour diffamation, mais un nombre croissant d'intellectuels s'engagea dans la défense du capitaine. La ligue française pour la défense des droits de l'homme et du citoyen fut ainsi créée en 1898. Nationalistes et antisémites multiplièrent pourtant les tentatives d'intimidation du pouvoir, pour empêcher toute tentative de révision, créant la Ligue de la patrie française, pour défendre l'armée contre la justice. Un second conseil de guerre fut cependant réuni, qui conclut à l'absence de preuve et à l'acquittement du capitaine. Le gouvernement de Waldeck-Rousseau, déterminé à affirmer l'autorité du pouvoir politique sur le pouvoir militaire, prit la tête d'un gouvernement de « défense républicaine », composé, pour la première fois, d'un socialiste, Alexandre Millerand. Pourtant, un second procès refusa de prononcer la réhabilitation du capitaine Dreyfus, qui fut reconnu coupable, et condamné à dix ans de prison, verdict qui déclencha un immense scandale, les opinions publiques étrangères appelant même à boycotter l'Exposition universelle qui devait se tenir à Paris en 1900.

L'affaire avait profondément divisé la France, entre « dreyfusards » et « anti-dreyfusards ». Pour mettre fin à de tels déchirements, le gouvernement de défense républicaine fit alors voter une loi d'amnistie complète. Cependant, la victoire en 1902 du Bloc des gauches permit de relancer l'affaire, Jean Jaurès prononçant au Parlement un discours liant la réhabilitation du capitaine à la nécessité de lutter contre un nationalisme qui menacerait la République. En 1906, la Cour de cassation proclama la réhabilitation judiciaire du capitaine Dreyfus, qui ne fut pourtant pas totalement réintégré dans l'armée, et en démissionnera un an plus tard. Si l'affaire Dreyfus constitue un événement majeur dans l'affermissement de la démocratie et de la justice contre la « raison d'État », elle exemplifie également les difficultés à écarter du débat public les préjugés religieux.

2 Les trois temps de la laïcité ont été accompagnés d'une forme de dereligionalisation laissant penser à la fin des radicalités religieuses

2.1 Pour Jean BAUBÉROT, la laïcité est un processus inscrit dans le temps long qui commence dès 1789

Comme nous l'évoquions précédemment, la Révolution française s'attache premièrement à proclamer la liberté religieuse. L'article 10 de la *Déclaration des droits de l'homme et du citoyen*, adoptée le 26 août 1789, proclame ainsi : « *Nul ne doit être inquiété pour ses opinions, même religieuses, pourvu que leur manifestation ne trouble pas l'ordre public établi par la Loi.* » Le catholicisme ne constitue plus la religion d'État. Les protestants peuvent organiser leur culte comme ils l'entendent, et en 1791, les juifs obtiennent la qualité de citoyen. Cependant, l'action de la Révolution française ne se limite pas à proclamer la liberté de conscience et de religion. Elle vise aussi à réduire le pouvoir social dont disposait l'Église catholique. En effet, pendant longtemps, l'Église détenait un important pouvoir sur la société : elle définissait les valeurs, encadrait les conduites, organisait les grandes étapes de la vie des communautés. Tant que cette influence resterait si forte, il ne serait pas possible de considérer la liberté de religion comme un droit inaltérable. De nombreuses mesures adoptées visent donc à amoindrir ce pouvoir social. À titre d'exemple, en 1792, une loi retire à l'Église la gestion de l'état civil, qui sera dorénavant assuré par l'État. Cette œuvre de laïcisation a été reprise par Napoléon, dont le *Code civil* de 1804 contient de nombreuses dispositions relatives à la laïcisation de la société : ainsi, le prêt à intérêt, jusque là interdit par l'Église, est désormais autorisé. En 1801, un « Concordat » (traité signé entre un État et le Vatican) renforce le contrôle de l'État sur l'Église catholique, qui se voit reconnaître en échange un statut d'utilité publique : les ministres du culte sont payés par l'État et ont le statut de fonctionnaire.

Pour Jean BAUBÉROT, ce premier seuil est davantage caractérisé par un processus de réimbrication du religieux dans le politique, plutôt que par une logique de séparation. Cette volonté d'étroite association explique d'ailleurs les nombreux conflits entre l'Église et le pouvoir politique qui se développeront tout au long du XIXe siècle, les cléricaux souhaitant conserver l'influence de l'Église sur la société tandis que les anticléricaux souhaitent une plus grande laïcisation.

Ces conflits trouvent un apaisement dans la loi du 9 décembre 1905, qui matérialise la séparation complète de l'Église et de l'État. Pour Jean BAUBÉROT, ce second seuil de laïcisation se caractérise par trois aspects. Tout d'abord, une dissociation institutionnelle : la religion n'est plus officiellement considérée comme une institution organisant la société. Par ailleurs, l'absence de reconnaissance d'une légitimité sociale de la religion : la religion devient une affaire privée. Et enfin, la liberté de conscience comme liberté fondamentale : la liberté de conscience et la liberté de culte deviennent des libertés publiques fondamentales. Dans un premier temps, à la différence des autres religions, la loi de séparation de 1905 fut fortement rejetée par l'Église catholique. La loi de 1905 imposait en effet, pour la gestion des biens utilisés dans le cadre des cultes, la création d'associations cultuelles. Or ces associations cultuelles contredisaient la traditionnelle hiérarchisation au sein de l'Église, en les confiant à la base. Il faudra près de vingt ans pour qu'un compromis soit trouvé, sous la forme d'associations diocésaines, respectant la hiérarchie interne de l'Église, les relations Église/État entrant alors dans une phase de pacification.

La laïcité se caractériserait donc par trois aspects : l'absence d'une domination de la religion sur l'État et la société, le respect de la liberté de conscience et de culte, une égalité en droit des différentes religions. Pour Jean BAUBÉROT, il existerait une laïcité spécifiquement française, possédant quatre dimensions :

- un caractère conflictuel plus important que dans d'autres États quant à l'approche des questions religieuses ;
- un aspect idéologique concernant l'appréhension des questions religieuses : ce sont des systèmes philosophiques qui s'affrontent, des visions différentes de la place de la religion dans la société ;
- l'affirmation de la légitimité de l'autorité de l'État sur la société civile : les corps intermédiaires (Églises, communautés ethniques...) n'ont pas leur place dans un face-à-face entre l'État et l'individu ;
- une réticence s'agissant de l'expression publique des appartenances religieuses : la privatisation de l'expression de la foi est plus forte en France que dans d'autres pays.

2.2 La loi de 1905 pose les bases des relations entre l'État et les religions

La loi du 9 décembre 1905 pose les bases juridiques d'une nouvelle organisation de la pratique des cultes. L'exercice du culte doit se faire dans un cadre associatif : la loi crée des associations cultuelles, qui s'appuient sur la loi de 1901 organisant le régime général des associations, mais qui doivent respecter des obligations supplémentaires. Ces associations cultuelles doivent ainsi avoir pour objet exclusif l'exercice d'un culte, ne peuvent recevoir aucune subvention de la part d'une collectivité publique, et le nombre de leurs membres doit être de sept à vingt-cinq au minimum, selon la taille de la commune. En 1923, l'Église catholique obtient la création d'associations diocésaines, qui lui permet, sous l'autorité de l'évêque, de subvenir à l'exercice du culte catholique. Le régime juridique des lieux de culte est entièrement redéfini par la loi de 1905, qui prévoit trois cas :

- les édifices religieux propriétés de l'État ou des collectivités territoriales avant la loi de 1905 (notamment ceux qui avaient été nationalisés à la Révolution) restent la propriété des collectivités ;
- les édifices religieux qui appartenaient aux anciens établissements publics du culte sont dévolus aux associations cultuelles. La loi ne pouvant être appliquée à l'Église catholique, une loi de 1907 a été adoptée confiant ces biens aux collectivités publiques, qui doivent cependant les mettre à disposition des fidèles et des ministres du culte. Leur entretien est donc pris en charge par la collectivité publique, constituant un avantage financier significatif pour l'Église catholique ;
- les édifices religieux construits après 1905 sont la propriété des associations cultuelles ou diocésaines qui les ont édifiés.

L'article 2 de la loi de 1905 interdit aux différents cultes de bénéficier de subvention publique, qu'elle soit directe ou indirecte. En effet, l'attribution d'une subvention à un ou plusieurs cultes pourrait être interprétée comme la reconnaissance officielle d'un culte, ce qu'interdit la loi. Le financement des cultes devient donc en principe, exclusivement privé. Les associations cultuelles peuvent ainsi s'appuyer sur des ressources privées, qu'il s'agisse de cotisations d'adhésion à l'association, des produits des quêtes et collectes diverses, des rétributions reçues pour l'organisation de cérémonies et de services religieux. Par ailleurs, l'État et les services publics doivent être neutres vis-à-vis de toutes les religions et de toutes les croyances. En effet, la loi de 1905 met fin au régime des cultes reconnus, instauré par le Concordat. L'État n'ignore plus aucun culte, mais les cultes cessent d'être des institutions publiques, pour être soumises au droit privé. Cependant, la séparation progressive des Églises et de l'État ne signifie pas que l'État cesse toute relation vis-à-vis des religions. En effet, laïcité ne signifie pas sécularisation. Le principe de laïcité implique une neutralité de l'État, qui ne privilégie plus aucune confession. La notion de sécularisation désigne, elle, un processus où la religion perd peu à peu de son influence. Ainsi, la Turquie est un pays laïc mais faiblement sécularisé : la pratique religieuse est toujours importante. Au contraire, au Danemark, le protestantisme est toujours religion d'État : le pays est cependant largement sécularisé.

De la même façon, l'État maintient des relations avec les différentes religions. Il lui semble d'abord nécessaire d'entretenir des relations avec les autorités religieuses. Le président de la République présente ainsi chaque année ses vœux aux autorités religieuses, même s'il a fallu attendre 2004 pour que le président du Conseil français du culte musulman soit invité à cette cérémonie, qui jusqu'à cette date ne concernait que les quatre religions reconnues par le Concordat de 1801. Les relations avec l'Église catholique restent fortes, puisque chaque président de la République reçoit le titre de chanoine d'honneur de Saint-Jean-de-Latran, tradition née sous Henri IV. Le représentant du Vatican continue également d'informer le ministre de l'Intérieur et le ministre des Affaires étrangères avant toute nomination d'un évêque, qui en retour font connaître leurs possibles objections.

Les religions juives et protestantes ont conservé l'organisation datant du régime du Concordat. Le renforcement de la présence de l'islam en France a cependant posé la question de la représentation de la communauté musulmane, qui ne dispose pas d'une hiérarchie établie. En 2003, un Conseil français du culte musulman a donc été créé, avec pour mission la représentation du culte musulman auprès des pouvoirs publics, même si le mode de désignation de ses membres est régulièrement contesté. Le ministre des Affaires intérieures est donc en charge des cultes, et au sein de sa sous-direction des libertés publiques, le Bureau central des cultes est chargé des relations avec les autorités représentatives des religions présentes en France, et de l'application de la loi de 1905 s'agissant de la police des cultes. En effet, la religion se pratique dans l'espace public. L'État doit donc veiller à ce que ces pratiques ne créent pas de troubles à l'ordre public, à ce que ces troubles ne puissent pas verser dans la radicalité. La loi interdit également tout discours qui « *contient une provocation directe à résister à l'exécution des lois ou aux actes légaux de l'autorité publique, ou s'il tend à soulever ou à armer une partie des citoyens contre les autres* ». Les réunions publiques sont interdites dans les lieux de culte. Les manifestations à caractère religieux doivent obtenir une autorisation préalable, tout comme les manifestations syndicales ou politiques. Depuis la loi de 1905, le maire est compétent pour réglementer les sonneries des cloches « *dans l'intérêt de l'ordre et de la tranquillité publique* ». En revanche, à l'intérieur des édifices religieux, c'est le ministre du culte qui dispose de la « police de l'Église », l'administration ne pouvant intervenir qu'en cas de circonstances exceptionnelles (par exemple, si l'édifice menace de s'écrouler). Mais la loi protège aussi l'exercice du culte en posant des sanctions contre ceux qui « *auront empêché, retardé ou interrompu les exercices d'un culte par des troubles ou désordres causés dans le local servant à ces services* ».

Si l'État continue d'entretenir des relations avec les différentes religions, c'est parce que la liberté religieuse est un droit que l'État garantit. En effet, la progressive séparation entre les Églises et l'État ne signifie pas que les individus cessent d'appartenir à des religions. L'État, dès la loi de 1905, s'est donc reconnu le devoir d'assurer la liberté religieuse. Ainsi, l'article 1er de la loi de 1905 affirme que « *la République assure la liberté de conscience. Elle garantit le libre exercice des cultes sous les seules restrictions édictées ci-après dans l'intérêt de l'ordre public.* » Cette liberté religieuse possède plusieurs dimensions. C'est d'abord la liberté de conscience, comme le proclame la loi de 1905, reprenant l'article 10 de la *Déclaration des droits de l'homme et du citoyen* qui consacre la liberté d'opinion, même religieuse. Cette liberté religieuse se traduit également par la liberté de manifester son appartenance religieuse : la *Convention européenne des droits de l'homme*, que la France a ratifiée en 1974, affirme ainsi que « *la liberté de manifester sa religion ou ses convictions ne peut faire l'objet d'autres restrictions que celles qui, prévues par la loi, constituent des mesures nécessaires, dans une société démocratique, à la sécurité publique, à la protection de l'ordre, de la santé ou de la morale publiques, ou à la protection des droits et libertés d'autrui* ». L'État se doit donc de rendre possible l'exercice et la pratique du culte. Il doit ainsi permettre à chacun de pouvoir assister aux cérémonies ou de suivre les enseignements propres à ses croyances. La loi de 1905 prévoit donc la création d'aumôneries dans l'ensemble des lieux possédant un internat : les hôpitaux, les lycées, les prisons, constituent en effet des lieux ou la liberté d'aller et venir de ses usagers est restreinte, pouvant les empêcher de pratiquer leur religion. Si la loi de 1905 interdit les subventions aux religions, elle autorise cependant l'inscription aux budgets des collectivités publiques des dépenses relatives aux aumôneries « *destinées à assurer le libre exercice des cultes dans les établissements publics tels que lycées, collèges, écoles, hospices, asiles et prisons* ». Le statut des aumôniers de prison est ainsi fixé par le Code de procédure pénale, ils sont indemnisés en tant qu'agents publics contractuels. La Haute autorité de lutte contre les discriminations et pour l'égalité reconnaît ainsi que le refus de l'administration pénitentiaire d'agréer certains aumôniers, comme les Témoins de Jéhovah constitue une discrimination. De la même façon, l'État doit faire face à la question des prescriptions religieuses. En effet, l'appartenance à une religion peut nécessiter des adaptations dans la vie sociale. Ainsi, si les rites d'abattages des animaux prescrits par l'islam ou le judaïsme sont contraires à la réglementation en vigueur, un encadrement juridique a été mis en place pour permettre le respect de ces rites tout en assurant une certaine sécurité sanitaire. L'abattage rituel ne peut être effectué qu'en abattoir, par des sacrificateurs agréés par l'État, ce qui soulève cependant certaines difficultés, notamment lors de la fête de l'Aïd, le nombre d'abattoirs étant alors insuffisant. En matière alimentaire, une circulaire de l'Éducation nationale de 1982 recommande ainsi aux établissements de tenir compte des habitudes et des coutumes alimentaires familiales. De la même façon, la *Charte du patient hospitalisé* de 1995 reconnaît qu'un patient doit pouvoir « dans la mesure du possible, suivre les préceptes de sa religion », même s'il n'existe pas d'obligation juridiquement garantie. Enfin, s'agissant des fêtes religieuses, seules les fêtes catholiques donnent lieu à des jours fériés, permettant une conciliation entre pratique religieuse et vie professionnelle. Pour les agents de l'État, le ministre de la Fonction publique publie cependant chaque année une circulaire listant les principales fêtes religieuses, autorisant les agents publics à demander une autorisation d'absence pour ces dates-là, que leur chef de service peut ou non accorder. Au contraire, dans certains cas, l'État restreint certaines pratiques religieuses : ainsi, un décret de 2001 exige que les photographies pour les passeports soient prises têtes nues, excluant donc le port du foulard islamique, alors qu'une certaine tolérance était jusqu'alors pratiquée.

2.3 Le troisième temps de la laïcisation interroge sur la réalité du processus de déreligionisation évoqué par René REMOND

Dans son ouvrage paru en 1988, *Religion et société en Europe : La sécularisation aux XIXe et XXe siècles (1789-2000)*, l'historien René REMOND examine le passage de « *sociétés sacrales* » à la sécularisation, tentant de définir un « modèle européen » des rapports entre religion et société. Il montre ainsi comment se fait progressivement le passage d'une « *Europe toute chrétienne* », caractérisée par un État confessionnel, une unité de foi qui se superpose à l'unité politique, à une « *sécularisation amiable* » exemplifiée par le modèle français. Entre ces deux extrémités, un « *âge libéral de la sécularisation* ». L'État affiche sa neutralité vis-à-vis des religions, d'abord en supprimant les discriminations existant entre religion majoritaire et religions minoritaires, (la *Déclaration des droits de l'homme et du citoyen de 1789*, dans son article 10, proclame la liberté d'opinion, « *même religieuse* ») puis en procédant à un « *désétablissement* », se traduisant notamment par une dissociation entre les actes religieux et les actes administratifs. Les actes liés aux moments importants de l'existence, naissance, mariage, décès, ne sont plus seulement des sacrements religieux effectués par l'Église, qui les consignait dans ses registres, mais des actes administratifs, accomplis par l'État, permettant une existence légale aux membres de toutes les religions. Au delà de cette sécularisation des rapports entre l'État et les Églises, René REMOND montre comment s'installe un processus de « déreligionalisation » qui n'est plus la séparation de la religion d'avec la société, mais qui désigne la marginalisation progressive de la religion. Au contraire de la laïcisation, qui est issue d'une claire volonté politique de distinguer l'État des affaires religieuses qui doivent être cantonnées dans la sphère privée, cette déreligionisation doit peu à la volonté politique. Ce n'est pas le résultat d'une volonté explicite, mais « *la conséquence – l'indice aussi – d'une indifférence accrue à l'égard du fait religieux, qui enregistre sans réagir la régression de sa présence et l'effacement des signes qui en manifestaient la présence dans la société* ». Comme le constate Ernest RENAN, préfaçant ses *Souvenirs d'enfance et de jeunesse* : « *la religion est irrévocablement devenue affaire de goût personnel* ».

Pour expliciter cette progressive déreligionalisation, René REMOND prend l'exemple du temps, dont il constate la « profanation ». En effet, le temps quotidien a longtemps été rythmé par la religion. Ainsi, le cycle des fêtes religieuses marquait l'alternance entre le temps du travail et celui du divertissement : « *les fêtes qui assuraient la respiration de l'existence sociale épousaient le calendrier liturgique* ». Si aujourd'hui encore, les jours fériés perpétuent, dans la plupart des pays européens, les fêtes religieuses, l'origine en est souvent perdue de vue. De la même façon, lorsque la IIIe République, dans les années 1880, voulut laïciser l'école en instaurant une séparation entre l'enseignement profane, assuré par l'État, et l'enseignement religieux, confié aux différentes Églises, Jules FERRY, ministre de l'Instruction publique, imposa qu'une journée, le jeudi, soit laissée libre pour permettre aux enfants de suivre les cours de catéchisme. Aujourd'hui, l'enseignement tend de plus en plus à se resserrer sur quatre ou cinq jours, sous la pression des parents et des enseignants, faisant disparaître la pause de la mi-semaine, compromettant la possibilité d'un enseignement religieux : « *au temps où la politique engageait le fer contre l'Église, une place était réservée au religieux dans l'organisation de la semaine ; elle ne l'est plus alors qu'aujourd'hui les responsables ne nourrissent plus de dessein contraire à la religion* ». De la même manière, pendant longtemps la loi interdisait de travailler le dimanche, sous la pression des Églises. En 1880, la loi interdisant le travail le dimanche a été abrogée, mais le développement de la législation sociale n'a pas remis en cause ce système. Aujourd'hui, si le dimanche reste un jour qui n'est en général pas travaillé, c'est plus sous l'influence des syndicats, qui défendent un « acquis social », que par volonté de respecter le troisième commandement. René REMOND évoque alors d'une « *sécularisation rampante* », pour caractériser l'évolution des comportements collectifs, qui ne doivent plus rien à la volonté expresse du politique. Pour autant, René REMOND rappelle que le fait religieux, apprécié statistiquement, reste encore « *le fait social de nature volontaire le plus massif* ». Les Églises prennent de plus en plus position sur les problèmes de société. On ne peut donc parler de disparition de la religion, et la question des rapports entre religion et société n'est « *ni résolue, ni révolue* ». En effet, dans la plupart des pays d'Europe, les rapports entre la religion et la société continuent de soulever de nombreuses controverses. Ainsi, une plainte déposée par des parents d'élèves contre la présence de crucifix dans les écoles de Bavière, en Allemagne, arguant qu'elle était contraire à la neutralité de l'État vis-à-vis des religions, a d'abord été rejetée par les juridictions administratives du *Land*, avant que le Tribunal constitutionnel allemand ne donne raison aux parents, en enjoignant au *Land* de Bavière de retirer les crucifix des bâtiments publics. Ces querelles touchent la plupart des pays européens, les écarts entre eux, quant à la façon de concevoir les rapports entre la religion et la société, tendant à se réduire. Pour René REMOND, « *il existe entre tous un accord assez général sur l'essentiel, qui permet de dire qu'il y a bien aujourd'hui une façon, à la fois commune aux peuples européens et originale par rapport au reste de l'univers, de régler les rapports religion-société. Tous admettent la distinction de nature, qui impose une séparation absolue, entre les convictions religieuses personnelles et la citoyenneté. L'État ne peut plus être confessionnel : étant la chose de tous, il doit être neutre, et pratiquer une stricte égalité entre les confessions. La laïcité est un des éléments de l'entente entre les membres de l'Union européenne : elle fait partie, au même titre que la séparation des pouvoirs, l'indépendance de la justice ou le contrôle de la constitutionnalité, du corpus qui définit l'État de droit et donne sens au vouloir vivre en commun des peuples d'Europe.* » Lors de l'élaboration, en 2004, d'un Traité établissant une Constitution pour l'Europe, finalement rejeté, des tensions avaient éclaté, les Églises, soutenues par certains partis politiques, souhaitant, comme le Pape Jean-Paul II, qu'« *une référence claire à Dieu et à la foi chrétienne soit formulée dans la Constitution européenne* ». Ce n'étaient pas les pays qui s'affrontaient entre eux pour ou contre l'inscription d'une telle référence, mais à l'intérieur de ces pays, différentes forces sociales (partis politiques, Églises), recomposant au sein de l'Europe des clivages qui existent encore au sein des pays. Finalement, le traité de Lisbonne entré en vigueur en 2009 se contente de reconnaître l'inspiration « *des héritages culturels, religieux et humanistes de l'Europe, à partir desquels se sont développées les valeurs universelles que constituent les droits inviolables et inaliénables de la personne humaine, ainsi que la liberté, la démocratie, l'égalité et l'État de droit* ».

Aussi, malgré la loi de 1905, la laïcité a souvent été réaffirmée, notamment ces dernières années face à l'avènement de l'islam comme deuxième religion en France. Ainsi, la laïcité est ensuite devenue un principe à valeur constitutionnelle avec la Constitution du 27 octobre 1946 qui proclame dans son article 1er que « *la France est une République laïque* ». Par la suite, l'article 1er de la Constitution de 1958 confirme que « *la France est une République indivisible, laïque, démocratique et sociale. Elle assure l'égalité devant la loi de tous les citoyens sans distinction d'origine, de race ou de religion. Elle respecte toutes les croyances.* » En 2004, le Conseil Constitutionnel a précisé dans une de ses décisions que ces dispositions interdisent donc « *à quiconque de se prévaloir de ses croyances religieuses pour s'affranchir des règles communes régissant les relations entre collectivités publiques et particuliers* ». L'exposé des motifs de la loi du 15 mars 2004 énonce qu'« *inscrit à l'article 1er de la Constitution, le principe de laïcité, qui exprime les valeurs de respect, de dialogue et de tolérance, est au cœur de l'identité républicaine de la France. La laïcité garantit la liberté de conscience. Protégeant la liberté de croire ou de ne pas croire, elle assure à chacun la possibilité d'exprimer et de vivre paisiblement sa foi, de pratiquer sa religion. Ouverte, apaisée et généreuse, elle recueille, après bientôt un siècle d'existence, l'adhésion de toutes les confessions et de tous les courants de pensée.* » Au contraire, la loi du 11 octobre 2011 interdisant la dissimulation du visage dans l'espace public ne fait nulle mention du principe de laïcité. L'exposé des motifs de la loi se contente de souligner la contradiction entre les valeurs de liberté, d'égalité, de fraternité et une telle dissimulation : « *La France n'est jamais autant elle-même, fidèle à son histoire, à sa destinée, à son image, que lorsqu'elle est unie autour des valeurs de la République : la liberté, l'égalité, la fraternité. Ces valeurs sont le socle de notre pacte social ; elles garantissent la cohésion de la Nation ; elles fondent le respect de la dignité des personnes et de l'égalité entre les hommes et les femmes. Ce sont ces valeurs qui sont aujourd'hui remises en cause par le développement de la dissimulation du visage dans l'espace public, en particulier par la pratique du port du voile intégral.* » Le 15 mars 2017, une nouvelle circulaire du ministère de la Fonction publique est venue rappeler « *le respect du principe de laïcité dans la fonction publique* ».

3 Dans un contexte de massification de l'immigration et de fragilisation de l'activité économique, le creuset français a été le terreau de nouvelles radicalités

3.1 L'immigration de masse est progressivement apparue en France mettant en place un « creuset français » selon les termes de Gérard NOIRIEL

L'immigration de masse, indique l'historien français Gérard NOIRIEL, auteur de l'ouvrage *Le creuset français : histoire de l'immigration, XIXe-XXe siècles* (1988), date du début de la Révolution industrielle. C'est-à-dire, en France, de la phase d'expansion industrielle du Second Empire dans seconde moitié du XIXe siècle. Dans le cas français, la précocité du mouvement malthusien (alors que les autres pays européens ont encore une très forte natalité), est un phénomène tout à fait décisif qui va engendrer l'immigration de masse. À cela s'ajoute une forte résistance des petits paysans propriétaires et des artisans à aller travailler dans les usines. Au début, l'immigration est frontalière : des Italiens viennent travailler dans le sud-est, des Belges dans le nord, des Espagnols dans le sud-ouest... La première grande vague, dans les années 1860-1870, est alors principalement le fait des Belges et des Italiens. Dans les années 1920, ce sont les Polonais et encore les Italiens. Puis la troisième vague, qui a lieu durant les Trente Glorieuses, se compose d'Espagnols, de Portugais (principale nationalité recrutée après la seconde guerre mondiale) et de la main-d'œuvre des anciennes colonies (Algériens, Marocains, Maliens...). Massivement, c'est une main-d'œuvre ouvrière, non qualifiée et d'origine rurale. Mais la France manque aussi d'ouvriers agricoles, ces derniers étant partis vers les villes avec l'exode rural.

C'est à la fin du XIXe siècle que l'on assiste à une nationalisation des sociétés et que s'opère alors le clivage entre nationaux et « étrangers ». Tant qu'il n'existe pas une politique de contrôle du territoire national, on ne peut pas parler d'immigration au sens moderne du terme. Avant les années 1880, l'État français n'était pas en mesure d'identifier les personnes sur la base de leur nationalité. Il va entrer progressivement dans la vie quotidienne des gens en mettant en place tout un ensemble de papiers (extrait de naissance, etc.), toute une logique d'écriture donc, qui, aujourd'hui, joue un rôle déterminant dans le façonnement des identités. L'immigration ne commence à être mesurée qu'à la fin du XIXe siècle, au moment où l'on se met à établir des statistiques et à enregistrer les identités. Sous la Monarchie de Juillet (1830-1848), par exemple, le critère de la nationalité n'existait pas. Une rupture intervient avec la guerre de 1870 et l'élaboration d'une vision de la nation en France, exprimée notamment par le fameux discours d'Ernest RENAN de 1882, « Qu'est-ce qu'une nation ? » où, pour s'opposer en partie à la conception culturaliste allemande, on met en avant la « volonté de vivre ensemble ». *Le creuset français* de NOIRIEL s'attache également à analyser l'évolution des politiques publiques en ce domaine, en montrant la construction juridique et administrative de l'immigré. NOIRIEL montre notamment que l'apparition des termes « immigration » et « immigré » coïncide avec les débuts de la IIIe République. Il note que le premier recensement des étrangers présents en France date de 1851. On estime alors que 1 % de la population française est composée d'étrangers sur une population totale de 36 millions. Cette population passe en l'espace de quelques générations de 380 000 au total à plus d'un million de personnes dont 420 000 Italiens, 287 000 Belges, 105 000 Espagnols, 102 000 Allemands et 72 000 Suisses. La période 1914-1939 correspond à ce que NOIRIEL nomme la seconde vague d'immigration. Ainsi, en 1931, on dénombre 2 890 000 étrangers en France, soit 5,9 % de la population totale et ce nombre va considérablement s'accroître suite aux conflits en Espagne et au début de la seconde guerre mondiale. La troisième vague d'immigration correspond à la fois au phénomène des Trente Glorieuses et à la décolonisation et marque une mondialisation de l'immigration. Ainsi, en 2010, en France, sur 64,7 millions d'habitants, 3,6 millions étaient nés en Europe des 27 et 5,1 millions étaient nés en dehors de l'Europe des 27. Comme dans les autres périodes de crise, Gérard NOIRIEL montre que le creuset français a été mis à l'épreuve pendant cette dernière vague. En effet, la période qui suit la seconde guerre mondiale débouche sur un consensus entre gaullistes et communistes pour magnifier l'identité française dans la commémoration de la Résistance. Et c'est donc à la suite de « Mai 68 », mais aussi sous l'effet de la guerre d'Algérie, et de l'influence d'universitaires américains qui forgent le concept de « *national identity* » pour contester la vision idyllique du creuset américain, que s'amorce un « *puissant mouvement de réhabilitation des identités collectives dominées* », mené aussi bien par les mouvements régionalistes que par les descendants de déportés juifs ou arméniens. Un dernier retournement s'opère dans les années 1980 après que Valéry Giscard d'Estaing a lancé sa politique de réduction de l'immigration économique. Toutes ces évolutions récentes mettent ainsi à l'épreuve le creuset français en formant le terreau pour de futures frustrations.

3.2 La fin des Trente Glorieuses et l'apparition du chômage de masse va fragiliser l'intégration en France

Le chômage est à la fois un simple exemple de l'exclusion, car cette dernière ne saurait se réduire au chômage, et l'élément central de celle-ci. Pour comprendre l'ampleur des dégâts causés par le chômage, il faut se concentrer sur l'impact qu'a le chômage sur les personnes concernées, ceci ne peut se faire que grâce à une enquête de terrain au plus près des chômeurs. C'est le travail que réalisent Paul Lazarsfeld, Marie Jahoda et Hans Zeisel en enquêtant sur la population au chômage de la ville allemande de Marienthal en 1930. Ils tirent de cette enquête un livre : *Les chômeurs de Marienthal*, paru en 1933. Dans ce village, 450 familles sur 478 travaillaient dans une filature de lin. Toutefois, en 1925, la crise s'installe et force l'usine à réduire son personnel avant de fermer. La ville entière se retrouve au chômage. La nourriture commence même à manquer et une forme de ce que les auteurs appellent la « non-vie » s'installe. Il en résulte alors progressivement une déstructuration de la vie quotidienne des habitants qui, n'ayant plus d'emploi, perdent leurs repères, ne lisent plus, ne sortent plus, ne s'engagent plus dans l'associatif et la politique, et réduisent leurs liens sociaux du fait que le cœur de la vie sociale du village était le travail à l'usine. Autre résultante de ce chômage de masse à Marienthal : la notion de temps perd de son sens. Le temps libéré par le travail n'est ainsi pas utilisé par les habitants et participe à l'inaction du fait qu'ils n'aient plus d'échéance, leur donnant un rythme de vie. Finalement, le passage du temps libre limité par le travail au temps libre illimité produit par le chômage ne pousse plus les individus à réfléchir à la manière de l'utiliser. En somme, le temps libéré n'est pas du temps libre, c'est du temps subi.

L'exemple de Marienthal montre ainsi l'aspect structurant du travail dans la vie sociale des individus ainsi que sur leur niveau de vie. En effet, dès lors que celui-ci vient à manquer, ces deux aspects sont impactés de sorte que le chômage peut être traduit par une sorte de « mort sociale » selon l'expression utilisée par Pierre Bourdieu dans la préface de cet ouvrage. En résulte une modification profonde des attitudes des individus sur le plan politique, vu comme seul remède face au mal sociétal. C'est en cela que la montée du nazisme se voit liée à cette notion d'exclusion et de chômage. Cette situation de crise marque en effet l'émergence du nazisme qui date de la crise économique d'hyperinflation entre 1921 et 1924, et sa victoire est à comprendre à la lumière de la crise provoquée par le krach boursier de 1929 qui entraîne son ascension aux élections législatives successives jusqu'à celles de 1932, puis, son accession au pouvoir en janvier 1933. La situation du village de Mariental est à ce titre révélatrice de l'impact que la perte de travail et l'exclusion sociale qui en découle peuvent avoir sur les comportements politiques des individus. On voit donc que la détérioration du niveau et des conditions de vie s'accompagne d'une radicalisation des prises de position politiques, justifiée par le besoin de trouver une solution à la situation à laquelle les habitants font face.

La problématique va surtout se poser avec le développement du chômage de masse. En effet, en 1968, le taux de chômage en France est d'environ 2,5 %. Jusqu'à la fin des Trente Glorieuses, ce taux reste très bas même si le nombre de chômeurs continue d'augmenter se situant aux alentours de 700 000 personnes. Le seuil du million de chômeur est franchi en 1977, celui des deux millions en 1984, et celui des trois millions en 1995. Même s'il y a pu avoir par la suite des périodes de baisse ponctuelles, le taux de chômage a franchi la barre des 7 % de la population active en 1983 et n'est plus jamais repassé en dessous de cette limite. Ainsi, le chômage de masse s'est inscrit dans notre paysage durablement avec les conséquences que l'on peut imaginer.

3.3 Aux racines des radicalités, le processus d'exclusion sociale

Le chômage ne mène pas toujours, et dans tous les cas pas directement, à l'exclusion, mais, peut souvent être son point de départ. C'est la thèse défendue par Serge PAUGAM dans *La disqualification sociale. Essai sur la nouvelle pauvreté* paru en 1991. Ainsi, l'exclusion n'est pas automatique mais résulte du temps long qui se découpe en trois phases après la perte d'un emploi. Le premier effet du chômage est la perte d'autonomie financière de la personne du fait que ses revenus ne sont plus issus de son travail mais des aides de l'État. Cependant, cette phase ne s'accompagne pas de la perte de lien social car l'individu demeure actif dans sa recherche d'emploi et la reconquête de son ancien statut. PAUGAM définit cet individu comme « fragile ». La seconde étape survient si le chômage, perçu dans un premier temps comme de courte durée par l'individu, se prolonge. Il en résulte d'une part un accroissement de la dépendance de l'individu vis-à-vis des services sociaux, et d'autre part une érosion du lien social qu'il entretient avec le monde qui l'entoure. De ce fait, certains voient leur vie sociale graviter autour des seuls services sociaux et sont définis par PAUGAM comme « assistés ». Enfin, lorsque le chômage perdure, l'individu devient de plus en plus marginalisé ce qui vient d'une part affecter la motivation et les espoirs de ce dernier quant à retrouver un emploi, et d'autre part à réduire ses liens sociaux. Pour PAUGAM, ils deviennent « exclus ». En somme, le chômage, dans sa durée, impacte le statut et la perception de soi de la personne, menant à une perte de repères et de reconnaissance au sein de la société, et donc une dévalorisation de l'individu. Ce processus est celui de la « disqualification sociale ».

La perte d'emploi n'est cependant pas le seul facteur d'exclusion comme le souligne Robert CASTEL dans *L'insertion sociale, qu'est-ce qu'être protégé ?* (2003). L'auteur démontre que la précarisation l'est aussi, dans une moindre mesure. Ainsi, il n'existerait pas une simple division « intégrés-exclus » mais davantage un processus sans séparation claire reposant sur deux critères que sont l'intégration par le travail et l'insertion par le réseau de sociabilité. Ces critères mènent à cinq situations différentes. Ceux réunissant les deux critères sont les « intégrés-insérés », et ceux choisissant de renoncer à un réseau de sociabilité sont les « individualistes autosuffisant ». Ce raisonnement mène CASTEL à souligner le rôle ambivalent de la généralisation des contrats précaires, contrats à durée déterminée (CDD) et intérims, qui permettent aux individus d'avoir un emploi mais pas d'être intégrés dans la société de par leur forte mobilité, ou de la nature même de leur travail lorsqu'ils travaillent seuls. Ces personnes sont donc considérées comme « vulnérables » car leur intégration par le réseau de sociabilité se trouve réduit. Enfin, si les individus ne sont intégrés socialement presque exclusivement par leur contact avec les travailleurs sociaux, ils sont « assistés », et lorsque ce contact disparaît ils deviennent « exclus », stade menant à la désaffiliation maximale.

Si le chômage est bien à l'origine de l'exclusion de l'individu comme le met en lumière Serge PAUGAM, c'est aussi le cas de ses conséquences plus larges comme le montre Robert CASTEL. Cette exclusion mène finalement au repli sur soi, seule alternative à la disparition de repères au sein de la société dans laquelle les individus évoluent. Face à ce vide, la radicalité peut apparaître, pour certains, comme une porte de sortie ou comme alternative face à une réalité désagrégée et à l'isolement. En effet, comme le montre déjà Émile DURKHEIM dans *De la division du travail social* (1893), l'excès d'isolement que peuvent porter les sociétés modernes peut créer ce qu'il nomme l'anomie c'est-à-dire une situation d'une société dans laquelle les individus ne savent plus comment orienter leurs conduites du fait de règles sociales moins contraignantes. Plus tard, Robert MERTON précisera cette notion qui sera réadaptée pour expliquer le développement de comportements déviants (criminalité, délinquance, toxicomanie...). Selon Robert MERTON, l'anomie est la « *situation où l'individu est dans l'impossibilité, du fait de sa position dans la structure sociale, d'atteindre un objectif défini et même prescrit par la culture de la société dans laquelle il vit* ». En effet, selon Robert MERTON, la société, qui peut proposer à ses membres certaines fins sans leur donner les moyens de la réaliser, crée un ensemble de conduites déviantes. S'efforçant d'expliquer la hausse de la criminalité dite « astucieuse » (escroqueries et chèques sans provision) entre 1938 et 1951, André DAVIDOVITCH dans « Criminalité et répression en France depuis un siècle » (1970), remarque qu'elle évolue sous l'étroite dépendance des accidents de la vie économique, et touche surtout des fractions de la classe moyenne, qui « *sont inadaptées parce que leurs membres ne possèdent qu'à un degré très insuffisant, et souvent à titre purement précaire, les moyens indispensables à la réalisation des fins qu'ils poursuivent en vertu de leurs idéaux de classe* ». La délinquance astucieuse apparaît comme le propre de populations anomiques souffrant d'une inadaptation chronique, conséquence nécessaire de notre système économique, et se comprend comme un ensemble de moyens mis en œuvre pour s'adapter aux valeurs spécifiques du groupe. Bref, cette radicalisation de l'individu trouve son origine dans la contradiction flagrante qu'on trouve entre l'échelle des valeurs que la société offre à ses membres, et l'incapacité où elle se trouve de fournir à certaines populations les moyens d'accéder aux milieux qu'ils convoitent et de s'y maintenir.

4 Dans ce contexte, un retour du fondamentalisme religieux s'opère, en France, comme dans le reste du monde

4.1 Pour Gilles Kepel, le renouveau radical des religions est le fruit d'un dérèglement de la raison

Dans *La revanche de Dieu : chrétiens, juifs et musulmans à la reconquête du monde* (1991), le spécialiste de l'islam et du monde arabe contemporain Gilles Kepel analyse quatre contextes différents de déploiement des mouvements religieux : l'islam méditerranéen, le catholicisme européen, le protestantisme nord-américain et le judaïsme en Israël comme en diaspora. L'ouvrage développe chaque contexte dans un chapitre spécifique. Il commence par les mouvements islamiques vus comme une contestation du marxisme (révolution iranienne) ou comme une rupture avec les normes sociales quotidiennes. Puis, la « terre des missions » est décrite à travers la rechristianisation de l'Europe de l'ouest, l'héritage du concile Vatican II et les modèles de l'Europe de l'est à l'issue du communisme. Il évoque ensuite l'évangélisme américain, phénomène de société qui relève du fondamentalisme politique. Il traite pour finir de « *la rédemption d'Israël et la résurrection du judaïsme orthodoxe* ». Kepel constate que les mouvements des trois religions adoptent les mêmes stratégies (« par le haut » et « par le bas ») mais qu'ils sont différents et exclusifs les uns des autres. La stratégie de développement « par le haut » tente de s'emparer du pouvoir politique ou d'influencer les décisions politiques. La stratégie de développement « par le bas » essaie au contraire de promouvoir la religion en se rapprochant des textes sacrés, des rites premiers, en s'appuyant sur un prosélytisme actif.

Chaque culture religieuse élabore des « vérités » spécifiques et donne lieu à de fortes affirmations identitaires. Les similitudes sont néanmoins flagrantes : disqualification d'une laïcité que ces mouvements font remonter à la philosophie des Lumières, attribution à l'émancipation orgueilleuse de la raison de tous les maux du XXe siècle, à commencer par les totalitarismes nazi ou stalinien ; soumission à une foi qui échappe aux logiques de la raison, bien que ces groupes soient souvent animés par des activistes jeunes, instruits, des scientifiques nourris par la modernité et les nouvelles technologies. Kepel souligne qu'en l'espace de quinze ans (1975-1990), les mouvements de réaffirmation de l'identité religieuse ont accompli une mutation considérable. Leurs adeptes transforment leur désarroi face à la crise de la modernité en projets de reconstruction du monde qui trouvent dans les textes sacrés les fondements de la société à venir. En effet, refusant la simple dénonciation du « fondamentalisme » ou de « l'intégrisme » qui caractériserait ces mouvements religieux, KEPEL montre que la recrudescence des mouvements religieux (qu'il ne limite pas à l'islam, mais compare systématiquement aux formes de renouveaux juifs ou chrétiens) ne doit pas être considérée comme « *le produit du dérèglement de la raison ou d'une manipulation par des forces obscures* » mais comme possédant un sens que permet d'expliquer l'évolution de nos sociétés contemporaines. Ces courants émergent tous autour des années 1970, à une époque où les apports de la modernité sont fortement discutés (en France, révolte des étudiants de mai 1968, aux États-Unis, rassemblements contre la guerre du Vietnam...). Sont dénoncés les aspects négatifs des progrès technique et scientifique : la diffusion du sida, la pollution de la planète... La chute du mur de Berlin, en 1989, signe la fin du plus grand messianisme athée du XXe siècle, le communisme. Aucune idéologie ne semble plus être capable de proposer un projet de société basé sur la croyance en un avenir meilleur. Les chocs pétroliers des années 1970 ont également joué un rôle important : d'une part en provoquant une importante crise économique en Occident, d'autre part en entraînant un exode rural significatif dans de nombreux pays musulmans, conséquence de l'afflux d'argent dans les villes. Provoquant une rupture des réseaux traditionnels de solidarité, ces mouvements ont bénéficié à un message religieux qui se voulait une réponse à ces failles de la société moderne, en diffusant la croyance en un espoir de renouveau. Bien qu'issus de différentes religions, ces courants ont des tendances communes : il s'agit de rétablir du sacré dans une société fragilisée par la volonté des religions « officielles » de s'adapter à la modernité, quitte à perdre la pureté originelle de leur message. En réaction aux choix de la hiérarchie des différentes religions de s'adapter à la modernité (par exemple, le Concile de Vatican II, au début des années 1960), ces mouvements souhaitent au contraire renforcer la place de la religion dans la société, en proposant unc vision totalisante, un projet de société concernant l'ensemble des dimensions de la vie sociale, sans se cantonner au seul aspect religieux. Des mouvements de réislamisation, de judaïsation ou d'évangélisation se multiplient ainsi, visant à reconstruire sur une base religieuse un lien social fragilisé.

Par ailleurs, les mouvements religieux n'ont pas tous pour visée la prise du pouvoir et la transformation révolutionnaire de la société. Certains œuvrent à la formation des croyants qui rompent d'emblée avec les usages « mondains » et mettent en pratique dans leur vie quotidienne les injonctions de la religion. C'est le cas des groupes charismatiques foisonnant aujourd'hui dans le catholicisme et les protestantismes, des Loubavitch dans le monde juif ou du Tabligh, organisation islamique. Ils prônent une solidarité communautaire basée sur l'expérience religieuse personnelle. Ces mouvements diffèrent cependant les uns des autres en dépit de leur apparition quasi simultanée. Les évènements politiques mondiaux des années 70/80 ont coïncidé avec des phénomènes témoignant de différentes sensibilités, comme l'ultra-orthodoxie en Israël, les évangélismes américains, les actions intégristes de Mgr Lefebvre, l'Église de Jean-Paul II, le retour de l'ayatollah Khomeiny à Téhéran et les mouvements islamistes en Malaisie, au Sénégal, dans les républiques soviétiques. Leurs buts communs sont la promotion d'une éthique dominée par la soumission de la raison à Dieu et la rupture culturelle avec la modernité, à laquelle sont imputés les dysfonctionnements, inégalités et malaises sociaux divers.

4.2 Pour Frédéric LENOIR, ces nouvelles formes religieuses souvent bricolées se sont construites en opposition à la modernité

Pour Frédéric LENOIR, dans *Les métamorphoses de Dieu* (2003) ce retour du religieux serait également soumis aux considérations des sociétés contemporaines. Pour LENOIR, la religion personnelle se développe maintenant aux dépens des systèmes religieux traditionnels. Les églises se vident, particulièrement en Europe. Le scepticisme et la critique de l'autorité cléricale sont un signe de cette mutation généralisée. L'individu moderne veut poser lui-même ses propres normes religieuses, gages de progrès intellectuel ou matériel. On ne veut plus dépendre de lois « divines » ou de traditions, non vérifiées par la raison. En Europe, les institutions religieuses sont ainsi déstabilisées pour trois raisons : un pluralisme religieux très compartimenté, la baisse généralisée de la demande individuelle de religion et l'individualisme accentué par la modernité. Il en résulte une diminution des auditoires, mais aussi l'apparition de « noyaux durs d'ultra fidèles », et la réaffirmation d'un christianisme de conviction. D'autre part, et c'est la deuxième tendance de la modernité, la globalisation découle de la mobilité des individus et de l'interconnexion des cultures. Dès 1492 qui marquait la fin du monde médiéval, la prédominance de l'Occident s'installe sur la Terre, et les bouleversements techniques successifs accentuent le phénomène. L'accélération des métissages culturels qui en résulte produit, dès les années 1960, l'implantation de l'islam et du bouddhisme en Occident. L'élévation du niveau culturel liée à la scolarisation, l'information de plus en plus rapide et la démocratisation des voyages, facilitent ce brassage. Des groupes religieux considèrent le plus lointain comme dépositaire d'un sacré intact, même si cette vague orientale a déjà des racines anciennes, puisque la Renaissance classique cherchait aussi les traces d'un âge d'or de l'Humanité, pur de tout matérialisme. Mais, à partir de la fin du XIXe siècle, on constate aussi l'éveil d'un intérêt plus spirituel, avec l'importation de certaines pratiques spirituelles asiatiques, et aussi un grand développement des missions chrétiennes dans le monde. Cette circulation à double sens est favorisée par le développement incessant des médias, pour un public de plus en plus large, et elle se répand ainsi dans le monde entier.

Frédéric LENOIR estime aussi qu'il existe une certaine « simplification » des religions, qui sont ainsi « superficialisées », voire mélangées à de l'astrologie ou à la réincarnation. On assiste ainsi à un brassage religieux planétaire sans précédent dans l'histoire, qui ne va pas sans rappeler la situation finale dans l'Empire romain, bouleversé par l'avènement de cultes multiples, dont le christianisme naissant, qui devait enfin gagner la place prépondérante. Les conservatismes religieux se séparent en deux groupes distincts, Nord et Sud. L'inégalité des valeurs, sur le plan économique, se retrouve donc sur le plan de la production des valeurs. Apparaît dès lors, pour BOBINEAU, DE SINGLY et TANK-STORPER, dans *Sociologie des religions* (2007), un mouvement de « subjectivisation » qui caractérise le sentiment religieux moderne. Les croyances, autrefois objectivées, données pour « révélées », ne pouvant faire l'objet de questionnement ou de rejet, sont aujourd'hui sélectionnées, jugées, appropriées par les individus modernes. La religion n'est donc plus un cadre général, qui dirait le vrai et le défendu, mais est avant tout un dispositif de croyances et de pratiques. Pour Claude LEVI-STRAUSS, les individus « bricolent » leur religion. Pour Michel DE CERTEAU, ils « braconnent ». Émerge donc une religion « à la carte », avec deux traits caractéristiques : une primauté de l'émotion et une orientation des croyances dans le monde présent.

Par ailleurs, les divers conservatismes religieux sont en accord sur le fait que le salut d'un individu est tributaire de sa présence dans une communauté forte. Les croyants sont alors invités à résister au modernisme jugé incompatible avec les croyances du groupe. Les conservateurs estiment qu'ils sont les interprètes par excellence de Dieu ou de l'Absolu. On parle alors de « reconversion » et de « ré évangélisation » de l'Europe, ou de « réislamisation » du monde arabo-musulman. Ces nouvelles formes religieuses se développent donc en opposition au mode de vie moderne, au mode de vie occidental. C'est souvent l'analyse qui est proposée lors des attentats, les terroristes ont souhaité viser le mode de vie occidental. Au-delà des formes radicales de religion, le politiste Patrick HAENNI dans *L'islam de marché. L'autre révolution conservatrice* (2005) souligne qu'à l'ombre de l'islamisme radical, un autre islam est en train de voir le jour en Égypte, en Turquie, en Indonésie et dans l'ensemble du monde musulman : « *l'islam de marché. (...) Tissé de compromis pragmatiques avec l'Occident, il s'alimente à la culture managériale, vante la réussite individuelle, prône la réalisation de soi, acclimate les interdits aux impératifs du marketing et de la consommation de masse, et instruit le procès de l'étatisme et des organisations militantes. Transformant les modes vestimentaires, musicales, audiovisuelles et les formes de la solidarité, ses agents (entrepreneurs religieux, prédicateurs télé, coachs spirituels...) ne renoncent pourtant en rien à la rigueur morale et fustigent la pluralisation des modes de vie. (...) Porté par les nouvelles bourgeoisies urbaines, leur idéal préfigure une "révolution conservatrice" comparable en bien des points à celle qui triomphe en Amérique. Loin de "l'islam éclairé" tant attendu, une convergence paradoxale s'affirme le long d'un "axe de la vertu" fondé sur la religion, la morale, les œuvres et le marché.* »

4.3 Ce renouveau des religions est accompagné d'un renouveau de sa forme radicale, le fondamentalisme

Le terme « fondamentalisme » désigne l'attachement strict à une doctrine précise, religieuse ou autre, car il n'est pas le fait exclusif de la religion, ni d'une religion particulière. Le fondamentalisme peut se traduire par un comportement d'exclusivisme, d'isolation, voire d'antagonisme défensif ou conquérant avec le reste de la société. Les fondamentalismes religieux sont nés au début du XXe siècle en terrain protestant nord-américain, en opposition aux développements du libéralisme théologique. Quelle que soit leur confession, les fondamentalismes religieux ont en commun de résister au remplacement du sacré par le sécularisme et le rationalisme, au pluralisme et au relativisme idéologique et religieux et à la libéralisation des mœurs, phénomènes parfois regroupés sous le terme de modernité. Le fondamentalisme est aujourd'hui tellement reproché aux courants musulmans que l'on finirait par oublier qu'il a été forgé par les chrétiens américains au début du XXe siècle. Le fanatisme, telle une pathologie de la croyance, menace chaque credo, chaque idéologie. Gilles KEPEL et Enzo BIANCHI dans leur ouvrage *Au cœur du fondamentalisme* (2009) s'évertuent à comprendre les origines et à identifier le dénominateur commun de ce phénomène socio-politique contemporain. Dès le lendemain de la seconde guerre mondiale, le fondamentalisme est ainsi associé aux courants les plus « réactionnaires » de la scène politique, aux anticommunistes virulents de la guerre froide, aux chasseurs de sorcières.

Mokhtar BEN BARKA, dans *Le fanatisme religieux du XVIe siècle à nos jours : Étudier, comprendre, prévenir* (2017), rappelle de son côté la spécificité mais aussi l'aspect pionnier du fondamentalisme nord-américain. L'intégrisme est présent dès la fondation de l'Amérique. C'est par attachement au protestantisme dans sa version la plus « pure » que des calvinistes s'embarquèrent à bord du *Mayflower* pour fuir l'Angleterre des Stuarts et s'établir sur le Nouveau Continent. Mis au banc de la société pour avoir exigé une profonde réforme de la doctrine anglicane (notamment l'abandon du livre des prières, de toute hiérarchie épiscopale, du signe de croix et d'un plus grand respect du Sabbat), ces « pères fondateurs » s'identifiaient au « peuple élu » fondant en Amérique « une nouvelle Jérusalem ». Ils ne se définissent pas encore comme fondamentalistes. Le mot n'apparaît qu'au XIXe siècle, lorsque des protestants demandent à retourner aux fondements du protestantisme en réaction aux théories de Darwin et aux efforts des protestants libéraux pour faire évoluer la religion évangélique vers une interprétation plus sociale que mystique. BEN BARKA note qu'il existe aussi une mythologie propre au fondamentalisme américain. Le mot « réveil » est ainsi utilisé chaque fois que l'Amérique connaît une intense époque de conversion massive, période au cours de laquelle des prédicateurs partent en campagne pour « ranimer » la foi des Américains. Dans un élan missionnaire, certains prédicateurs congrétionnalistes, presbytériens et calvinistes, décident de parcourir les contrées américaines en quêtes d'infidèles à convertir. Cet activisme est également visible à travers le lien entre les évangélistes et la droite américaine. L'influence de la droite religieuse sur le parti républicain ne s'est plus jamais démentie depuis.

Dans *Le religieux et le politique. Douze réponses de Marcel Gauchet* (2017), l'auteur du *Désenchantement du monde* (2005) revient sur la particularité du fondamentalisme musulman dans le cadre des attentats qui ont eu lieu en France. « *Cette violence terroriste nous est spontanément impensable parce qu'elle n'entre pas dans nos grilles de lecture habituelles. Nous savons bien sûr que c'est au nom de l'islamisme que les tueurs agissent, mais notre idée de la religion est tellement éloignée de pareille conduite que nous ne prenons pas cette motivation au sérieux. Nous allons tout de suite chercher des causes économiques et sociales. Or celles-ci jouent tout au plus un rôle de déclencheur. C'est bien à un phénomène religieux que nous avons affaire. Tant que nous ne regarderons pas ce fait en face, nous ne comprendrons pas ce qui nous arrive. Il nous demande de reconsidérer complètement ce que nous mettons sous le mot de religion et ce que représente le fondamentalisme religieux, en l'occurrence le fondamentalisme islamique. Car, si le fondamentalisme touche toutes les traditions religieuses, il y a une forte spécificité et une virulence particulière du fondamentalisme islamique. Si le phénomène nous échappe, à nous Européens d'aujourd'hui, c'est que nous sommes sortis de cette religiosité fondamentale. Il nous faut en retrouver le sens.* » Pour cet auteur, ce qui peut expliquer la virulence du fondamentalisme islamiste c'est un rejet encore plus fort de la modernité qui est « *vécue dans certains contextes comme une agression culturelle provoquant une réactivation virulente d'un fonds religieux en train de se désagréger, mais toujours suffisamment présent pour pouvoir être mobilisé* ».

5 Ce fondamentalisme religieux est particulièrement visible par les actions terroristes dont le fondement religieux semble pourtant questionnable

5.1 Le passage à l'acte terroriste : radicalisation de l'islam ou islamisation de la radicalité ?

Le fondement religieux de l'action terroriste donne lieu à une véritable querelle universitaire. Le débat a fait rage après les attentats à *Charlie Hebdo*, après le Bataclan, entre les tenants d'une radicalisation de l'islam (thèse défendue par Gilles KEPEL) et ceux qui, comme Olivier ROY, parlaient plutôt d'une islamisation de la radicalité. D'un côté, la religion dériverait vers une forme extrême, de l'autre côté la radicalisation est pré-existante et la religion ne serait qu'une sorte de prétexte. En effet, la radicalisation djihadiste, pour Olivier ROY, auteur de l'ouvrage *Le Djihad et la mort* (2016), n'est pas la conséquence mécanique de la radicalisation religieuse. S'opposant à Gilles KEPEL, l'islamologue Olivier ROY dans ses essais *La Sainte Ignorance : le temps de la religion sans culture* (2012) et *Généalogie de l'islamisme* (2011), estime que l'action terroriste tient surtout d'une dérive provenant de jeunes souvent venus, mais pas toujours, des zones grises et fragiles de la société – seconde génération d'immigrés, en précarité sociale, ayant tâté de la petite délinquance. Mais la dérive peut être plus personnelle, plus psychologique et moins liée à l'environnement social, comme « *c'est le cas chez les convertis qui déjà représentent 22 % des jeunes Français qui rejoignent le djihad en Syrie* ». Chez ROY, il est nécessaire de considérer que les terroristes sont des nihilistes plutôt que des utopistes. Les exemples sont nombreux de ces terroristes qui ont commis des exactions au nom de l'islam qu'ils semblaient pourtant loin d'appliquer à la lettre. Les témoignages des proches des auteurs des attentats du 13 novembre à Paris convergent vers des jeunes qui semblaient apprécier le mode de vie occidental, qui buvaient et sortaient en boîtes de nuit. Ces pratiques peuvent être lues de deux manières : soit on considère que l'islam n'était pas une partie importante de leur vie et qu'en effet leur radicalité a été islamisée, soit on imagine qu'ils pratiquaient la « *taqiya* » pour dissimuler leur foi pour mieux préparer leurs actions.

Pour Olivier ROY, il ne s'agit pas tant d'une partie de la population française musulmane qui se tourne vers le djihad et le terrorisme que d'une collection d'individus, de solitaires, qui se resocialisent dans le cadre d'une petite bande ou d'un petit groupe qui se vit comme l'avant-garde d'une communauté musulmane, laquelle n'a pour eux aucune réalité sociale concrète, mais relève de l'imaginaire : aucun n'était inséré dans une sociabilité de masse, qu'elle soit religieuse, politique ou associative. Il y a beaucoup de rebelles en quête d'une cause, mais la cause qu'ils peuvent choisir n'est évidemment pas neutre. Un meurtre au nom de l'islam a un autre impact qu'un mitraillage dans une école commis par un élève, ou qu'une séance de torture ordonnée par un petit trafiquant de drogue.

Les différents terroristes se sont radicalisés selon une référence religieuse, or, selon Olivier ROY, la référence islamique s'est avérée la plus malléable. Toujours selon Olivier ROY, c'est cette forme de radicalisation qu'on désigne arbitrairement sous le nom de « communautarisation ». On fait de la communautarisation une dérive collective et non plus individuelle, et qui serait le terreau qui conduirait au passage à l'acte terroriste. En somme, une partie de la population de religion musulmane ferait sécession pour se replier sur une identité culturelle et religieuse. Le « retour du religieux » casserait ainsi le consensus national sur les valeurs de la République. Pour ROY, tout montre que ce religieux n'est pas importé d'une culture étrangère, mais est reconstruit à partir d'une déculturation profonde des nouvelles générations. Le salafisme, qui en est l'expression la plus pure, rejette toutes les cultures à commencer par la culture musulmane et sa propre histoire. Olivier ROY fait également venir les sources de ce radicalisme dans une séparation entre les notions de religion et de culture au sein du monde contemporain. Le fanatisme, c'est ainsi la religion qui n'a pas, pas encore ou plus de culture. Historiquement, l'islam comme le christianisme se sont « enculturés », aujourd'hui religion et culture se séparent.

5.2 Le djihadisme, entre islam radical et dérives sectaires

Par ailleurs, il s'agit de faire la lumière dans la pluralité des formes de radicalités religieuses, notamment au sein de la mouvance fondamentaliste islamique. Asiem EL DIFRAOUI, dans *Le djihadisme* (2016), revient sur la distinction entre islamisme, salafisme et djihadisme. L'islamisme définit tout courant ayant pour but de faire des éléments de l'islam des composantes clés des systèmes politiques et sociaux. Le salafisme est un mouvement non violent et apolitique qui revendique le Coran et la Sunna comme uniques sources du « vrai islam ». Le djihadisme, lui, impose ce que ses membres considèrent comme le « vrai islam » par le combat armé. Il estime que tous les autres, même les salafistes, sont des infidèles. Asiem EL DIFRAOUI s'attache aussi à dépasser le débat entre KEPEL et ROY. Selon lui, Daesh est avant tout une secte eschatologique, une association de croyants en rupture avec leur environnement social. Daesh convainc les masses de rejoindre ses troupes en leur promettant le salut et garantit le paradis immédiat à ceux qui mourront au combat. De plus, le djihadisme sème une sorte de contre-culture.

Asiem EL DIFRAOUI pousse le raisonnement jusqu'à estimer qu'il faudrait considérer le djihadisme contemporain comme un mouvement de type sectaire. Au-delà d'être subversive, cette radicalité apporte également une promesse de salut. La prolifération de cette radicalité est également due à sa surexposition médiatique. Asiem EL DIFRAOUI accuse ainsi les médias de jouer trop souvent le jeu d'Al-Qaida et de l'État Islamique. Pour le chercheur, il faut expliquer comment Al-Qaida et ses avatars « *ont annexé la mémoire collective de l'islam, avec sa symbolique, pour créer leur propre légende peuplée d'anti-héros modernes déguisés en martyrs et de faux prophètes* ». Les promesses de pardon s'adressent clairement aussi aux Européens, observe Asiem EL DIFRAOUI. Comme tout effort du genre, la propagande djihadiste poursuit de nombreux buts, avertit Asiem EL DIFRAOUI. L'un d'entre eux est de convaincre les jeunes musulmans d'Occident de « faire la Hijra », soit de quitter leur terre de mécréance pour gagner un pays musulman. Et pour l'atteindre, de nombreux ressorts sont actionnés : le discours du salut, la présence de filles, le goût de l'aventure, la fascination de la violence. Un autre objectif est de « *terroriser le cœur des ennemis* » en se servant des médias comme « *armes de guerre asymétrique* ». Un dernier objectif est de polariser les sociétés occidentales, sachant que plus une société est divisée, plus le recrutement y est facile.

La doctrine de la famille djihadiste, fondée sur les écrits de l'Égyptien Sayyed QOTB, prône le renversement par la violence des pouvoirs existants pour les remplacer par un État Islamique ressuscitant le Califat des premiers temps de l'islam. Le combat djihadiste est d'abord dirigé contre les régimes arabes ainsi que les Frères musulmans, en raison de la trahison du modèle islamique dont ils se seraient rendus coupables. Le courant djihadiste se divise sur le plan stratégique entre ceux, comme Al-Qaïda et Jabhat al-Nosra, qui privilégient le djihad global pour permettre l'établissement du califat dans un second temps, et Daech, qui prône le combat djihadiste à partir d'une base territoriale et utilise une stratégie de djihad globale basée sur l'utilisation de cercles concentriques d'action djihadiste. À partir des années 1990, la lutte se concentre contre le monde occidental dans son ensemble, sous l'influence notamment d'Ayman Al-Zawahiri : le combat contre l'ennemi proche que constituent les régimes infidèles ne peut être dissocié de celui contre l'ennemi lointain qui les protège. À partir de ce fondement plus géopolitique que religieux, l'idéologie djihadiste a peu à peu repris à son compte l'orthodoxie religieuse salafiste, notamment le concept de « l'allégeance aux vrais musulmans et la rupture avec les infidèles » (*al wala' wa-l-bara'*) et l'anti-chiisme, ennemi proche par excellence, de sorte que l'on peut parler d'un djihadisme salafiste.

5.3 Le terrorisme, ultime forme d'une dérive suicidaire de personnes en mal d'intégration sociale ?

La définition même du terrorisme tend à pondérer l'importance du fait religieux dans son déploiement. Le terrorisme est l'emploi de la terreur à des fins politiques, religieuses ou idéologiques. Le terme de « terrorisme » est aujourd'hui très fréquemment employé en droit international et par les institutions internationales, mais il ne donne pas lieu à une définition unique et universelle. La définition non idéologique souvent jugée la plus pertinente du terrorisme est celle de Raymond ARON dans *Paix et guerre entre les nations* (1962) : « *Une action violente est dénommée terroriste lorsque ses effets psychologiques sont hors de proportion avec ses résultats purement physiques.* » L'effet réel du terrorisme est ainsi psycho-politique : c'est son impact émotionnel sur la population qui va avoir un retentissement sur les prises de position politiques de celle-ci. En ce sens, le terrorisme est une forme de guerre psychologique et une bataille décisive se joue dans l'opinion publique.

Dans *Le perdant radical* (2006), Hans Magnus ENZENSBERGER compare la dérive djihadiste aux réalités de penchants suicidaires. Plus de 800 000 personnes se suicident chaque année dans le monde. Ceux qui choisissent de le faire au nom de Daech puisent leur énergie dans le sentiment de ne pas mourir en vain. Par ce geste, ils marquent leur appartenance à une communauté qui transcende le désespoir en le changeant en héroïsme. Une mort « réussie » pour compenser une vie d'échec. Une mort « héroïsée » doit compenser une « vie de vide ». Si ce vide ressenti peut effectivement renvoyer à une destinée socio-économique malheureuse, cette vision extérieure a pour corollaire intérieur la réalité psychique d'une crise existentielle pouvant nourrir des pensées suicidaires. Réel ou supposé, le sentiment d'incompréhension et de rejet éprouvé par les candidats au djihad fait écho à l'antique bannissement de la cité qui fut encore plus redouté qu'une condamnation à mort. Cette angoisse ancestrale semble en l'occurrence toujours bien vivace. Dans un contexte de pertes des repères, les valeurs héroïques n'ont aucun mal à s'imposer face à des valeurs laïques de plus en plus en contradiction avec une tentative d'apaisement de ses propres conflits intérieurs. De plus, les illustres ancêtres auxquels s'adossent les salafistes – littéralement les prédécesseurs – soulignent l'appartenance à une communauté fantasmée face à un individualisme croissant et bien enraciné.

Pour Farhad KHOSROKHAVAR, dans *Radicalisation* (2014), l'adhésion au djihadisme ne saurait résulter d'une simple destructivité nihiliste ; elle est aussi une puissante idéologie politique, structurée et attirante. C'est ce que les événements du 13 novembre ont révélé. Le djihadisme se lève là où s'éclipse le politique, comme projet collectif porteur d'avenir. L'idéologie répressive à laquelle les djihadistes s'identifient se substitue à des utopies sociales comme le républicanisme et le communisme. Depuis les années 1990, la crise des utopies « immanentes » citées plus haut a induit l'attrait vers l'islam radical en tant qu'utopie « transcendante » qui comble le vide idéologique des sociétés modernes.

CHAPITRE 11

Les radicalités politiques et la recrudescence des votes extrêmes

SOMMAIRE

1 Le Parti radical ne représente plus la radicalité politique aujourd'hui

1.1 Le radicalisme, une idéologie politique qui s'est progressivement imposée

La question de la radicalité soulève la question de la radicalité religieuse, nous l'avons vu, mais aussi comment la radicalité politique cherche une réponse à cette radicalité première. Cette radicalité a donc été très présente en France, avant tout avec le radicalisme politique. Gérard BAAL souligne dans *Histoire du radicalisme* (1994) que le radicalisme a une définition relativement floue, car le Parti radical n'est créé qu'en 1901 alors que le radicalisme existe auparavant en tant qu'idéologie active. La définition du radicalisme est complexe car cette idéologie n'est pas la conséquence d'un manifeste mais d'un long processus historique chargé d'influences diverses. Tout d'abord, le Parti radical de 1901 se définit par son nom complet qui est : Parti républicain, radical et radical-socialiste. On considère donc l'attachement à la République, et l'attache plus discrète, surtout plus tardive, au socialisme. Le radicalisme se comprend donc, comme idéologie politique, par ses influences historiques. Gérard BAAL dans *Histoire du radicalisme* établit des filiations diverses. Tout d'abord, l'héritage philosophique des Lumières et de la Révolution : les principes du libéralisme politique des Lumières sont au cœur de la pensée radicale. C'est de la supériorité morale des Lumières que découle la confiance de la gauche dans les principes de perfectibilité de l'être humain. Le lien entre le progrès intellectuel et moral d'une part et le progrès social et matériel d'autre part, forme l'héritage de cette philosophie. La Révolution est donc inscrite dans les gênes du Parti radical dont les membres se considèrent comme les « fils » avec une réserve, mais pour certains seulement, sur la Terreur. Une attache à la Révolution, et pourtant, un certain détachement de la Terreur.

L'apparition du radicalisme remonte pour Gérard BAAL à la campagne d'Alexandre Ledru-Rollin en 1841. C'est en fait une rupture entre les républicains modérés prêts à des accommodements avec le régime monarchiste, dont l'héritage semble tout trouvé chez les républicains « opportunistes » de la IIIe République. Cette rupture pousse définitivement à la définition d'eux-mêmes comme radicaux par rapport aux modérés et donc au centre. Progressivement, l'idéologie du radicalisme se précise notamment durant la IIe République. Les radicaux d'alors abandonnent l'appellation de radicaux pour celle de « la Montagne » se rattachant donc à la Terreur ou de « démocrates-socialistes ». Le discours s'inspire donc des quarante-huitards, c'est-à-dire des participants aux journées révolutionnaires de mai 1848, mais va se préciser dans son rapport à la propriété. Les radicaux développent un raisonnement qui lie droit à la propriété d'un côté et des thèmes fondamentalement sociaux de l'autre. Ils veulent finalement que la propriété conçue comme un privilège devienne une propriété accessible à tous.

C'est le Second Empire et le coup d'État du 2 décembre 1851 qui vont parachever la définition politique du radicalisme. Celle-ci se fait par opposition à l'Église qui rallie rapidement le camp bonapartiste malgré des signes de confiance apportés aux quarante-huitards en 1848, et, qui assume un tournant conservateur. Le Second Empire redéfinit les radicaux, une fois encore, comme ceux refusant les accommodements sur la question du régime, et de son allié, l'Église. De cette période de rude opposition émerge une nouvelle génération de leaders autour notamment de Léon Gambetta. Ce dernier incarnant la résistance à l'invasion prussienne de 1870, défend alors en 1869 un programme qui fait référence comme structure même du radicalisme : le programme de Belleville. Ce programme définit les grandes lignes du radicalisme. On y retrouve la question centrale du suffrage universel ; la protection des libertés publiques notamment la liberté d'association ; la séparation de l'Église et de l'État ; l'instruction primaire laïque, gratuite et obligatoire. Du côté économique et social, Gambetta propose l'abolition des privilèges et monopoles et la revendication du « *principe de justice et d'égalité sociale* », dont le but est de « *faire disparaître l'antagonisme social et réaliser complètement notre formule : Liberté, Égalité, Fraternité* ». Le radicalisme se définit ici aussi par la volonté de mettre en adéquation l'action et le discours.

1.2 Le radicalisme politique a apporté de grandes avancées

Le radicalisme politique revendique, par définition, de ne pas faire dans la compromission. Cela a été le cas sur une question au moins, celle du régime : le rétablissement de la République. La question du régime est portée par Gambetta à la chute du Second Empire. De même, l'amendement Wallon et les autres lois constitutionnelles de 1875, qui ancrent définitivement le régime dans un cadre parlementaire et républicain, sont soutenus avec force par les radicaux. Serge BERSTEIN et Marcel RUBY dans l'ouvrage collectif *Un siècle de radicalisme* paru en 2004 relèvent tout d'abord la question du régime qui est celle de la proclamation de la République, mais surtout, dans leur filiation révolutionnaire, celle de la démocratie et donc du suffrage universel. Toutefois, le radicalisme ne s'arrête pas là. Les auteurs relèvent la tension centrale du radicalisme, celle d'une idéologie radicale sur ses principes certes, mais qui demeure raisonnée par le libéralisme politique de la philosophie des Lumières et donc attachée à la propriété privée, ce qui n'est pas contraire à l'idéologie révolutionnaire, l'article 17 de la *Déclaration des Droits de l'Homme et du Citoyen* la proclame « inviolable et sacrée ». Même la *Déclaration des Droits de l'Homme* de 1793 (partie de la Constitution de l'an I, jamais appliquée) revendique aussi ce droit mais recherche l'égalité d'accès. C'est dans cette filiation que s'inscrivent les radicaux, avec cette tension qui revient sur la propriété : « *Comment trouver une solution qui évite l'accaparement par une minorité des richesses nationales sans porter atteinte à la propriété privée ?* » s'interrogent Serge BERSTEIN et Marcel RUBY. La solution apportée par les radicaux est celle de la démocratie sociale. Cette notion signifie une action de contrôle et de correction d'un marché imparfait pour assurer la justice nécessaire, et éviter la concentration trop grande des richesses pour une majorité croissante de pauvres. Ces principes arrêtés sont entrés en tant que tels, par l'action politique des radicaux dans les mœurs françaises. La question de la souveraineté du Parlement n'est plus remise en cause. De même, la nature sociale du régime devant corriger les imperfections du marché est inscrite dans l'héritage historique français tout comme dans le Préambule de la Constitution de 1946, et donc dans le droit constitutionnel positif, actuel. Le radicalisme politique est donc le levier de grands changements, qui permettent l'évolution durable de la nature du gouvernement, du régime et des forces économiques.

Serge BERSTEIN et Marcel RUBY dans l'ouvrage collectif *Un siècle de radicalisme* soulignent que les réalisations concrètes des radicaux sont immenses tant ils sont liés à la plupart des gouvernements de la IIIe République. Celle-ci ancre définitivement le régime républicain en France et contribue à renforcer le sentiment d'unité nationale. Ces actions majeures se font en même temps qu'un fort développement économique et d'une amélioration sociale sensible. Si les radicaux doivent longtemps se contenter de partager, d'appuyer et parfois de s'opposer aux républicains opportunistes, ils sont donc en partie à l'œuvre dans les grandes réalisations du début de la IIIe République. On pense notamment aux lois Ferry (modéré) sur l'école laïque, gratuite et obligatoire qui est soutenue par les radicaux. Le premier gouvernement exclusivement radical sera celui de Léon Bourgeois en 1895 vite condamné à l'impasse. Le gouvernement d'Émile Combes participe à l'application intransigeante de la loi de 1901 sur la liberté d'association, puis prépare la loi de séparation de l'Église et de l'État qui sera finalement adoucie par l'action de Ferdinand Buisson. D'un point de vue économique et social ce sont aussi de grandes actions menées, avec par exemple la loi sur les accidents du travail de 1898, la création d'un ministère du Travail par Clémenceau en 1906, la création du premier système de retraites ; ou encore la création de l'impôt sur le revenu. L'œuvre sociale se poursuit avec le Cartel des gauches de 1924 à 1926, et bien sûr, avec la participation des radicaux au gouvernement de Front Populaire en 1936.

1.3 Du déclin du radicalisme à l'avènement de nouvelles radicalités politiques

Toutefois, deux choses sont observées par Serge BERSTEIN et Marcel RUBY. Tout d'abord les radicaux peuvent assez rapidement s'identifier en deux groupes : l'un, radical et moral, refusant le compromis au nom d'une intransigeance sur les principes ; l'autre, plus ouvert au compromis, plus réfractaire aux politiques franchement sociales à l'alliance à gauche. Aussi, cette distinction est double. Elle peut donc se faire entre différents radicaux sur toute la période mais aussi, dans le temps, avec une rupture dès 1906, marquant l'entrée dans une période de gestion et de défense des acquis, qui tranche avec la période antérieure de conquêtes. Ceci sera renforcé lors de l'arrivée au pouvoir du Cartel des gauches en 1924. De surcroît, il faut noter l'apparition à gauche de ce que l'on pourrait appeler des mouvements plus radicaux que les radicaux, car ils s'inscrivent clairement dans une volonté de rupture radicale avec le système en place, de plus en plus incarné par le Parti radical. Si nous reprenons le programme de Belleville de Léon Gambetta, on s'aperçoit que, peu ou prou, il fut appliqué dans sa totalité. Le radicalisme a donc pu, par sa radicalité, porter des changements fondamentaux. Toutefois ceci n'est pas allé sans une usure du pouvoir, alors que d'autres mouvements, sans se revendiquer du radicalisme apparaissaient à gauche, avec une manifestation de radicalité politique. Aujourd'hui, le radicalisme, s'il demeure présent dans la vie politique française (l'ancien Premier Ministre Manuel Valls, par exemple, se revendique de Georges Clémenceau), le Parti radical a, lui, disparu en tant que courant politique majeur. Il reste aujourd'hui le Parti radical, dit « Valoisien », (du nom de la rue du siège du parti) qui se rattache à la droite et à l'Union des démocrates et indépendants (UDI), et le Parti radical de gauche (PRG) qui se rattache à gauche avec des alliances régulières avec le Parti socialiste. Ces partis ne demeurent cependant actifs probablement que grâce aux alliances électorales, avec les Républicains ou le Parti socialiste.

Aussi, le radicalisme s'affaiblit progressivement, sans doute parce que sa légitimité à porter la radicalité politique s'affaiblit avec le temps et les réalisations. La force du radicalisme fut avant toute chose celle d'incarner la radicalité à son apparition. L'apparition de nouveaux mouvements à sa gauche va réduire sa légitimité à incarner la radicalité. Ce mouvement de fond doit se comprendre dans son ensemble comme une recherche de légitimation par la radicalité. Albert THIBAUDET, dans *Les idées politiques en France* paru en 1932, analyse cette lame de fond comme la résultante d'une légitimité historique, celle de la Révolution, où la gauche prend forme comme donnant naissance au système républicain et à son consensus progressif. Mais surtout, cette légitimité politique qui va prendre effet pour THIBAUDET dès 1830, avec les journées révolutionnaires des Trois glorieuses et la Monarchie de Juillet, va encore se renforcer avec l'affaire Dreyfus, et l'entrée en scène de la figure de l'intellectuel à gauche. Ces différents éléments historiques composent ce que THIBAUDET appelle le « sinistrisme », (du latin *sinister* : la gauche) qui tend à donner une légitimité historique à la gauche et à la refuser à la droite. Les conséquences sont donc d'une part que les partis vont tendre à se revendiquer de gauche quelles que soient les proximités qui émergent avec le centrisme ou le libéralisme. Ceci demeure en grande partie vrai, l'émergence du mouvement « En Marche » constituant toutefois un tournant. D'autre part, les partis de droite ne vont pas se revendiquer de droite. Ce refus de se nommer droite continue tout au long de la IIIe République avec les différents groupes et partis que l'analyse politique classe à droite. C'est en effet aussi le cas de l'Alliance républicaine démocratique plus tard sous la IIIe République, ou du Mouvement républicain populaire sous la IVe. Cette absence de dénomination continuera avec le gaullisme. La rupture apparaît ici sans doute avec la campagne de Nicolas Sarkozy en 2007, puis de 2012. Cette légitimation qu'offre la gauche est donc porteuse d'un mouvement. Ce mouvement que l'on appellera « sinistrogyre » est donc celui de la poussée vers le centre des partis anciennement de gauche du fait de l'émergence de partis sur leur gauche.

De cette manière, on comprend l'émergence des socialistes avec notamment la création de la Section française de l'internationale ouvrière (SFIO) en 1905, qui se construit rapidement autour d'une base électorale ouvrière et avec un nouveau corpus idéologique. Aussi, la création du Parti communiste français à la suite du Congrès de Tours en 1920, constitue un événement supplémentaire dans ce mouvement sinistrogyre. C'est donc l'expression de la radicalité, couplée à sa légitimité de gauche qui est le cœur des mouvements politiques français.

Il convient de se pencher plus avant sur une idéologie particulièrement radicale car elle fait, ou en tout cas fit, un usage massif de la violence, il s'agit de l'anarchisme. L'anarchisme trouve son développement en France avec Pierre Joseph PROUDHON qui écrit *Qu'est-ce que la propriété ? ou Recherche sur le principe du Droit et du Gouvernement* en 1840, premier penseur à se revendiquer anarchiste. L'idéologie anarchiste proudhonienne repose sur l'idée que « *la propriété, c'est le vol* ». Il développe : « *J'en ferai sortir la preuve irréfragable que la propriété, quand elle serait juste et possible, aurait pour condition nécessaire l'égalité.* » Les solutions que proposent les anarchistes face à ce qu'ils considèrent comme la plus grande des injustices est le mutualisme, qui est une vision collective des moyens de production partant des individus organisés par des syndicats démocratiques. Cette idéologie politique se répand sans parvenir à dépasser le seuil critique pour peser sur le débat public. Alors que le mouvement anarchiste français s'est tout de même développé, il ressort fortement affaibli de la répression de la Commune de Paris en 1871. Les mouvements anarchistes choisissent finalement dans les années 1880 ce que la théorie politique appelle l'action directe, qui est en fait une forme d'expression violente visant à se confronter directement à l'ordre établi, à enclencher un processus de violence pour aboutir à une révolution. Cette phase violente est lancée par « Ravachol » à travers des attentats à la bombe. Le flambeau est repris par Auguste Vaillant qui lance une bombe dans l'hémicycle de la Chambre des députés. En 1894, c'est le Président de la République, Sadi Carnot, qui est assassiné à Lyon par un anarchiste italien. Cette violence est donc un choix radical pour imposer une idéologie radicale promouvant un changement total de l'ordre économique et politique établi. Suite à ces attentats, les gouvernements d'alors, des républicains modérés, font adopter des lois appelées « scélérates » par leurs opposants. Ainsi, la propagande et l'apologie sont d'abord interdites, puis les associations, y compris leurs sympathisants, enfin, la dernière loi vise directement les anarchistes en les nommant, alors que la loi doit normalement rester impersonnelle, leur interdisant tout type de propagande. Cette radicalité de l'idéologie et du mode d'action d'une part, comme la force de la réponse des gouvernants d'alors d'autre part, rappellent, malgré des réserves, les violences terroristes de notre époque contemporaine.

2 La civilisation des mœurs a cependant entraîner la mise en place d'un système toujours plus codifié et pacifié

2.1 Philippe BRAUD souligne que l'atténuation de la radicalité des luttes politiques a été processuelle

Pour Philippe BRAUD, dans *Violences Politiques* (2004), la construction progressive de l'État occidental moderne, depuis la féodalité, a supposé la pacification physique de la société. Celle-ci s'est jouée d'abord dans le dépérissement des guerres privées et l'élimination des bandes armées non directement soumises au contrôle direct du pouvoir central. L'évolution vers cette forme de pacification interne, sous le contrôle d'un pouvoir central qui monopolise le recours légitime à la force, prendra plusieurs centaines d'années. Entamée au XIIIe siècle, elle ne s'achèvera en France et en Angleterre que des dizaines d'années après la guerre de Cent Ans (1337-1453). Philippe BRAUD montre que la violence politique change alors, pour être moins physique mais plus calculée, manipulée. Cependant, subsisteront longtemps des pratiques de violence physique dans les rapports sociaux, notamment au sein du monde rural soumis plus tardivement à ce processus de « civilisation des mœurs » selon les termes de Norbert ELIAS. Les historiens ont donné de la persistance de ces violences au XIXe siècle des interprétations qui ont considérablement évolué, soulignant ainsi la complexité des facteurs en cause. Formes de luttes de classes ? Réitération d'archaïques conflits de villages ? Néanmoins, c'est aussi à cette époque que s'opère un basculement décisif vers la pacification des comportements. S'il n'est pas sans rapport avec le resserrement du maillage étatique dans le tissu sociétal, sous la double figure du gendarme puis de l'instituteur, l'essentiel est ailleurs : dans la forte affirmation des autorités locales, mises en place avec les lois de décentralisation adoptées entre 1831 et 1884. Comme l'écrit Alain CORBIN, dans « La violence rurale dans la France du XIXe siècle » : « *Le pouvoir municipal constitue une instance décisive dans la régulation interne des conflits : le maire joue alors un rôle déterminant dans la procédure de l'arrangement.* »

Dans le même temps, selon Philippe BRAUD, cet État, qui affirme une présence croissante dans les rapports sociaux et qui, selon les mots de Max WEBER, acquiert « *le monopole de la violence légitime* », affronte de nouvelles tensions sociales nées avec l'industrialisation. Avec l'apparition du mouvement ouvrier en Europe, la violence s'est trouvée associée aux luttes revendicatives qui se développaient au cœur de la société industrielle. Cette violence apparaissait à la fois comme l'expression d'insatisfactions intenses, voire de frustrations exacerbées, et comme une réponse, le plus souvent désespérée d'ailleurs, à des pratiques de répression particulièrement dures. Une tradition s'est alors construite, sous l'influence du marxisme et de l'anarcho-syndicalisme, qui érigeait la violence du prolétariat, exercée au moment décisif, en outil privilégié du combat révolutionnaire. La violence devient alors positivement perçue comme « *accoucheuse de la société en travail* ». Cette violence politique était très présente. En lisant *Le Tour du Monde en 80 jours* (1872), on partage la surprise de Phileas Fogg face aux violences politiques qui règnent dans les États-Unis de cette fin de XIXe siècle. Les États-Unis où, quelques années avant cet ouvrage de Jules VERNE, en 1849, l'inauguration d'un théâtre à New York pouvait encore générer des dizaines de morts tant les manifestations n'étaient pas pacifiées.

Confronté à ce défi et pour mieux imposer son monopole du droit à employer la force, l'État aura besoin de modes de relégitimations indiscutables. De ce point de vue, un outil essentiel sera constitué par l'extension de la participation politique et l'institution du suffrage universel. L'« arme » du bulletin de vote permet d'exiger avec une force symbolique accrue le renoncement à tout moyen d'affirmation politique fondé sur la violence physique. En France, où le souvenir de la Révolution, puis des « Journées » de 1830 et 1848, hante tout particulièrement le processus de construction démocratique, l'argument du respect de la Loi, « expression de la volonté générale », sera utilisé, au XIXe siècle, avec une exceptionnelle insistance.

2.2 La violence politique a été canalisée par un système démocratique toujours plus codifié

Les démocraties prennent place progressivement dans tout le monde occidental et canalise la violence des individus en pacifiant et codifiant leur intervention politique. Afin d'éviter que seule la raison du plus fort soit entendue, le principe d'un homme égal une « voix » se développe. Des textes fondamentaux viennent garantir cette égalité de l'*Habeas Corpus* (1679) à *La déclaration des droits de l'homme et du citoyen* (1789) en passant par la *Constitution américaine* (1787), ces textes vont poser les fondements des démocraties naissantes. Cependant, la *Déclaration des droits de l'Homme et du Citoyen* de 1789 n'a pas suffi à promouvoir une démocratie ne faisant pas de distinction au plan politique. Il faudra, pour cela, que le suffrage universel s'impose pleinement. L'avènement de ce suffrage universel a été un lent processus comme le montre Michel OFFERLE dans *Un homme, une voix ? Histoire du suffrage universel* (1993). Ainsi, les constituants ont-ils divisé la population française majeure en citoyens passifs et citoyens actifs. Ils ont opéré, plus précisément, une différence entre une égalité civile (celle des citoyens) et une inégalité politique (entre les citoyens détenteurs de droit de vote et les autres). En ce sens les propos de Siéyès recueillent l'approbation, presque générale, de l'« Assemblée Constituante » lorsqu'il soutient que pour accéder au droit de vote il faut remplir les conditions suivantes : « *indépendance de fortune* » ; « *intérêts particuliers à défendre* » ; « *éducation plus soignée et lumières plus étendues* ». Il faudra attendre l'avènement de la IIe République pour voir le suffrage universel étendu à tous les « hommes ». Cormenin, rédacteur du décret du 5 mars 1848, proclame : « *Sont électeurs tous les Français âgés de vingt-et-un ans, résidant depuis six mois, et non judiciairement privés ou suspendus de l'exercice de leurs droits civiques.* » Et on lui attribue les propos suivants : « *J'y fais entrer [dans le vote universel] les domestiques, les mendiants. (...) Ils s'en tireront comme ils pourront.* » Puis viendra, enfin, l'ordonnance du 21 avril 1944 qui accorde le droit de vote aux femmes.

Le suffrage universel n'est pourtant pas la garantie d'une démocratie opérante et sans violences ou abus. En effet, dans un article intitulé « Le secret de l'isoloir », le politiste et historien Alain GARRIGOU souligne l'importance de la codification dans la pacification du processus politique. Les électeurs n'ont pas appris du jour au lendemain, le fonctionnement de la démocratie, cela s'est produit par un processus qui a petit à petit ritualisé la participation du citoyen. Ainsi, l'auteur souligne l'existence de corruption active dans les premières années de mise en place du droit de vote. Les électeurs étaient souvent corrompus par de l'alcool, de la nourriture. Il n'était pas rare qu'un buffet soit organisé, à proximité, voire dans les bureaux de vote. Historiquement, les bureaux de vote n'étaient pas systématiquement dans des mairies ou dans des écoles comme aujourd'hui, des restaurants pouvaient accueillir la participation des citoyens ; à Marseille, un bureau de vote était même organisé dans un abattoir. Cette absence de codification entraînait souvent des tensions entre les groupes en présence qui essayaient d'influencer les électeurs jusqu'à la dernière minute. Dans ses *Souvenirs*, Alexis de TOCQUEVILLE narre sa campagne dans le département de la Manche. Il est alors candidat pour devenir conseiller général, une élection qui se réalise par canton, TOCQUEVILLE est alors candidat dans un canton nommé... Tocqueville dont la ville centre est Tocqueville. La campagne s'achève généralement par une procession de tous les électeurs pour aller voter, procession que TOCQUEVILLE narre en ces termes : « *Nous étions en tout cent soixante-dix. Arrivés au haut de la colline qui domine Tocqueville, on s'arrêta un moment ; je sus qu'on désirait que je parlasse. Je grimpai donc sur le revers d'un fossé, on fit cercle autour de moi et je dis quelques mots que la circonstance m'inspira. Je rappelai à ces braves gens la gravité et l'importance de l'acte qu'ils allaient faire ; je leur recommandai de ne point se laisser accoster ni détourner par ceux, qui, à notre arrivée au bourg, pourraient chercher à les tromper ; mais de marcher sans se désunir et de rester ensemble, chacun à son rang, jusqu'à ce qu'on eût voté. "Que personne, dis-je, n'entre dans une maison pour prendre de la nourriture ou pour se sécher (il pleuvait ce jour-là) avant d'avoir accompli son devoir." Ils crièrent qu'ainsi ils feraient, et ainsi ils firent. Tous les votes furent donnés en même temps, et j'ai lieu de penser qu'ils le furent presque tous au même candidat.* » Pour limiter ce type d'influence et pacifier encore la vie politique, en 1913, l'isoloir est mis en place. Cet outil que SARTRE qualifiait, dans « Élections pièges à cons » (1973), « *d'instrument à trahir sa classe* » permettait aux individus de s'exprimer sans influence extérieure. C'est également par la loi du 29 juillet 1913 qu'apparaît le code électoral.

Aujourd'hui, selon Pierre ROSANVALLON, dans *Le sacre du Citoyen* (1992), l'existence du suffrage universel est considérée, dans les sociétés occidentales contemporaines, comme quelque chose qui va de soi. « *Le suffrage universel est dorénavant l'obligatoire pierre angulaire de tout système politique.* » Au point que même les États les plus liberticides préfèrent le manipuler plutôt que de le faire disparaître. Mais ROSANVALLON précise qu'une telle égalité politique va plus loin que toutes les égalités préexistantes. En effet, le suffrage universel n'est pas un droit « protecteur ou attributif » (comme peuvent l'être les droits de l'homme tels qu'ils sont proclamés en 1789 par exemple) mais bien un droit « constructif ». « *Le droit de suffrage produit la société elle-même : c'est l'équilibre entre les individus qui constitue le rapport social.* » Pour ROSANVALLON, un tel droit permet à la fois d'achever le processus de laïcisation de la société et de promouvoir pleinement « l'ère de l'individu ». En effet, le christianisme, en particulier, affirme l'égalité des hommes dans la mesure où ils sont tous fils de Dieu. Et plus généralement, l'égalité politique marque une rupture à l'égard d'une conception de la société, religieuse ou socialiste notamment, qui reste liée à la notion de communauté et qui relève, par conséquent, plus de l'idée de fraternité que d'égalité. Rupture finalement vis-à-vis de la société traditionnelle où « *même lorsque c'est le peuple qui est convoqué, il l'est en tant que corps, comme totalité et pas comme juxtaposition d'individus. L'idée de compter les voix y est d'ailleurs inconnue* ». Ainsi, pour ROSANVALLON, avec le triomphe du suffrage universel on ne doit plus considérer la société comme un « donné » naturel ou divin mais bien comme une pure production humaine.

2.3 De HABERMAS à SEN, la démocratie en tant que « régime de la parole » a apaisé les débats, les a déradicalisés

Mais si l'on veut promouvoir, du mieux possible, la vie démocratique, on ne peut en rester seulement à la *Déclaration des droits de l'Homme et du Citoyen* de 1789 ou encore au suffrage universel. En effet, la démocratie repose aussi sur le débat, la confrontation pacifique des opinions en vue de défendre et de promouvoir le « vivre-ensemble ». Mais comment faire pour qu'un tel débat porte tous ses fruits et permettent véritablement de garantir l'entente entre les hommes ? C'est une des questions qui est abordée par Jürgen HABERMAS notamment, dans son œuvre, *De l'éthique de la discussion* (1991). Il part d'un constat : les sociétés modernes, dans lesquelles nous vivons, ne reposent plus sur des discours mythologique, religieux ou encore métaphysique qui, par le passé, leur conféraient une véritable unité. Autrement dit l'unité de nos sociétés ne repose plus sur des valeurs transcendantes et tout le problème est de savoir ce qu'il convient de faire pour qu'elles ne se disloquent pas.

HABERMAS répond, qu'aujourd'hui, c'est à l'homme seul de garantir une telle unité (la modernité c'est « *l'homme est la mesure de toutes choses* ») en s'appuyant sur un dialogue, une discussion avec ses semblables. Il s'agit, pour eux, de procéder selon une logique de l'argumentation où chacun doit rendre raison, autant que possible, de sa vision de la société, de ses motivations et de ses convictions pratiques. HABERMAS s'inspire ici de la morale kantienne, en particulier du premier impératif catégorique énoncé dans *Les fondements de la métaphysique des mœurs* : « *Agis seulement selon la maxime par laquelle tu puisses vouloir en même temps qu'elle devienne une loi universelle.* » Mais HABERMAS pointe aussi les limites d'une telle morale pour deux raisons au moins : premièrement, elle continue de faire référence à une espérance religieuse qui permet à l'homme de ne pas désespérer de la morale ; deuxièmement, l'activité morale kantienne se déploie dans la solitude du « for interne ». Comment garantir alors l'objectivité de l'homme dans la détermination de ce qui est juste. Comme l'ont montré, en particulier, les moralistes français qu'est-ce qui me garantit que l'homme ne va pas, consciemment ou inconsciemment, rechercher son intérêt personnel et non pas l'universalité de la loi morale ?

C'est pourquoi, selon HABERMAS, la pensée et l'action morale ne peuvent reposer sur l'activité d'une conscience solitaire. La voie la plus sûre de l'universalité, sans laquelle la morale est un vain mot, est bien la discussion. Mais à condition qu'elle soit fondée sur deux grands principes. D'abord, le principe « D » : « *Seules peuvent prétendre à la validité des normes susceptibles de rencontrer l'adhésion de tous les intéressés en tant que participants d'une discussion pratique.* » Ensuite le principe « U », qui permet de décider clairement quel est l'argument le meilleur dans un débat : on peut valider certaines normes pourvu que ses « *conséquences et ses effets secondaires* » garantissent « *l'intérêt de tout un chacun* » et peuvent être, de ce fait même, « *acceptées sans contrainte [sauf celle de la raison] par tous* ». Bien entendu une telle éthique de la discussion peut nous apparaître comme un idéal inaccessible mais cela ne nous empêche pas d'œuvrer en ce sens pour perfectionner la démocratie, pour faire progresser l'entente entre les hommes contre toutes formes de radicalités synonymes de violences. Ainsi Jürgen HABERMAS a considérablement contribué à la notion d'« espace public ». En effet, ce principe s'inscrit dans le cadre plus large de la démocratie délibérative. Pour HABERMAS, une décision n'est légitime que si la discussion qui y mène l'est également. En cela, la démocratie délibérative peut être définie en opposition au modèle décisionniste, avancé notamment par ROUSSEAU, qui postule que la source de la décision suffit à en garantir la légitimité. La discussion pacifiée est une des conséquences de cette démocratie, elle est une garantie contre les pratiques radicales qui, par définition, sont intransigeantes. HABERMAS rejoint ainsi la définition portée par Amartya SEN, dans son ouvrage *La démocratie des autres* (2006) : « *la démocratie est le régime de la parole* ».

3 Dans un contexte de triple crise de l'État-providence, le rejet du politique est cependant apparu clairement et a fondé le terreau des nouvelles radicalités

3.1 Selon Pierre ROSANVALLON, les sociétés occidentales sont traversées par une triple crise de l'État-providence

Dès la première phrase de son ouvrage *La crise de l'état providence* (1981) Pierre ROSANVALLON pose le décor : « *l'État-providence est malade de la crise* ». En effet, cet État-providence « *se trouve dans une impasse financière, son efficacité économique et sociale décroît, son développement est contrarié par certains mutations structurelles* ». Au final, l'État-providence se trouve face à une crise de légitimité notamment face aux prélèvements sociaux toujours plus importants. Cette triple crise semble s'être renforcée ces dernières années. En effet, en ce qui concerne la crise financière, les ratios se sont considérablement détériorés depuis l'écriture de ce livre où l'endettement de la France avoisinait l'équivalent de 100 milliards d'euros et 20 % du PIB alors qu'aujourd'hui il dépasse les 2 200 milliards d'euros et frôle les 100 % du PIB. Par ailleurs, la crise d'efficacité est toujours plus visible : le chômage de masse s'est inscrit dans le temps, ni la pauvreté, ni les inégalités n'ont disparu, l'école française semble de moins en moins performante comparativement aux écoles voisines... Dès lors la crise de légitimité s'est renforcée comme en témoigne le rejet global du politique, l'évolution de l'abstention et des partis extrêmes.

Pour ROSANVALLON, l'État-providence se trouve à un tournant de son histoire où il est nécessaire de s'interroger sur ses missions. En effet, le développement de l'État-providence pendant la période des Trente Glorieuses n'est pas lié à l'explosion sociale mais à « *une progression mécanique qui s'est développée à froid* ». Or à trop se développer, l'État-providence risque de tendre vers un scénario « *social-étatiste qui se nourrit de la hausse des prélèvements sociaux* » et qui risque d'être rejeté au risque de basculer dans un excès inverse : la solution libérale. En effet, Pierre ROSANVALLON rejette la solution libérale alors prônée comme une réponse aux maux de l'État-providence. Même si « *l'équation keynésienne ne fonctionne plus* » et que les dépenses de l'État ne sont plus nécessairement gages de croissance économique, la solution libérale n'est, pour ROSANVALLON, pas adaptée aux besoins de l'État moderne puisque cette solution est basée sur « *une négation du social* » qui risque d'accroître les inégalités sociales. Pour Pierre ROSANVALLON, la solution se trouve entre ces deux excès, entre le social-étatisme et le libéralisme notamment autour d'un État-providence repensé. Cet État doit être repensé dans son organisation qui doit être « débureaucratisée » quitte à transférer certaines de ces actions à des entités non-publiques (associations, fondations...), il faut également aménager les services publics pour les rendre plus proches des citoyens notamment par le biais d'une décentralisation.

Enfin pour Pierre ROSANVALLON, il faut surtout s'interroger sur les missions de cet État moderne, ses objectifs, le degré d'égalité souhaité dans la société et pour cela, il faut « *réanimer des espaces publics et démocratiques pour que la société civile prenne en main la solidarité nationale* » sans quoi la société civile risque de se détourner durablement du politique.

3.2 La manifestation la plus visible de ce rejet du politique tient en une abstention que l'on présente souvent comme record

L'une des manifestations les plus visibles du rejet du politique tient dans l'avènement d'une abstention de masse. En effet, s'il faut attendre les travaux d'Alain LANCELOT, publiés dans *L'abstentionnisme électoral en France* en 1968, pour avoir pour la première fois une vraie étude de l'abstention, quelques années plus tard, dans *La démocratie de l'abstention* (2007), les politistes Céline BRACONNIER et Jean-Yves DORMAGEN soulignent que « *la France devient une démocratie de l'abstention depuis la fin des années 1980* ». Cet ouvrage est le fruit de cinq années passées dans une cité de Seine-Saint-Denis entre l'élection présidentielle de 2002 et celle de 2007. Les auteurs soulignent que « *le 16 juin 2002, un record historique est battu : seuls 60,3 % des inscrits se rendent aux urnes. Jamais, depuis l'instauration du suffrage universel en 1848, les Français n'ont aussi peu participé à une élection législative. Si l'on prend en compte ceux qui ne sont pas inscrits sur les listes électorales, c'est en réalité jusqu'à un Français sur deux qui ne participe plus aujourd'hui à la désignation de l'Assemblée nationale.* » Selon eux, si la politique est devenue un spectacle ésotérique pour les individus, loin de leurs préoccupations quotidiennes, c'est une résultante de « *trente ans de chômage de masse, de précarisation du travail, d'affaiblissement des liens sociaux et de ghettoïsation des cités populaires* ». Depuis la parution de cet ouvrage, les records d'abstention se sont enchaînés : avec 57 % de participation en 2012 et 42,6 % en 2017. Dans son ouvrage *L'émeute de novembre 2005 : une révolte propolitique*, le sociologue Gérard MAUGER souligne que les émeutes de banlieues (traitées plus en détails dans la partie de cet ouvrage consacrée à la ville) sont une conséquence radicale de ce rejet du politique et des formes d'engagement traditionnel. Les actions violentes et délictueuses de cette jeunesse de banlieue peuvent être, selon lui, analysées comme une forme de participation politique – ou plutôt « protopolitique » – qui a sombré dans la radicalité faute d'efficience des autres formes d'action.

L'abstention est aujourd'hui révélatrice d'un engagement plus distancié où les électeurs choisissent les élections qui leur semblent importantes. En effet, lors des élections présidentielles, l'abstention n'a jamais dépassé les 31 % (1969) et se situe généralement aux alentours de 20 % alors que lors des élections législatives, elle oscille entre 15,1 % (1978) et 57,36 % (2017). De la même manière, seuls 15 % des électeurs se sont abstenus pour le référendum sur l'adoption de la Ve République contre 70 % pour le référendum de 2000 sur le passage du septennat au quinquennat. Les élections locales sont également marquées par cette hausse de l'abstention puisque les élections municipales recevaient une participation de l'ordre de 80 % jusqu'à la fin des années 80 pour se situer aujourd'hui autour de 60 %.

Par ailleurs, depuis 2009, le centre d'études de la vie politique française (CEVIPOF), rattaché à Sciences Po Paris, analyse le niveau de confiance des citoyens dans leurs institutions. Si les institutions locales restent relativement préservées, le niveau de défiance vis-à-vis des institutions nationales ou supranationales est lui très élevé. En effet, 64 % des Français déclarent faire confiance à leur municipalité (contre 66 % en 2009) et environ 55 % à leur conseil départemental et régional. En revanche, le Sénat et l'Assemblée nationale n'inspirent la confiance qu'à 43 % des Français, l'Union Européenne à 38 % (contre 42 % en 2009) et l'OMC ou le G20 n'obtiennent jamais plus de 30 % de la confiance des Français depuis 2009.

3.3 Les électeurs se détournent souvent des partis et organisations traditionnels à la recherche d'une rupture radicale, un courant parfois qualifié de « dégagisme » ou de « contre-démocratie »

Si le terme de « dégagisme » n'a pas de fondement scientifique, il a été popularisé en Belgique puis en France par les militants de la France insoumise. En France, plusieurs partis dénoncent l'existence d'un « UMPS » – contraction de l'UMP (ancien nom des Républicains) et du PS (Parti socialiste) soulignant un fonctionnement démocratique trop centré sur ces deux seules organisations. Contrairement à ce qui est souvent évoqué, cette contraction UMPS n'est pas une invention du Front national, mais revient plutôt à un parti du centre, le MODEM. Avec la France insoumise et le Front national, les partis centristes ont souvent joué le rôle que BOURDIEU qualifie, notamment dans ses *Propos sur le champ politique* (2000), de « casseurs de jeu ». En effet, ces partis dénoncent le fonctionnement du jeu politique pour pouvoir trouver leur place dans cet échiquier. Depuis quelques années, le discours a glissé vers celui du « dégagisme » avec notamment l'ouvrage de Jean-Luc MÉLENCHON *Qu'ils s'en aillent tous !* (2010). Cela s'est traduit en 2017 par une élection où pour la première fois aucun des deux « grands » partis n'est représenté au second tour de l'élection présidentielle et où les Républicains et le Parti socialiste ne regroupent plus que 143 des 577 députés contre 483 dans la précédente législature, 502 pour la période 2007-2012 et 560 pour 2002-2007. Jérôme FOURQUET, directeur du département Opinion publique à l'Ifop, soulignait que le vote de 2017 avait été révélateur de l'existence d'un double dégagisme « soft », celui qui l'a emporté, et plus dur, celui représenté par les votes FN et France insoumise. Il note tout de même la radicalité de cette élection présidentielle et des élections législatives qui ont suivi et qui n'ont épargné aucun sortant.

Au-delà de ce rejet des partis traditionnels, de nombreux auteurs soulignent le rejet d'un engagement classique. Le sociologue Jacques ION, spécialiste de l'analyse de la montée de l'individualisme en France mais également des questions de l'engagement militant, propose notamment cette analyse dans son ouvrage *La fin des militants* (1997) dans lequel il souligne l'impact des transformations de la société sur les formes d'engagement. Il développe la notion d'un « engagement distancié », caractérisé notamment par son aspect davantage ponctuel. S'appuyant sur des enquêtes menées depuis la fin des années 1980 auprès d'organisations très différentes (associations, partis politiques, syndicats notamment) Jacques ION montre comment l'engagement en faveur d'une cause n'a pas disparu, mais s'est profondément transformé. En effet, il montre que deux modèles se sont succédé. Longtemps dominant, le premier modèle est fondé sur l'adhésion. L'adhérent s'engage corps et âme, se fond dans un « *nous collectif* », n'existe plus en tant qu'individu avec ses intérêts particuliers, mais uniquement à travers le groupement pour lequel il s'engage. Ces organisations sont structurées selon un modèle vertical, hiérarchique et pyramidal : des sections locales sont rassemblées en fédérations nationales, les ordres d'en haut sont appliqués en bas. Ce modèle est « le modèle communautaire du citoyen engagé ». L'engagement est total, l'individu est « affilié ». Ce modèle est progressivement remplacé par un engagement plus individualiste, autonome, critique et distancié, un modèle que l'auteur nomme « *modèle sociétaire de l'associé* ». L'engagement devient plus ponctuel, mais n'en est pas pour autant moins intense. Jacques ION parle de « *groupements autonomes d'individus* ». L'engagé est plus « distancié », il est moins exclusif, on peut s'engager pour plusieurs causes, ou pour peu de temps. C'est le temps du militantisme « post-it » : « *Avec l'avènement de ce modèle, viendrait la fin de l'adhésion – du moins au sens où ce terme implique adhésion totale – et le début effectif de l'association, au sens où ce terme dit en même temps la reconnaissance d'un lien et laisse possible une distance. À l'engagement symbolisé par le timbre renouvelable et collé sur la carte, succéderait l'engagement symbolisé par le post-it, détachable et mobile : mise de soi à disposition, résiliable à tout moment.* »

Toutefois, pour Pierre ROSANVALLON, dans *La contre-démocratie. La politique à l'âge de la défiance* (2006) les sociétés se sont toujours caractérisées par un sentiment de défiance envers leurs représentants. De ce sentiment découle « la contre-démocratie », terme qui désigne, selon lui, les contrepoids, les contre-pouvoirs de la démocratie, la prolongation de la souveraineté populaire. Ainsi, le droit de vote est loin de constituer le seul pouvoir du peuple, qui détient également trois autres pouvoirs : la surveillance, l'empêchement et le jugement, ces trois contre-pouvoirs lui permettant de contrôler la vie politique de la société. Le « peuple-surveillant » pratique la vigilance et la dénonciation. Le « peuple-véto » se fait attendre par le biais de la « démocratie négative », sous la forme de grèves et de mouvements sociaux. Quant au « peuple-juge », il produit par son jugement des normes qui lui permettent d'obtenir ce qu'il n'a pu obtenir de l'élection. L'exercice de ces contre-pouvoirs, qui se situent hors du champ politique traditionnel, ne marque donc pas le rejet de l'engagement par les citoyens, qui votent un peu moins et adhèrent moins aux partis politiques. Au contraire, ils sont la forme renouvelée d'un intérêt pour la politique qui persiste. Ils sont une forme d'engagement, aussi valable qu'une autre, même si leur exacerbation peut fragiliser à terme les fondements de la démocratie. Il est donc important, pour Pierre ROSANVALLON, d'en reconnaître la valeur, notamment en tentant d'institutionnaliser les contre-pouvoirs et en informant mieux les citoyens. Surveiller, empêcher et juger sont ainsi devenus les travaux quotidiens des citoyens de la « contre-démocratie ».

4 C'est dans ce contexte que les *catch-all parties* se sont développés avec des propos et des programmes souvent radicaux

4.1 Du parti stratarchique au parti « attrape-tout », la fin des partis traditionnels structurant la vie politique

Samuel ELDERSVELD propose dès 1964 la notion de « parti stratarchique ». Très inspiré des partis américains, ce modèle renvoie à des partis entièrement voués à l'efficacité électorale où chaque strate de l'organisation dispose en conséquence d'une grande autonomie dans l'élaboration de son programme, dans son financement et dans le choix de ses candidats, premier stade de parti tenant compte du rejet des partis et du politique par les citoyens. À peu près au même moment, Otto KIRCHHEIMER annonce la fin des partis de masses et des partis de cadres au profit du parti « attrape tout » (*catch-all-party*). En effet, le juriste et politiste Otto KIRCHHEIMER, dans *The transformation of the Western party systems* (1966), constate l'évolution des partis politiques dans un contexte économique et social qui s'est amélioré et où l'émergence de nouvelles sources de financement ainsi que le développement sans précédent des moyens de communication ont transformé radicalement le paysage politique. Alors que depuis 1951 et l'ouvrage *Les partis politiques* de Maurice DUVERGER, on distinguait deux formes de partis : les partis de cadres composés de notables et les partis de masse qui pouvaient s'appuyer sur la force du nombre, Otto KIRCHHEIMER souligne que cette distinction est de moins en moins opérante. En effet, selon lui, les partis de cadres se sont adaptés à la nouvelle donne et les partis de masses sont devenus plus pragmatiques à mesure que leur base sociale n'était plus constituée majoritairement par les ouvriers. L'apparition de celui-ci, qui réunit la centralisation des premiers et le bagage idéologique sommaire ainsi que l'activité essentiellement électorale des seconds, s'explique par l'émergence de nouvelles sources de financement et par le développement sans précédent des moyens de communication. Le mécénat et les cotisations des adhérents ont désormais été remplacés, comme en France, par l'argent des groupes d'intérêt ou par le recours aux fonds publics. La concurrence s'en est trouvée accrue. Les partis doivent donc désormais toucher un public plus large, ce qui les amène à insister « *sur des enjeux peu susceptibles de soulever une hostilité. Le parti va au-devant de son électorat, c'est en quelque sorte la stratégie des partis attrape-tout.* »

Dans un même ordre d'idées, Jean CHARLOT, confronté à la nouveauté du parti gaulliste, ni parti de masses classique, ni parti d'élus, propose la notion de « parti d'électeurs » dans son ouvrage *Le phénomène gaulliste* paru en 1970. Ces dénominations attribuées aux partis politiques sont néanmoins l'objet de débats épistémologiques parmi les chercheurs. Ainsi le même parti gaulliste qualifié par Jean CHARLOT de « parti d'électeurs », est-il pour Otto KIRCHHEIMER l'archétype du « parti attrape-tout » et pour Angelo PANNEBIANCO, le modèle du « parti charismatique » en raison de la quasi-absence de factions, de la faiblesse de sa bureaucratie et de la centralisation du pouvoir dans les mains du leader et de son entourage immédiat. Par ailleurs, selon Jean CHARLOT, l'UNR est devenu un parti d'électeurs qui, en tant que tel, « *récuse le dogmatisme idéologique et se contente d'un fonds commun de valeurs, assez large pour réunir autour de lui un maximum de supporters* ». En outre, contrairement aux partis de notables, il admet la démocratie de masse, la solidarité de groupe et récuse l'individualisme libéral. Il est populaire sans pour autant remettre en question le système politique et social.

4.2 La fonction tribunicienne du parti « attrape-tout »

Selon KIRCHHEIMER, le parti attrape-tout prend petit à petit une fonction tribunicienne. Définie par Georges LAVAU dans *À quoi sert le parti communiste français ?* (1968), cette fonction consiste à « *relayer les mécontentements de classe des catégories les plus mal représentées* ». Selon LAVAU, trois conditions sont nécessaires à l'existence de ce type de partis. La première condition est celle de l'existence de « *groupes sociaux suffisamment importants et homogènes, mal intégrés à la fois au système social, au système culturel et au système politique, placés en position d'infériorité permanente par rapport aux mécanismes d'accès à la représentation politique* ». Ensuite, il faut que le système politique dans lequel ce parti intervient reconnaisse ou au moins tolère ce type de fonction. Enfin, ces groupes sociaux en position d'infériorité doivent avoir la volonté de se défendre sans pour autant tendre vers des activités de type révolutionnaire. Il s'agit en quelque sorte d'un catalyseur de la radicalité politique.

Dans *À quoi sert le parti communiste français ?*, LAVAU montre que le PCF remplit cette fonction en prenant en charge les revendications des catégories sociales les plus défavorisées afin de leur assurer une représentation. Georges LAVAU précisait *qu'» on peut émettre l'hypothèse qu'en fait le parti communiste a capté, régularisé et socialisé cette marge de protestataires divagants qui existe dans toute société* ». Cette intégration permet de canaliser les velléités révolutionnaires à condition que le parti bénéficie d'une certaine représentativité capable d'en faire un interlocuteur incontournable. Selon Georges LAVAU, la fonction tribunicienne « *constitue quand même, par essence, une sorte de correctif à l'incapacité d'exercer le pouvoir* ». Or le PCF a aspiré à participer du pouvoir, et ses efforts en ce sens sont notables. Cette volonté ne s'est pourtant réalisée qu'après l'arrivée au pouvoir du candidat de la gauche unie, François Mitterrand en 1981 (à l'exception de quelques mois après la guerre jusqu'en 1947). L'expérience a été rééditée après les élections législatives anticipées de 1997. La chute électorale du PCF, phénomène complexe, trahit également ces contradictions dans les logiques d'action du PCF. L'arrivée au pouvoir, fut-ce un passage assez bref, combinée avec d'autres phénomènes conduit à une atténuation de cette fonction tribunicienne. Ce que l'on pourrait appeler la « responsabilisation » de l'activité du parti (les concessions consenties pour accéder au pouvoir et pour y rester) conduit à rendre la réalisation de la fonction tribunicienne difficile. D'où peut-être le transfert actuel de celle-ci vers des groupements concurrents comme Lutte ouvrière et la Ligue communiste révolutionnaire dans un premier temps à partir des années 80 et désormais vers la France Insoumise de Jean-Luc Mélenchon.

Il convient également de savoir à quel point les populismes contemporains peuvent être considérés comme des radicalités politiques. Le principe de l'ouvrage dirigé par Annie COLLOVALD et Brigitte GAÏTI, *La démocratie aux extrêmes : Sur la radicalisation politique* est de « prendre le contre-pied » des explications souvent associées au radicalisme : il n'est nul besoin d'individus hors normes, adeptes de la violence ou fanatiques, pour rendre compte de périodes exceptionnelles ou d'idées extrémistes ; il n'est pas davantage besoin de groupes atteints par le déclassement et le ressentiment, dès lors désireux de revanche sociale ; les manifestations et idées qualifiées de radicales n'ont rien d'intrinsèquement radical qui amènerait à les percevoir ainsi en toutes époques et en tous lieux et elles ne sont en rien des formes pathologiques extérieures aux sociétés régies par des règles démocratiques ; quant aux programmes et aux idéologies, ils ne sont pas des ingrédients à ce point décisifs qu'ils permettraient d'en déduire la suite des événements ; les individus les plus directement concernés, aussi calculateurs ou perspicaces soient-ils, n'ont pas la maîtrise ni même la connaissance du devenir des actions collectives. Dès lors, les jeux de surenchère, de compromis, de concurrence et d'alliance qui caractérisent la vie démocratique ordinaire peuvent produire des radicalités qui en minent les fondements.

4.3 Avec le déclin du PCF, c'est le Front national qui joue ce rôle de parti attrape tout

La position « tribunicienne » du Front national français peut être matière à discussion car son électorat demeure assez différencié socialement. Au contraire, pour certains politologues comme Joël GOMBIN, le FN constitue en France le « *parti attrape-tout par excellence* ». Pour Joël GOMBIN, auteur de l'ouvrage *Le Front national* (2016), en votant pour le Front national, cependant, certaines catégories d'électeurs comme les 18-22 ans « *expriment une grande désillusion par rapport au monde politique* », sans intention d'amener au pouvoir un candidat qui changera le monde. Le parti attrape-tout considéré conserve par ailleurs un enracinement générationnel comme peut le paraître le Front national aujourd'hui. Les 18-22 ans n'ont ainsi pas la même vision du parti de Marine Le Pen que leurs parents : « *Pour les générations plus anciennes*, analyse ainsi Joël GOMBIN, *le FN reste une formation récente, avec un statut à part. Leurs enfants l'ont toujours connu, c'est à leurs yeux un parti enraciné dans le paysage, un acteur important de la politique au même titre que les autres. Ils ont construit leurs représentations politiques dans un contexte très différent, cela lève des obstacles au vote pour le FN.* »

Pour Grégoire KAUFFMANN, dans *Le Nouveau FN. Les vieux habits du populisme* (2016), l'application de la théorie du parti attrape-tout au FN comme catalyseur des crispations peut se retrouver dans ses filiations idéologiques et sa stratégie politique. Pour lui, le FN descend davantage du boulangisme que des années 1930. Grégoire KAUFFMANN estime que le FN emprunte désormais au populisme xénophobe né au XIXe siècle dans le sillage de l'« anticapitalisme national ». Le slogan « ni droite ni gauche », proposé par le cadre du FN Samuel Maréchal, s'inscrit dans cette filiation anti-élites, profondément hostile à la modernité libérale. La dimension « ni droite ni gauche » qui caractérise le boulangisme comme ce « nouveau FN », se manifeste aussi par une transversalité des électorats et des soutiens militants. Cet emprunt au boulangisme coexiste, selon Grégoire KAUFFMANN, « *avec d'autres influences, nées dans le sillage de la droite contre-révolutionnaire* ». KAUFFMANN estime encore que « *contrairement aux meneurs fascistes des années 30, Marine Le Pen ne prétend pas combattre la République, mais la "rétablir", corriger ses insuffisances, renouer avec ses principes* ». KAUFFMANN montre ainsi que le FN se revendique aujourd'hui moins de la droite réactionnaire et anti-révolutionnaire que de l'héritage sans culotte de 1793, du socialisme prémarxiste comme les décroissants et anti-industriels. Par la diversité de ses héritages idéologiques, le FN répond à plusieurs des critères qui permettent de le qualifier de parti attrape-tout.

Assimilable à un parti attrape-tout, le FN se heurte néanmoins à la difficulté de séduire simultanément des catégories professionnelles aux intérêts antagonistes, en témoignent ses débats internes sur la position du parti sur l'euro. À l'origine parti de « la boutique et de l'atelier » d'inspiration poujadiste, fort chez les commerçants et artisans et dans une frange de la bourgeoisie aisée, le parti d'extrême droite a connu depuis le début des années 1990 une prolétarisation de son électorat qui l'amène à être en permanence en tension sur sa ligne politique.

5 Cette radicalité politique montre l'existence de « deux France », celle « dans le jeu » et celle « hors jeu » politique

5.1 La société française est toujours plus inégalitaire et donne l'impression de « deux France »

L'émergence de cette conception des deux France apparaît relativement récemment chez les universitaires. Elle doit se comprendre comme l'explication centrale, comme la cause de l'émergence, de cette nouvelle radicalité politique que nous venons de voir. Cette division recouvre une pluralité d'expressions et d'analyses qui varie et qui permet de poser à chaque fois un regard différent sur cette « fracture » bien réelle. Le terme « fracture », qui fut popularisé par Jacques Chirac lors de la campagne de 1995 axée sur le thème de la « fracture sociale », doit sa paternité à l'analyse formulée par le démographe et historien Emmanuel TODD dans une note pour la Fondation Saint-Simon publiée en 1994. Il y analyse pour la première fois l'idée suivante : les élites, appuyées par les classes moyennes supérieures qui ne sont pas menacées par les mutations liées à la mondialisation, imposent cette dernière, car elles en bénéficient. Dès lors, cet effritement et cette dégradation, présents ou futurs des classes moyennes, entraînent la dégradation du modèle consensuel. Le consensus libéral et européen qui devrait être absolu depuis la fin de l'expérience socialiste en 1983 devient minoritaire. C'est ce qui explique, selon TODD, la victoire extrêmement serrée du « Oui » au référendum sur le Traité de Maastricht en 1992, ou encore le fait que, par exemple, les candidats du consensus politique ne récoltent que 40 % des suffrages aux européennes de 1994. Cette première analyse fait date mais se doit d'être complétée, notamment sur ce qui concerne les facteurs structurants de cette fracture.

En effet, si la France a connu une réduction des inégalités de revenus au cours des quarante dernières années, depuis 15 ans, la tendance s'est inversée. L'outil le plus souvent utilisé pour mesurer les inégalités de revenus est le rapport interdécile qui consiste à comparer le rapport entre le niveau de vie minimal des 10 % les plus riches et le niveau de vie maximal des 10 % les plus pauvres. Avec cet outil, la diminution est nette depuis la fin des Trente Glorieuses. En effet, le rapport interdécile est passé de 4,6 en 1970 à 3,6 en 2011. La baisse des inégalités de revenus a été continue des années 1970 au milieu des années 1980, puis ce rapport a stagné aux alentours de 3,4 jusqu'en 2009. Depuis, il repart légèrement à la hausse pour atteindre 3,6 en 2011. Une autre façon de mesurer les inégalités de revenus est l'indice de Gini. Plus il est proche de zéro, plus on s'approche de l'égalité (tous les individus ont le même revenu). Plus il est proche de un, plus on est proche de l'inégalité totale (un seul individu reçoit tous les revenus). Là aussi, la situation s'est nettement améliorée entre les années 1970 et le début des années 1990 : cet indice est passé de 0,331 à 0,277 en 1990. Depuis l'indice de Gini a nettement augmenté : il atteint désormais 0,302, le niveau de la fin des années 1970. D'ailleurs, selon le Programme des Nations Unies pour le développement humain, la France occupe actuellement le quinzième rang des pays où les inégalités sont les moins fortes. Au niveau de l'Union Européenne, elle est située derrière les pays scandinaves mais également la Hongrie, l'Allemagne, l'Autriche, la Bulgarie ou les Pays-Bas mais devant l'Espagne, l'Italie, le Portugal ou le Royaume-Uni qui sont les pays les plus inégalitaires du continent.

Pourtant, la France compte aujourd'hui 8,6 millions de pauvres, soit 1,3 million de plus qu'il y a dix ans. Afin d'expliquer ce constat, il convient de rappeler qu'il existe deux définitions de la pauvreté utilisées en France. La première considère qu'une personne est pauvre si ses revenus sont inférieurs à la moitié du revenu médian (moins de 830 euros en 2012) ; la seconde, qui est la plus utilisée dans le reste du monde occidental, évoque un seuil de pauvreté à 60 % du revenu médian soit 993 euros en 2013 pour une personne seule sans enfant. Selon ces définitions, la France comptait entre 5 et 8,6 millions de pauvres en 2012 selon l'Insee. Ainsi, si l'on utilise le seuil de pauvreté à 50 % du niveau de vie médian, le taux de pauvreté est de 8,2 %, en France alors qu'il est de 14 % si l'on utilise le seuil à 60 % du niveau de vie médian. Quelle que soit la définition, la France a compté plus d'un million de pauvre supplémentaire depuis 2004. En effet, depuis 2004, le nombre de personnes pauvres au seuil de 50 % a augmenté de 1,2 million (+ 30 %) et le nombre au seuil de 60 % a progressé de 1,3 million (+ 17 %). Thomas PIKETTI, dans son ouvrage *Le capital au XXIe siècle* paru en 2013, souligne que ce mouvement de hausse constitue un tournant dans l'histoire sociale de notre pays depuis les années 1960. En effet, selon lui, la dégradation économique enregistrée depuis 2008 pèse tout particulièrement sur les moins favorisés. Pour la seule période de 2008 à 2012, le nombre de pauvres au seuil de 50 % comme à celui de 60 % a augmenté de 800 000. Il souligne également que si le nombre de pauvres au seuil de 60 % a baissé dans les deux dernières années c'est simplement du fait de la diminution du niveau de vie médian, qui a eu pour conséquence de réduire le seuil de pauvreté. Ainsi, les 0,01 % les plus riches ont gagné 243 000 euros de revenus annuels supplémentaires entre 2004 et 2011, soit un gain équivalent à dix-huit années de Smic. En 2001, les 10 % les plus riches avaient un revenu 6,2 fois supérieur aux 10 % les plus pauvres. C'est ce que l'on appelle l'écart relatif. En 2011, cet écart s'est creusé puisque les plus aisés touchent maintenant 7,2 fois plus que les plus modestes. En valeur absolue, c'est-à-dire en euros, cet écart est passé de 41 580 euros en 2001 à 46 625 euros en 2011. Selon l'Insee, entre 2008 et 2011, la masse globale de l'ensemble des revenus des ménages (après impôts et prestations sociales) s'est accrue de 36,5 milliards d'euros une fois l'inflation déduite. Pourtant, sur cette période, si les 10 % les plus pauvres ont perdu 151 millions d'euros, la masse globale de leurs revenus passant de 49,7 à 49,6 milliards d'euros, les 10 % les plus riches ont gagné sur la même période 18,4 milliards d'euros, la masse de leurs revenus est passée de 336 milliards d'euros en 2008 à 354 milliards en 2011. Selon Thomas PIKETTI, dans son ouvrage *Le capital au XXIe siècle*, le dixième le plus riche a reçu 50 % de l'ensemble de la croissance des revenus entre 2008 et 2011. Ainsi, en 2011, les 40 % les plus pauvres ont touché 22 % de la masse globale des revenus et les 40 % les plus riches 61 %. Mais au sein des plus riches, les inégalités sont très fortes. En effet, après une forte baisse entre les années 1960 et 1980, la part du revenu national détenue par les 1 % les plus riches a fortement augmenté, elle est passée de 7 % en 1981 à 9 % en 2006. Au final, les 50 % des personnes les plus riches en France gagnent au moins 19 500 euros par an, contre 39 200 euros annuels pour les 10 % les plus riches, 93 000 euros annuels pour les 1 % les plus riches, 256 000 euros par an pour les 0,1 % les plus riches et 810 700 pour les 0,01 % les plus riches qui représentent environ 6 500 personnes.

5.2 Les inégalités sociales révélatrices de l'exclusion politique de certains individus

Daniel GAXIE dans son ouvrage, *Le cens caché : inégalités culturelles et ségrégation politique* (1978), souligne le fait que les abstentionnistes sont essentiellement des personnes faiblement intégrées socialement et disposant de revenus et diplômes peu élevés. Ainsi, l'auteur fait une analogie avec le vote censitaire qui était en place avant 1848 et qui faisait que seuls les citoyens payant un certain seuil d'impôts, appelé « cens », pouvaient voter. Comme aujourd'hui encore, les plus démunis sont ceux qui votent le moins, Daniel GAXIE souligne qu'il y a comme un « cens caché ». Dans son ouvrage, il cherche à identifier les causes de ce « cens caché ». Pour lui, le fait de voter dépend du sentiment de compétence politique. En effet, contrairement au postulat démocratique qui veut que tous les citoyens soient attentifs aux évènements politiques et compétents pour se prononcer sur les enjeux politiques, pour Daniel GAXIE, cet intérêt universel n'existe pas, il dépend de la politisation des individus. En effet, pour l'auteur, la politisation est définie comme l'attention accordée aux évènements politiques. Or cette attention est déterminée par un certain nombre de variables comme la classe sociale, le sexe et l'âge. Pour Daniel GAXIE, plus la position dans la hiérarchie sociale est élevée, plus le niveau de politisation est élevé, et inversement ; la politisation est d'autant plus forte que la durée des études est longue ; enfin une corrélation forte apparaît également entre le niveau de compétence politique et l'intérêt pour la politique.

Pour Daniel GAXIE, ces paramètres jouent sur le niveau de compétence politique des individus. Toutefois, l'abstention s'explique davantage par un sentiment d'incompétence politique que par une réelle incompétence. En effet, pour l'auteur, l'intérêt pour la politique suppose la compréhension des évènements et des enjeux politiques qui nécessite la maîtrise d'une grille de perception et d'interprétation, des schèmes d'évaluation et de classification à partir desquels les professionnels de la politique définissent leur position. Mais seuls les électeurs les plus enclins à se sentir incompétents s'abstiennent, de nombreux électeurs peuvent voter sans connaître ces règles. La sociologue Anne MUXEL et le politologue Jérôme JAFFRÉ sont les créateurs d'un autre mode d'expression de cette fracture, celui de l'opposition entre « dans le jeu » et « hors jeu ». Cette analyse apparaît dans l'ouvrage collectif *Les cultures politiques des Français* paru en 2004 dans un chapitre intitulé « S'abstenir : hors du jeu ou dans le jeu politique ? ». Ce texte cherche à répondre à la question de la désaffiliation politique que caractérise l'abstention. L'analyse de MUXEL et JAFFRÉ porte d'abord sur l'idée que les abstentionnistes ne sont pas un bloc homogène, mais sont au contraire divisés en deux catégories de taille à peu près équivalente. D'une part, des abstentionnistes « hors jeu » qui présentent toutes les caractéristiques d'une désaffiliation politique profonde : leur abstention est plus fréquente et leur identité politique plus incertaine. Elle ne parvient pas par exemple, ou tout du moins plus difficilement, à s'inscrire dans le clivage gauche/droite que les votants, mais plus nettement que les abstentionnistes « dans le jeu ». Les abstentionnistes « dans le jeu », eux, sont des abstentionnistes plus occasionnels, même s'ils s'identifient moins que le reste de l'électorat dans le clivage gauche/droite. Ce que remarquent dans leur analyse de l'abstention Anne MUXEL et Jérôme JAFFRÉ c'est que cette distinction entre les deux abstentions est induite par une coupure sociologique franche. Les « hors jeu » sont moins diplômés, moins intégrés socialement à tous les niveaux (professionnel, familial et amical) et surtout ressentent une inquiétude économique sur leur avenir. Les abstentionnistes « dans le jeu » sont eux plus intégrés et même plus diplômés que les votants. De cette division sociologique découle une division politique. Les abstentionnistes « hors jeu » sont plus autoritaires, plus réticents à l'égard de l'altérité ; ils ont d'ailleurs un taux de rejet vis-à-vis du Front national moins fort, et même de la sympathie pour certaines propositions.

Les auteurs notent donc : « *Comparés à ces abstentionnistes dans le jeu, actifs et relativement mobilisables, les abstentionnistes hors jeu se caractérisent au bout du compte moins par une contestation active que par une attitude protestataire à l'égard de l'ensemble de la société. Protestation plus que revendication, s'expliquant par une logique plus défensive qu'offensive, dont le ressort essentiel est une opposition systématique, et pas toujours rationnelle, à tout ce qui existe, mais sans se donner réellement les moyens de changer la société, ni par la voie des urnes, ni par d'autres formes d'expression ou d'action. Leur contestation passive dénote un plus grand malaise quant à leur place dans la société.* » On remarque avec MUXEL et JAFFRÉ que les points de divergence sont plus nombreux que les points de convergence entre les deux groupes d'abstentionnistes. Cette distinction faite sur les abstentionnistes doit nous amener à relever l'intuition de ces auteurs. Cette intuition entre les abstentionnistes « hors jeu » et « dans le jeu » doit pouvoir être étendue de manière plus large aux votants pour analyser cette « fracture » et, nous allons le voir, ces fractures.

5.3 La fracture territoriale : une potentielle explication des radicalités politiques

Le géographe Christophe GUILLUY publie en 2010 un essai intitulé *Fractures françaises*. Il convient tout d'abord de noter l'usage du pluriel par l'auteur. Christophe GUILLUY concentre donc son analyse sur les fractures territoriales. Son analyse est sans concession : il considère que la bourgeoisie urbaine est, en somme, responsable de la destruction progressive d'un modèle plus égalitaire et permettant la mobilité sociale. Cette responsabilité passe par l'acceptation d'une mondialisation libérale qui va concentrer la création de richesse dans les métropoles connectées à la mondialisation. Ce sont les métropoles qui bénéficient du dynamisme économique et qui donnent donc accès à une richesse relative pour ces habitants. Ce sont dans les villes que se trouvent en effet les bassins d'emplois. Pour GUILLUY, les élites sont cyniques ainsi, il note : « *La posture républicaine ne doit pas tromper, la réalité est que nos classes dirigeantes sont pour l'essentiel acquises au modèle multiculturel et mondialisé.* »

La fracture territoriale est donc la conséquence de cette acception. Selon GUILLUY, celle-ci passe par une forme de préférence communautaire faite par les élites en faveur des immigrés. Il note ainsi que « *la part des minorités visibles en France augmente régulièrement pour constituer, ici ou là, des minorités relatives, voire des majorités relatives. Cette dynamique est d'autant plus remarquable qu'elle est portée par une immigration récente et un accroissement naturel important.* » Cette acceptation d'un modèle multiculturel se fait avec l'apport de migrations importantes. Le géographe souligne aussi que les minorités, du fait de leur positionnement géographique, sont plus à même de bénéficier de la dynamique des métropoles, étant donné que, pour beaucoup, ils y vivent. D'ailleurs, il souligne que ces populations immigrées sont pratiquement les seules à profiter de la mobilité sociale du fait de la proximité des centres. La conséquence de cette forme de préférence communautaire est pour GUILLUY la disparition de ce qui s'était développé pendant des Trente Glorieuses (1945-1973) : la classe moyenne. Il faut comprendre que les classes moyennes sont aujourd'hui d'abord une revendication plus qu'une réalité : « *Il est frappant de constater que la France pavillonnaire, celle des espaces périurbains et ruraux, est identifiée comme celle des classes moyennes. Ainsi, et alors même que ces espaces ouvriers et populaires se caractérisent par l'importance des ménages précaires et pauvres, l'identification à la classe moyenne y reste forte, comme si le seul fait de vivre à l'écart des quartiers sensibles participait à la définition d'un statut social.* » GUILLUY constate également la disparition de la France rurale. Cependant, cette disparation de la France rurale a pour corollaire l'émergence d'une autre France, périphérique, qui compte les banlieues pavillonnaires, éloignées des centres, les petites villes et les espaces restants de ruralité. Elle subit de plein fouet les conséquences de la crise économique avec la disparition des emplois, des services publics et la dévitalisation du lien social. Le problème étant que cette France, éloignée des centres de pouvoir, est socialement majoritaire. Cette évolution, conséquence de la mondialisation libérale, profite à la nouvelle bourgeoisie, que GUILLUY appelle de leur surnom populaire, les « bobos ». Tout d'abord la substitution des populations blanches ou d'immigration plus ancienne par des populations d'immigration récente permet à cette nouvelle bourgeoise de limiter la concurrence d'un point de vue scolaire et académique. Ensuite, cette main d'œuvre immigrée, pauvre, et vivant dans des conditions sociales défavorisées accepte plus facilement des conditions de travail difficiles, parfois dans l'illégalité, ce qui permet aux « bobos » de profiter d'un meilleur niveau de vie qu'ils ne devraient avoir dans des conditions normales. « *On comprend dans ce contexte l'attachement de plus en plus marqué des classes dominantes des pays développés à une diversité qui rend acceptables les inégalités en faisant disparaître toute concurrence. La lutte des classes pour l'égalité sociale laisse ainsi la place à un combat pour la diversité et à une légitimation de l'inégalité.* » GUILLUY, dans une analyse matérialiste, estime ainsi que la bourgeoisie, qu'elle soit, (ou en tout cas, qu'elle se revendique) de gauche ou de droite ne change pas son aspiration à la domination. « *En réalité, il est frappant de constater que la nouvelle bourgeoisie, souvent de gauche, s'inscrit dans la droite ligne de la bourgeoisie traditionnelle qui ne pouvait percevoir les classes populaires que comme des classes dangereuses, incultes et infantiles qu'il fallait éduquer de toute urgence. Sur ce point, rien n'a changé.* »

Dans *Fractures françaises* (2011), Christophe GUILLUY et d'autres chercheurs observent que la distance à la ville, qu'ils appellent le « gradient d'urbanité », est devenue un déterminant du vote électoral. Ainsi, le Front national se renforce en France mais s'affaiblit dans les villes. Depuis 2012, le rejet de Jean-Marie puis de Marine Le Pen par les habitants des grandes agglomérations s'est confirmé. À l'inverse, le péri-urbain et les périphéries les plus lointaines renforcent leur adhésion à ce parti. L'explication de cette tendance tient dans le fait, qu'au cours des dernières décennies, ces grandes couronnes périurbaines ont connu de profonds bouleversements socio-démographiques. Les agriculteurs y sont de moins en moins nombreux. Autour des vieux noyaux villageois se sont adjoints des lotissements pavillonnaires et de petits immeubles d'habitat social. Là se sont installées des populations venues des centres villes ou, plus souvent, des banlieues proches. Selon Michel BUSSI, les « frustrations sociales » générées par ce « mélange d'éloignement choisi et de relégation subie » seraient propices à l'expression d'un « vote de protestation ». Selon lui, ces populations sont victimes d'une « ascension sociale inachevée ». Le prix à payer pour la vie qu'ils ont choisie est élevé : emprunts immobiliers, temps de transports, éloignement par rapport aux services publics. L'isolement, qui peut être le fruit de stratégies individualistes, a aussi ses revers : le repli sur soi et le rejet de l'autre. Dans cet ouvrage, Christophe GUILLUY souligne que « *mouvements des bonnets rouges, plans sociaux, refus du référendum européen, abstention, vote FN, les nouvelles radicalités émergent sur des territoires situés à l'écart des métropoles mondialisées* ».

CHAPITRE 12

Lutter contre les radicalités pour renforcer le vivre-ensemble

SOMMAIRE

1 Dans un contexte terroriste, la nécessité de lutter contre les radicalismes religieux

1.1 De la difficulté de repérer et de lutter contre la radicalisation

Depuis plusieurs années, les attentats terroristes perpétrés par des groupes djihadistes ou des individus s'en revendiquant, se sont multipliés. Les radicalismes religieux sont par conséquent devenus un sujet majeur du débat public. Les nombreux auteurs – dont Alain BAUER, Dounia BOUZAR ou Olivier ROY – réunis autour d'un numéro spécial de la revue *Pouvoirs* consacré à la lutte contre le terrorisme ont pointé le fait que les politiques publiques de lutte contre les radicalismes ont été particulièrement peu efficaces et ont souffert de nombreux dysfonctionnements. En effet, lutter contre les radicalismes peut mener à de nombreuses dérives. Luttons-nous contre les radicalités en général, ou seulement contre celles qui veulent imposer leur vision radicale par la voie de la force et de la violence ? Dans le premier cas, l'État en vient à condamner des opinions, ce qui peut mener à des excès allant à l'encontre des valeurs démocratiques, alors que dans le second ne sont punis que ceux qui enfreignent la loi. L'instrument majeur des politiques publiques est donc avant tout la justice, et il s'agit de s'assurer qu'elle dispose de tous les moyens nécessaires pour faire son travail. Les politiques de prévention et de lutte contre la radicalisation ont été caractérisées récemment par un concept, celui de « déradicalisation », cher notamment à l'anthropologue Dounia BOUZAR auteure notamment en 2014 de *Désamorcer l'islam radical*. Ce concept est sujet à de nombreuses critiques. Il pousse tout d'abord à considérer les djihadistes comme des personnes malades qu'il conviendrait de soigner, et non comme des acteurs politiques rationnels. Les présupposés de cette politique sont donc en eux-mêmes sujets à controverses. Est-il souhaitable par ailleurs d'essayer de forcer des individus à changer d'opinions politiques, surtout en démocratie ? Est-ce seulement possible ? Sur le plan empirique, la plupart des centres de déradicalisation affichent des résultats décevants. Vouloir déradicaliser suppose une réelle connaissance de la radicalité spécifique contre laquelle on souhaite lutter. Ainsi, la politique de déradicalisation menée est différente selon que l'on considère le djihadisme comme un phénomène uniquement religieux – comme en Arabie Saoudite, où les centres de déradicalisation visent à apprendre le « bon islam » aux djihadistes – ou bien uniquement sectaire. Ces deux approches semblent être des échecs car les raisons des individus de rejoindre les courants djihadistes sont diverses et ne peuvent en aucun cas être interprétées selon un modèle simple. C'est pourquoi une approche transdisciplinaire est aujourd'hui souhaitable en matière de désendoctrinement.

David THOMSON, journaliste spécialiste du djihadisme français, a mis en évidence dans son livre *Les Revenants* (2016), qui a reçu le prix Albert Londres 2017, qu'une petite partie des djihadistes se désengageaient d'eux-mêmes. Il s'agit alors d'une démarche personnelle, et non du résultat du travail d'un centre de désendoctrinement. Certains djihadistes, s'ils prennent leurs distances avec l'État Islamique, restent néanmoins proches de l'idéologie djihadiste. Le désengagement ne signifie donc pas nécessairement qu'il y ait rejet de la radicalité. Selon lui, l'État a fait preuve de manque de cohérence dans sa politique de déradicalisation en contrôlant peu les structures qui ont été subventionnées grâce à des fonds publics. Les sénatrices Esther BENBASSA et Catherine TROENDLE ont fortement décrié l'amateurisme de nombreux centres de déradicalisation dans le cadre du rapport d'information parlementaire « sur le désendoctrinement, le désembrigadement et la réinsertion des djihadistes en France et en Europe » rendu public le 12 juillet 2017. Selon elles, une plus grande coordination des acteurs publics est nécessaire dans ce domaine. Toutefois, alors que les politiques de désembrigadement sont critiquées, d'autres actions peuvent être envisagées afin de prévenir la radicalisation religieuse. Des politiques publiques plus ciblées sont envisageables en fonction de l'analyse qui est faite du fonctionnement des processus de radicalisation. Certains lieux sont particulièrement propices au développement des radicalismes religieux, comme par exemple la prison. La population carcérale est sensible aux discours des détenus djihadistes prosélytes, comme l'a montré le rapport « Prisons and Terrorism » publié en 2010 par le Centre international pour l'étude de la radicalisation et de la violence politique (ICSR) dirigé par Peter NEUMANN. Cette étude se caractérise par une approche comparative de la radicalisation dans les prisons au sein de quinze pays différents, où les administrations pénitentiaires ont mis en place des mesures de concentration, de séparation, voire d'isolation des détenus djihadistes. Concentrer les détenus radicalisés dans un même lieu permet de les séparer des autres détenus, mais leur permet également de mieux se concerter entre eux. L'isolation complète nécessite quant à elle la mobilisation de ressources importantes étant donné la quantité d'individus radicalisés concernés. La problématique de la radicalisation en prison est aujourd'hui centrale et incite à repenser les politiques menées dans les prisons.

Enfin, Internet est aujourd'hui un espace privilégié de la propagande djihadiste, que ce soit à travers les réseaux sociaux ou les sites de streaming. Le djihadiste Omar OMSEN, proche d'Al-Qaida, est ainsi connu pour avoir réalisé plusieurs dizaines de vidéos « documentaires » qui appellent de manière générale à la lutte contre l'injustice. Le spectateur est ensuite amené à visionner d'autres vidéos, plus explicites et appelant à la violence. Les radicaux peuvent ainsi diffuser très largement leur idéologie grâce à la révolution digitale et atteindre un public étendu. Les pays occidentaux mènent des campagnes de communication sur les réseaux sociaux pour lutter contre la propagande djihadiste. Les moyens déployés ne sont pas suffisants et l'élaboration d'un contre-discours efficace se révèle être difficile. Alors que le gouvernement britannique se contente de promouvoir à travers sa campagne UK Against Daesh les actions anti-terroristes et contre-insurrectionnelles de ses armées en Irak, l'opération Stop Djihadisme menée par le gouvernement français se veut plus ambitieuse. Des témoignages de repentis et les exactions des groupes terroristes sont mis en avant. Néanmoins, l'utilité de cette dernière approche peut soulever des interrogations. Il est difficile de convaincre un ennemi du bien fondé de vos arguments si le principe même de son idéologie est de rejeter exactement tout ce que vous lui dites. Tenir un discours raisonné présente donc un intérêt limité puisqu'il ne peut pas toucher les personnes déjà radicalisées. Il est en outre impossible d'évaluer l'impact des campagnes de contre-propagande sur les réseaux sociaux, ce qui les rend d'autant plus questionnables.

1.2 Lutter contre le fondamentalisme passe par l'éducation et la lutte contre l'exclusion sociale

La nécessité de lutter contre les fondamentalismes religieux se conçoit en premier lieu dans le cadre des politiques d'éducation. L'ouvrage du linguiste Alain BENTOLILA, *L'école contre la barbarie* (2017), propose de réintroduire tous les dieux ainsi que l'enseignement de la spiritualité à l'école. Il estime qu'à ce sujet, le questionnement des élèves est légitime.

Il mérite une réponse et un accompagnement qui favorisera l'émergence d'une réelle « mixité spirituelle » dans laquelle toute notion de vérité exclusive ne saurait prendre racine. Alain BENTOLILA prône également la lutte contre « l'insécurité linguistique ». Il estime qu'un « *enfant qui parle mal le français est vulnérable, [qu]'il manquera de pouvoir et de réfutation* » et qu'il sera vulnérable face à des discours et des textes manipulateurs. Les derniers éléments du *Rapport PISA* soulignent, qu'en 2015, 15 % des élèves de 15 ans en France avaient de grandes difficultés à la compréhension de l'écrit. La lutte contre le fondamentalisme semble donc passer par la lutte contre les inégalités scolaires.

Pour l'anthropologue Dounia BOUZAR, dans *Désamorcer l'islam radical* (2014), il s'agit également d'associer systématiquement à la démarche de désendoctrinement et de désengagement une seconde étape de suivi et d'accompagnement social, qui doit faire partie intégrante du contenu des programmes de réinsertion, en lien avec les acteurs compétents sur le terrain (travailleurs sociaux, etc.). Une réinsertion véritable de la personne dans la société constitue en effet le moyen le plus sûr de pérenniser les résultats du processus de sortie de la radicalité. La mise en place d'une telle politique préventive présente deux caractéristiques qui en rendent l'élaboration plus complexe :

- d'une part, elle ne peut se construire qu'à moyen et long terme dès lors qu'elle suppose des changements profonds dans l'administration et la société civile et que l'on ne peut espérer au surplus « déradicaliser » une personne radicalisée du jour au lendemain ;
- d'autre part, elle suppose la mobilisation de nombreux acteurs en plus de l'État, dont l'un est en outre particulièrement difficile à appréhender pour un État laïc tel que la France : l'acteur religieux.

Cette démarche peut notamment se traduire par l'incitation à entreprendre une formation, ou encore par une aide au retour à l'emploi (voire à l'entrée dans l'emploi, pour les profils jeunes). Dans l'esprit de cette approche d'intégration sur le long terme, il semble d'ailleurs souhaitable d'impliquer autant que possible l'entourage des individus concernés dans l'ensemble du processus. Certains djihadistes de retour ont cependant fait part de leur désillusion. L'expérience des repentis du djihadisme est à ce titre éloquente. Loin des illusions romantiques forgées au cours d'une radicalisation effectuée en grande partie sur Internet, ils ont en effet découvert sur place l'extrême violence des combats et la réalité des enjeux de la lutte conduite par Daech, qui s'apparente davantage à une guerre de pouvoir entre factions sunnites concurrentes qu'à un combat contre un gouvernement illégitime. Ce qui se dessine aussi dans la lutte contre le fondamentalisme religieux, c'est de la formation, évidemment pour les personnels, notamment le personnel pénitentiaire, et notamment pour l'identification et la détection de ce que l'on appelle les « signaux faibles », c'est-à-dire les premiers signes qui montrent qu'un processus de radicalisation est en cours comme le souligne l'ouvrage collectif *Radicalisation - Processus ou basculement ?* (2016).

1.3 La radicalisation, processus ou basculement ?

Un autre débat s'est également concentré sur la radicalisation : s'agit-il d'un processus ou d'un basculement ? Le politiste Xavier CRETTIEZ, dans l'ouvrage collectif préalablement cité, insiste sur le fait qu'à ses yeux, la radicalisation ne peut être qu'un processus, et l'idée d'un basculement soudain dans la radicalité lui paraît peu vraisemblable. De ce fait, le cas des « loups solitaires », dont la radicalisation se ferait dans la solitude et l'isolement, ne lui paraît pas envisageable car ceux-ci subiraient nécessairement une influence extérieure à un moment donné. Xavier CRETTIEZ distingue plusieurs niveaux au sein desquels se réalisent les radicalisations individuelles : un macro-niveau, un « méso »-niveau et un micro-niveau. Au niveau macro, plusieurs éléments peuvent pousser à la radicalité. Le premier d'entre eux est la ségrégation économique, qui peut radicaliser un groupe si celui-ci la perçoit comme une politique intentionnelle à son encontre. De même, l'exclusion politique, délibérée ou non, d'un groupe défini peut aussi conduire à sa radicalisation, puisqu'il trouve alors dans la violence un moyen de surmonter l'exclusion politique dont il fait l'objet. Enfin, au niveau macro, le contexte international et national peut également conduire à une radicalisation d'acteurs percevant certaines situations comme « injustes » ou « indignes ». Au niveau méso, celui des rapports entre un individu et son environnement, l'intervenant observe que la « validation hiérarchique » des actes du radicalisé par des « supérieurs » favorise la radicalisation, de même que le rôle de l'entourage, qui peut grandement influencer un individu et l'entraîner à se radicaliser en l'encourageant et en lui apprenant comment faire. Internet semble là aussi jouer un rôle important dans la socialisation faisant basculer dans le djihad. Au niveau de la psychologie personnelle, Xavier CRETTIEZ observe que la radicalisation sert pour certains à améliorer leur estime de soi, à échapper à leur quotidien, à se donner un but et servir une cause au sein d'un groupe qui offre un « nouveau départ » et une « nouvelle chance » de réussite.

Toujours dans l'ouvrage collectif *Radicalisation - Processus ou basculement ?* (2016), Bilel AININE, tout comme Xavier CRETTIEZ, signale le fait que la radicalisation est un processus bien plus qu'un basculement. Pour lui, l'idéologie sert à construire un sentiment victimaire qui provoque la radicalisation : ainsi, le radicalisé, victime d'une injustice, est en droit d'être pris d'une « juste » colère qui l'autorise à recourir à la violence par le biais de l'idéologie. L'influence de l'idéologie violente, comme le salafisme djihadiste, sert à donner un droit à la violence, puisqu'il offre une justification, ici religieuse, de la violence au nom de certains principes. Enfin, l'intervenant observe que l'idéologie sert à susciter des sentiments affectifs et entraîne des réactions émotionnelles. Cette émotionnalité provoque ensuite les actes du radicalisé. Ses actes servent donc les préceptes qu'il suit et, donc, dans le cas du salafisme, la haine et la vengeance du salafiste se justifient par le mal commis par ses ennemis.

Le philosophe Frédéric GROS, quant à lui, estime qu'il y a deux éléments dans la radicalisation. Il revient d'abord sur la radicalisation qui signifie que l'individu dépasse certaines bornes, celles jugées comme les limites du raisonnable et qu'il passe donc du côté du chaos, de la destruction. La violence nécessite un excès et un extrémisme radical. Frédéric GROS sépare alors la guerre telle qu'on la comprend habituellement, qui suppose une frontière claire entre une violence organisée et structurée, avec un objectif rationnel et des « lois de la guerre », et la violence djihadiste qui est une violence non maîtrisée, chaotique, et qui tend à brouiller les frontières qu'établit la guerre au sens classique du terme. La violence djihadiste frappe de manière aveugle, les séparations entre le civil et le militaire et entre le criminel de droit commun et l'ennemi militaire disparaissent, laissant la place à un phénomène contagieux d'extension du conflit, de la radicalisation et des moyens engagés pour y faire face.

2 Pour cela, il semble nécessaire de travailler sur le terreau du radicalisme : une société qui exclut

2.1 L'exclusion sociale, terreau de la radicalisation

Pour lutter contre les radicalismes religieux, il semble nécessaire de travailler sur le terreau du radicalisme, c'est-à-dire l'exclusion sociale. Les profils des individus radicalisés sont nombreux et se caractérisent par leur grande diversité d'origines et de trajectoires. Les djihadistes étudiés par David THOMSON, dans son ouvrage *Les Revenants* (2016), sont majoritairement issus d'un milieu populaire, bien qu'il existe également des individus radicalisés provenant des classes plus aisées. Les motivations des individus à faire le choix d'une idéologie radicale sont multiples, bien que l'on puisse peut-être leur trouver un point en commun : les personnes radicalisées sont généralement des personnes désespérées qui trouvent dans l'idéologie un moyen de se révolter contre l'ordre social, qu'ils jugent illégitime et injuste. Sur le long terme, la lutte contre les radicalités doit se concentrer sur les sources de celles-ci, à savoir l'exclusion et le manque de sens qui caractérisent nos sociétés modernes. Le terreau des radicalismes est celui de l'exclusion sociale. Cette dernière s'est fortement développée ces dernières années à la faveur de l'apparition du chômage de masse.

En outre, un salariat précaire s'est développé depuis les années 1980, comme l'explique Robert CASTEL dans *Les métamorphoses de la question sociale* (1995). La part des CDI parmi les salariés a baissé de 15 % entre 1975 et 1995, ce qui a rendu plus vulnérable la classe salariale et a affecté ses conditions de vie. Au-delà d'être précarisés, les salariés pauvres ont été exclus socialement, selon un mécanisme décrit par Serge PAUGAM dans *La disqualification sociale* (1991). L'intégration des individus à la société reposerait sur quatre types de liens, que les individus entretiennent avec leur famille (lien filial), leurs amis (lien de participation élective), leurs collègues de travail (lien de participation organique), ainsi que leurs concitoyens. De ces liens, les individus retireraient la protection et la reconnaissance de leurs semblables. Or, nos sociétés contemporaines sont caractérisées par un chômage de masse et un affaiblissement des solidarités familiales. Le lien social entre les individus s'en trouve affaibli et ces derniers, lorsqu'ils sont confrontés à la perte de leur emploi, suivent une trajectoire de disqualification. Du fait de leur fragilité, les chômeurs deviennent dépendants de leur famille et de leurs amis, avant de rompre tout contact social par honte de leur propre dépendance. Ces marginaux sont très sensibles aux discours radicaux car ces derniers rejettent les institutions défaillantes de la société et promettent aux exclus un avenir. Les idéologies radicales proposent un avenir aux désespérés à travers la révolte.

Nous l'avons vu, les radicalités prospèrent sur les crises profondes que connaissent les sociétés qu'elles visent. L'extrême droite instrumentalise par exemple le malaise identitaire des Français et les problématiques de l'immigration. Gilles KEPEL a démontré dans son ouvrage *Terreur dans l'Hexagone* (2015) que le djihadisme français prenait ses racines dans le désespoir qui existe dans les « banlieues » françaises et qui a été révélé par les émeutes de 2005. La jeunesse issue de l'immigration et vivant dans les quartiers populaires est alors devenue selon le politiste un acteur politique majeur en France, et ce alors que l'islam radical prenait son essor. C'est la rencontre de ces deux facteurs qui explique aux yeux de KEPEL la « genèse du djihad français ». L'exclusion sociale est donc une des raisons majeures de l'adhésion des individus à une idéologie radicale.

2.2 La fracture territoriale et environnementale, démultiplicateur de l'exclusion

Dans son livre *Le ghetto français* (2004), Éric MAURIN introduit la notion de fracture territoriale. Décrivant une stratégie d'évitement, par laquelle chacun cherche à « *contourner le groupe immédiatement inférieur sur l'échelle des exclus* », l'auteur pointe le fossé existant entre la réalité et l'objectif de mixité sociale. Dès lors que le lieu de résidence devient un « marqueur social », la politique de la ville, cantonnée à une géographie prioritaire et procédant par ciblage, ne prend en compte qu'une partie du problème. Le processus de séparation se fait en effet surtout par le haut, certains territoires étant monopolisés par les groupes sociaux les plus favorisés, au point de former, pour les sociologues Monique et Michel PINÇON-CHARLOT, de véritables *Ghettos du gotha* (2007). Dans ce cadre, les politiques de la ville paraissent inefficaces, voire contre-productives, en accentuant l'effet de particularisation de certains territoires. La dimension socio-économique ne suffit pas, à elle seule, pour expliquer le phénomène de radicalisation. Il y a effectivement des écarts de richesses. Mais on constate que les adhésions idéologiques dépassent les seuls quartiers sensibles et pauvres. Cette fracture territoriale se répercute sur les lieux de culte sur le territoire de la République. Amélie BOUKHOBZA, docteur en psychopathologie interculturelle et auteure d'une thèse intitulée *Jouissances djihadistes : genèse d'une haine intellectuelle* souligne que l'on évoque parfois l'insuffisance du nombre de mosquées pour expliquer la radicalisation mais ce n'est probablement pas le vrai problème. Les discours radicaux se propagent surtout dans les espaces intermosquées comme à la sortie de celles-ci, dans les salles de sport, les clubs de foot, les associations cultuelles et culturelles.

Par ailleurs, ces dernières années, plusieurs études ont découvert que la hausse des températures dans le monde était un facteur d'instabilité politique, créant ainsi les conditions favorables à l'émergence de groupes comme Daech. Ainsi on estime que le réchauffement climatique avait contribué au conflit syrien en aggravant la sécheresse qui sévissait dans le pays depuis 2006. Le manque de pluie a empiré la situation déjà critique des ressources hydriques et agricoles du pays, contraignant 1,5 million d'habitants des campagnes à se rapprocher des zones urbaines. Un rapport du Pentagone datant de 2014 a qualifié le réchauffement climatique de « *multiplicateur de menace* », car il aggrave des facteurs de terrorisme, de famine et de maladies infectieuses existants : « *Les conséquences du réchauffement climatique risquent de déstabiliser d'autres pays. Elles compliqueront l'accès à l'eau et à la nourriture, endommageront les infrastructures, contribueront à la propagation des maladies, déracineront les populations, entraîneront des migrations de masse, interrompront l'activité commerciale et réduiront l'accès à l'électricité.* » Le Pentagone soulignait également l'impact probable du changement climatique sur les opérations militaires américaines à court et long terme, car des problèmes tels que l'élévation du niveau des mers menacent les bases militaires et d'autres infrastructures. Un rapport du groupe d'experts intergouvernemental sur l'évolution du climat, paru lui aussi en 2014, détaillait l'incidence du réchauffement climatique sur des problèmes comme la sécheresse ou la famine, lesquelles contribuent à la naissance de conflits. On peut prendre également l'exemple des inondations en 2010 au Pakistan, qui ont privé de logement plus de 10 millions de personnes. Une catastrophe d'autant que le Pakistan est un des principaux foyers de radicalisation. Ces nouvelles problématiques sont ainsi potentiellement à l'origine de nouvelles radicalités, suggérées ou démultipliées par la question environnementale.

2.3 L'exclusion dans le processus de radicalisation

La frustration découlant notamment du sentiment d'exclusion constituerait l'un des moteurs de la radicalisation. Selon Farhad KHOSROKHAVAR, dans *Radicalisation* (2014), un individu fragile serait ainsi susceptible, « *en distordant les faits relatifs à sa frustration et en les magnifiant sous une forme pathologique, [de les rendre] responsables de sa misère et de celle de son groupe ; il cherche, souvent au nom d'une communauté imaginaire dont il se croit le porte-parole, à en tirer vengeance et à faire payer la société entière* ». La perméabilité à ce discours démontrerait également que, au contraire de l'image souvent présentée d'une jeunesse refusant tout repère, les aspirants au départ pour la Syrie reconnaîtraient dans le djihadisme un système déjà construit de valeurs qu'ils n'ont plus le sentiment de trouver dans leur pays d'origine.

Née d'une révolte contre les exactions commises sur le territoire syro-irakien et devant le laisser-faire de la communauté internationale, la décision du départ se ferait avec le sentiment d'aller servir une cause révolutionnaire et juste. Cette quête de sens concerne notamment certains profils psychologiques souvent fragiles et particulièrement ciblés par la propagande salafiste. Outre un « salaire », les jeunes radicalisés se voient offrir un rôle correspondant à leurs aspirations. À ceux qui sont avant tout animés par la volonté de voir leur utilité reconnue et appréciée – parmi lesquels se retrouvent notamment les individus sans attache –, Daech promet l'appartenance à une communauté de combattants unis par la complémentarité de leurs rôles respectifs. D'autres, animés de sentiments généreux, sont davantage attirés par l'idée de porter secours aux populations opprimées par les régimes en place. Le modèle chevaleresque s'adresse à celui qui se sent investi d'une responsabilité particulière face à l'inertie de ses contemporains.

D'autres vidéos de propagande djihadiste ont ciblé particulièrement des jeunes en recherche d'adrénaline, d'aventure, et d'appartenance à une communauté virile ; il s'agirait notamment des recalés à la carrière militaire. Certains enfin seraient plus sensibles à l'image de la toute-puissance : à ceux-là, les intégristes offrent l'impression de prendre la place de Dieu en disposant du droit de vie et de mort sur le territoire des affrontements. Il existe aussi la question de la radicalisation en prison. Il n'y a, pour KHOSROKHAVAR, ni une seule cause bien identifiable ni même un seul profil du radicalisé. Il existe au moins trois idéaux-types du radicalisé en prison : le détenu qui a un passé de terrorisme, le détenu qui cherche la protection d'un leader et le détenu qui instrumentalise l'islamisme pour gagner en prestige et en autorité. La prison n'est d'ailleurs pas le seul lieu ni même le lieu privilégié de la radicalisation. Elle joue certes souvent un rôle important, mais elle intervient en aval d'un processus de rejet de la société ancré dans des problématiques socio-économiques, familiales et métaphysiques. La prison constitue ainsi une chambre d'amplification, une sorte d'exutoire d'une haine qui lui préexiste mais qui trouve un environnement favorable dans le système carcéral répressif. En prison, l'effet de groupe est d'ailleurs aussi – sinon plus – déterminant que la frustration ou l'idéologie dans le processus de radicalisation.

3 L'inclusion de chacun dans la société passe par la lutte contre le chômage de masse

3.1 Le chômage de masse ouvre la voie au processus de disqualification sociale

Les conséquences sociales du chômage ont été soulignées, nous l'avons vu, avec Paul LAZARSFELD, Marie JAHODA et Hans ZEISEL dans *Les chômeurs de Marienthal* paru en 1933. Dans cette enquête, le découragement gagne les habitants. Par exemple, un chômeur envoie résolument cent trente demandes d'emploi qui restent toutes lettres mortes, et finit par abandonner du jour au lendemain. Au-delà des conséquences économiques désastreuses imposées par un chômage généralisé et le rationnement, les auteurs relèvent des évolutions notables dans le comportement des habitants. Ces derniers développent des comportements qui échappent à une lecture rationnelle. Ainsi, ils fréquentent de moins en moins les réunions politiques et syndicales. Ils abandonnent aussi la presse politique, pour une presse de faits divers, pourtant plus chère. Aussi, on observe la recrudescence de contractions de prêt pour consommer, alors que leurs moyens financiers sont très largement insuffisants. Entre autres, les auteurs observent des individus qui s'effacent : « *Nous avons distingué divers types d'attitudes : une attitude plus active, plus confiante que la catégorie la plus représentative des résignés, et deux autres, plus abattues et désespérées. Mais nous avons finalement supposé qu'il ne s'agissait sans doute que des stades successifs d'un déclin psychique, parallèle à la réduction des ressources et des réserves. Au dernier stade se trouvent le désespoir et la ruine.* »

Pierre BOURDIEU relève dans la préface de cet ouvrage que « *dans cette "vie sans but et sans espoir", le choix est entre l'indifférence, la résignation, l'effondrement et le désespoir* ». Aussi, pour LAZARSFELD, JAHODA et ZEISEL, quatre catégories sont à différencier concernant les comportements des chômeurs. Les « stables » sont ceux gardant une vie similaire à celle antérieure au chômage dont ils sont atteints, les « résignés » sont ceux perdant toute projection dans l'avenir mais maintenant un mode de vie proche de celui qu'ils avaient avant la perte de leur emploi. Les « désespérés » regroupent ceux qui, n'ayant plus aucun projet ou engagement, subissent les effets psychologiques de la perte d'emploi tels que la dépression. Enfin, les « apathiques » se caractérisent par l'absence d'espoir, d'espérance et ne s'occupent plus ni d'eux-mêmes, ni de leurs proches. Le chômage est donc un processus d'exclusion sociale long, scindé en plusieurs étapes, mais dont la finalité est, à terme, la mort sociale.

Cet abandon de toute rationalité d'une part et de toute culture politique d'autre part sont les deux éléments centraux du travail réalisé par Paul LAZARSFELD, Marie JAHODA et Hans ZEISEL. Ils montrent la place majeure qu'occupe le travail dans la vie quotidienne, dans la culture même des individus. La perte de travail équivaut, pour la petite société que forme la ville de Marienthal, à une perte de cadre, à une véritable acculturation. Les auteurs parlent ainsi du chômage : « *Déliés de leur travail, sans contact avec le monde extérieur, les travailleurs ont perdu toute possibilité matérielle et psychologique d'utiliser ce temps. La forme d'utilisation la plus fréquente chez les hommes est "ne rien faire". C'est sur la base de cette acculturation, de cette lente mort sociale, que va se développer dans cette "communauté lasse"* », la radicalité politique pour aboutir à l'émergence puis la victoire du nazisme. Ainsi, les chômeurs de Marienthal illustrent l'impact du chômage de masse et de longue durée. Atteignant d'abord le quotidien des habitants, le chômage vient modifier leurs comportements, leurs relations sociales et leur mode de vie. L'impuissance ressentie face à cette situation transforme finalement l'orientation politique des individus perçue comme unique moyen de se défaire de cette situation sur le long terme.

3.2 La solution semble complexe dans une société où le travail vient à manquer

Dominique MEDA publie en 1995 *Le travail : une valeur en voie de disparition*. Dans cet ouvrage, elle analyse la place qu'occupe le travail dans nos sociétés modernes. Elle établit cette analyse à travers une perspective historique de long terme et l'affrontement entre cette réalité historique et sociologique avec une autre réalité, celle des mutations économiques. Cet affrontement entre un passé qui tarde à disparaître et une société moderne déjà présente, explique, selon elle, ce malaise. La société française vit un paradoxe. D'une part, le travail depuis les années 1950 ne cesse de se faire autour du même modèle productiviste : « *produire toujours plus avec toujours moins de travail humain* ». La situation devient paradoxale car le chômage de masse apparaît avec la fin des Trente Glorieuses (1945-1973). Cette situation est donc intenable car le travail est l'activité fondamentale de l'homme. La place centrale du travail est au croisement de différentes doctrines philosophique et qu'elles soient chrétiennes, marxistes ou humanistes. Or, cette conception du travail est relativement récente. En effet, l'Antiquité grecque et latine ne voit le travail que comme quelque chose de pénible et dégradant et non pas comme une source d'épanouissement. Le travail est peu ou prou réservé aux esclaves et aux métèques. Si le christianisme change la donne, c'est surtout l'avènement du libéralisme comme doctrine philosophique et économique qui amène la conception moderne du travail. Adam SMITH conçoit le travail comme la source de la richesse ; Friedrich HEGEL voit le travail comme une réalisation de soi.

L'arrivée de l'usine et de la pénibilité change le rapport au travail. C'est la social-démocratie avec l'émergence de l'État-Providence qui transforme le travail en recherche d'un travail « libéré » et recherche aussi le « plein emploi ». Le paradoxe est latent dans ce double objectif. Il semble en effet délicat de lier toujours les deux. Pour Dominique MEDA, le « travail libéré » lui-même se révèle être une utopie. Le travail dans sa conception moderne impose l'aliénation de par sa logique capitaliste. L'autonomie n'est pas possible quand la recherche première est l'efficacité. Le travail est, dans le même temps, considéré comme le moyen majeur de la socialisation, c'est ce dont souffrent les chômeurs. Mais il n'est pas conçu pour cela et demeure dans une logique de production. Celle-ci s'accompagne d'un essor individualiste, conséquence de la logique libérale du travail, dont l'on retrouve l'expression dans le contrat de travail. La solution pour sortir de cette intenable tension est, pour l'auteure, la sortie du contractualisme, et dans le fait de repenser la politique qui se contente de conserver l'ordre naturel, dont les lois sont garanties par l'économie. Les conditions d'une refonte seraient l'abandon des incitations individuelles, consacrer une partie des ressources nationales aux biens communs et la réduction massive des inégalités sociales. Pour MEDA, il faut donc aller vers davantage de répartition et du travail et des richesses, mais il est nécessaire pour cela de sortir de la société du repli sur la sphère individuelle.

Alors qu'en 1973, le président Georges POMPIDOU, pouvait encore déclarer : « *si un jour la France dépasse les 500 000 chômeurs, ce sera la révolution* », vingt ans plus tard, en 1995, le nombre de chômeurs passait pour la première fois le seuil des trois millions de personnes. À cette date, la philosophe Dominique MEDA, dans l'ouvrage mentionné précédemment et l'économiste américain Jeremy RIFKIN prédisaient simultanément « la fin du travail ». Après une période de décrue, le chômage est reparti à la hausse avec la crise de 2008 et a, dernièrement, franchi à nouveau ce seuil symbolique des trois millions de personnes relançant parallèlement la question de la place du travail dans nos sociétés modernes. En effet, dans leurs ouvrages respectifs *La fin du travail* et *Le travail : une valeur en voie de disparition*, Jeremy RIFKIN et Dominique MEDA posaient la question de la fin du travail en interrogeant la prépondérance du travail salarié dans nos sociétés modernes.

3.3 Il ne semble pourtant pas y avoir d'alternative au travail pour intégrer les individus et lutter contre les comportements radicaux

Dans *L'homme a-t-il besoin de travail ?* publié en 1984, Marie JAHODA revient sur l'étude qu'elle a conduite sur les chômeurs de Marienthal. Elle y établit que le travail, en plus de sa fonction première d'apporter le revenu, remplit trois fonctions latentes mais pourtant essentielles pour l'individu : « *il impose une structure temporelle de la vie ; il crée des contacts sociaux en dehors de la famille ; il donne des buts dépassant les visées propres ; il définit l'identité sociale et il force à l'action* ». Le travail donne une structure temporelle, il permet en effet à chacun de se situer dans le temps. Dans la journée d'abord, mais dans le temps plus long, à travers les mois et même à l'échelle d'une vie, entre le temps d'apprentissage, de travail à proprement parler et celui de la retraite. Le chômage est donc avant tout une déstructuration du temps, une perte des repères temporels. Comme le précise elle-même Marie JAHODA : « *[Les chômeurs] déliés de leur travail, sans contact avec le monde extérieur, les travailleurs ont perdu toute possibilité matérielle et psychologique d'utiliser ce temps. N'ayant plus à se hâter, ils n'entreprennent plus rien non plus et glissent doucement d'une vie réglée à une existence vide et sans contrainte.* »

Le travail est ensuite un important vecteur de sociabilité. En effet, le travail offre en permanence du contact avec les autres : collègues, clients, fournisseurs ; en plus des contacts impliqués par la mobilité et les aspects indirects. C'est un véritable « besoin social » qui est couvert par le travail. Un des chômeurs de Marienthal explique ainsi : « *Quand je suis revenu, je n'avais plus envie d'être cordonnier. Je voulais aller à l'usine. C'était plus agréable. Comme cordonnier, on est assis toute la journée avec deux ou trois personnes ; à l'usine, c'est différent, on a une foule de camarades, et, quand le travail est fini, on est vraiment libre et on peut prendre du bon temps.* » Ensuite, le travail donne des buts dépassant les visées propres. En apprenant et en offrant des compétences, nous participons à un objectif plus grand que nos propres personnes. Pour cette raison, faire le ménage chez soi et faire le ménage dans une entreprise sont deux choses différentes. Dans le second cas, on participe à un acte collectif qui donne le sentiment que chacun à sa propre place, nous participons à la construction du monde. Cela donne de la gratification. C'est d'ailleurs ce que recherchent les individus : de la reconnaissance pour leur bonne participation à une juste tâche. Aussi, le travail définit l'identité. C'est l'appartenance à une « classe » ou en tout cas à une catégorie sociale. Il n'y a pas de classe ouvrière sans travail, il ne peut donc y avoir une défense de leurs intérêts propres et une identification collective. Les chômeurs de Marienthal perdent en effet rapidement toute conscience politique, « *ils perdent apparemment peu à peu la conscience d'avoir une profession, et se vivent désormais comme membre de la catégorie des chômeurs* ».

Enfin, le travail force à l'action. Tout travail par la rigueur qu'il implique (au niveau des tâches à effectuer, des horaires...) rend l'action obligatoire pour l'individu concerné, sous peine de rupture de son contrat, et donc de perte de revenu. Ainsi, il est forcé à l'action, sans cela, il n'avancerait pas, et sans doute pas non plus, du fait du dépérissement progressif, dans sa vie personnelle. Le travail force à l'action et de même il force au défi, à la sortie de sa zone de confort. L'éloignement du travail semble ainsi mener vers une forme de régression personnelle : « *Tout se passe comme si les valeurs culturelles contenues dans le débat politique étaient neutralisées, ou même comme si elles faisaient place à des formes de lutte plus primitives.* » Le travail est donc essentiel, il définit les rapports de l'individu à la société, quel que soit le travail, et on le mesure pleinement lorsqu'il est absent, lorsqu'il y a du chômage. À ce sujet, les analyses de Robert CASTEL et Serge PAUGAM montrent que le travail et plus précisément son absence ou sa précarisation peuvent être synonyme d'exclusion. Leurs écrits reviennent sur la centralité de la place du travail dans nos sociétés. Ils rappellent, la pensée du philosophe allemand Jürgen HABERMAS qui a publié, en 1985, *Le Discours philosophique de la modernité*, dans lequel il écrit que nos sociétés occidentales sont des « *sociétés fondées sur le travail* ». Cette citation est utilisée en ouverture de l'ouvrage de Dominique MEDA, *Le travail*, pour souligner selon elle que le travail est au fondement de l'ordre social au sens où « *il détermine largement la place des individus dans la société, il continue d'être le principal moyen de subsistance et d'occuper une part essentielle de la vie des individus. Travailler est une norme, un "fait social total".* ». En effet, l'ensemble de ces analyses tend à montrer que le travail est un « fait social total » dans le sens entendu par Marcel MAUSS dans son *Essai sur le don* paru en 1923. En effet, pour cet anthropologue, un fait social total se reconnaît à sa caractéristique de concerner tous les membres d'une société et de dire quelque chose sur tous ces membres. Le travail dit des choses sur les individus et, comme le montrent CASTEL et PAUGAM, concerne l'ensemble des individus d'une société, qu'ils travaillent ou non.

4 Ce travail sur l'inclusion de chacun aura également des répercussions sur les radicalismes politiques

4.1 Pour Hervé LE BRAS, les inégalités fonctionnent avec un « effet boule de neige », il faut donc lutter à leur racine pour résorber la tentation des radicalités politiques

La question de la réplique à ce malaise français par des politiques de lutte contre le chômage de masse est une question centrale. Toutefois, si elle est centrale, elle n'est qu'une composante des inégalités. Le démographe Hervé LE BRAS dans son *Atlas des inégalités* paru en 2014 analyse des inégalités diverses et choisit de ne pas se concentrer uniquement sur les inégalités économiques. Il écrit ainsi : « *Si brusquement, demain, on donnait à chaque Français le même revenu, un an après on verrait réapparaître les inégalités, car elles sont plus profondément ancrées dans la sociétéfrançaise.* » Hervé Le Bras analyse donc à travers cet atlas ce qu'il appelle « l'enchevêtrement des inégalités » qui est donc un phénomène multidimensionnel et cumulatif. En effet, les inégalités que va analyser Le Bras sont rarement isolées, elles se recoupent, s'accumulent ; plus c'est le cas et plus la difficulté pour en sortir est grande.

Ainsi, Hervé Le Bras va montrer que les mutations démographiques ont entraîné des mutations géographiques. Au XIXe siècle, ce sont les campagnes françaises qui se dépeuplent avec l'exode rural et qui se déversent dans les villes, les côtes et les zones fluviales, pour suivre les mutations économiques. Ce sont ces déplacements qui ont entraîné par leurs conséquences sociales, sociologiques et anthropologiques un changement dans la démographie française. La France voit sa densité de population devenir inégale, mais surtout, alors qu'elle avait un taux de fécondité parmi les plus faibles des pays développés, elle entre dans une phase de « baby-boom » et renoue avec un taux de fécondité parmi les plus élevés. L'urbanisation a en effet entraîné pour Hervé Le Bras une évolution des structures familiales et des mœurs, notamment religieuses, plus souples, et donc une société plus féconde. Ces mutations démographiques entraînent aussi un phénomène majeur : celui de la « métropolisation ». Ce phénomène se traduit par une concentration des richesses et des compétences, avec donc une concentration urbaine des cadres et des professions intellectuelles supérieures qui entraîne une relégation des ouvriers dans les zones plus éloignées des centres. Aussi, le démographe insiste sur les différences anthropologiques entre les régions, avec certaines plus inégalitaires à l'origine, qui ont développé, avec l'apport religieux, des solidarités parallèles comme compensation de cette situation inégalitaire initiale. C'est ce que Le Bras appelle « les couches protectrices » : des solidarités locales, souvent familiales, qui ont perduré, de manière simplifiée dans l'ouest, alors que le sud-est et le nord sont d'abord des régions de l'égalité républicaine. L'affaiblissement des structures étatiques a donc frappé plus fortement encore certaines régions.

L'observation centrale que fait Hervé Le Bras est celle que les inégalités ont tendance à faire effet « boule de neige », c'est-à-dire que leur aspect cumulatif est inexorable sans action déterminée de la puissance étatique. Il rappelle aussi que « *la carte des zones les plus inégalitaires se rapproche de celle du Front national au premier tour de l'élection présidentielle de 2012* ». Par exemple, dans le Languedoc-Roussillon, le rapport des inégalités entre le premier quintile et le dernier quintile (entre les 20 % les plus pauvres et les 20 % les plus riches) est de 1 à 4, alors qu'il n'est que de 1 à 2 pour l'ouest. Le Languedoc-Roussillon est, par ailleurs, une région où le vote Front national est très élevé. Cette correspondance est, pour Hervé Le Bras, un lien de causalité. La conséquence logique que tire le démographe est donc celle de la nécessité d'une réponse étatique diverse du fait de la diversité des cas. S'il refuse de mettre en place des politiques de discriminations positives ethniques qui enracinent et privent de liberté, il se prononce en faveur de politiques différenciées de manière territoriale pour traiter les inégalités de manière plus ciblée. Cette réponse aux inégalités doit donc être adaptée à l'échelle des territoires.

4.2 L'*Atlas électoral* de Pascal PERRINEAU souligne l'existence de déterminants de vote

À la veille des élections présidentielles de 2007, le politologue Pascal PERRINEAU dirige un ouvrage collectif intitulé *Atlas électoral 2007*. Il couvre toutes les données de sociologie politique, mais il s'intéresse en particulier aux électorats sociologiques pour comprendre les mécanismes d'émergence de la radicalité politique. En se penchant sur les électorats sociologiques en difficulté, nous pouvons mieux analyser la montée de cette radicalité politique, qui se caractérise aujourd'hui par l'explosion du vote Front national ou l'apparition de La France insoumise aux dernières élections présidentielles, qui obtiennent respectivement 21,3 % et 19,6 % des voix. Toutefois, il faut voir et comprendre que les prémices du bouleversement politique que constitue l'élection présidentielle de 2017 sont ancrées plus loin dans le passé, et plus profondément dans les causes sociales que nous avons étudiées précédemment.

La victoire de la radicalité est d'abord une victoire sur la jeunesse. La jeunesse en tant que telle n'existe pas, elle est aussi diverse que le reste de la population. Toutefois, elle a pour spécificité d'être vectrice de changements et de radicalité politique. La jeunesse a privilégié lors des dernières élections présidentielles Jean-Luc Mélenchon ou Marine Le Pen sur Emmanuel Macron par exemple. Ce malaise était déjà sous-jacent. Ainsi, l'*Atlas* de PERRINEAU relève que si la jeunesse reste très attachée au droit de vote, elle est plus facilement abstentionniste ou non inscrite. C'est d'ailleurs particulièrement le cas des jeunes urbains issus de milieux populaires. Si l'abstention est plus forte, ce qui doit retenir notre attention, c'est que le vote est beaucoup plus hésitant, parfois jusqu'au dernier moment. La fracture interne à la jeunesse se trouve en fait principalement avec le niveau de diplôme. En 2002, sur les 18-30 ans, 29 % de ceux n'ayant pas le bac, contre 13 % de ceux l'ayant, avaient voté Jean-Marie Le Pen. Cette fracture sociale est donc profondément ancrée dans la jeunesse. La jeunesse étudiante avait, elle, privilégié les candidats de la gauche plurielle. Cette tentation protestataire de la jeunesse ne doit pas faire oublier la tentation de l'indifférence. Ce balancement entre les deux est déterminant et essentiel. La question du vote des immigrés est aussi importante. Les immigrés constituent un électorat qui pourrait être propice à la radicalité du fait des difficultés sociales qu'ils rencontrent plus fréquemment. 19,5 % des Français affirment avoir au moins un grand-parent d'origine étrangère. Ils sont issus principalement de l'immigration italienne, espagnole, portugaise, maghrébine et africaine. Le choix politique des immigrés se porte de manière claire vers la gauche : 60 % en moyenne, contre seulement 47 % des Français n'ayant aucune ascendance étrangère. Ceci s'explique pour différentes raisons. Tout d'abord, il s'agit d'une culture de classe, les immigrés étant souvent, au début particulièrement, des ouvriers. Ensuite, cela s'explique par une immigration politiquement ancrée à gauche dans le cas de l'immigration issue de l'Europe du sud. Enfin, et c'est là l'essentiel, c'est la traversée commune de l'expérience de l'immigration qui les enracine ensemble à gauche. On observe toutefois un écart entre les immigrés européens et les immigrés ultra-méditerranéens. Ceci s'explique sans doute par le fait que ces populations issues du Maghreb ou d'Afrique subsaharienne sont plus ramenées à leurs origines que les autres immigrés. Cette propension à voter à gauche se retrouve, alors que les attentes sociales sont fortes, dans la radicalité politique. En ce sens, les scores très élevés de Jean-Luc Mélenchon dans les banlieues populaires des grandes villes sont à raccrocher à ce besoin de radicalité et à l'héritage ancré à gauche.

Le vote que Pascal PERRINEAU appelle « populaire », qui rassemble le vote des ouvriers et des employés, connaît de profondes mutations. Alors qu'il fût très longtemps ancré à gauche, chez les ouvriers en particulier, le déclin s'amorce rapidement, et la gauche n'est déjà plus majoritaire en 2002. La cassure est surtout présente sur la ratification du Traité de Maastricht en 1992 et du Traité Constitutionnel Européen en 2005. Dans le cas du dernier, 81 % des ouvriers et 60 % des employés refusent le Traité, tandis que le Parti socialiste appelait à voter « Oui ». Cette tradition de gauche disparaît progressivement, alors que c'est l'abstention et le vote Front national qui se développent. Les mutations économiques faisant passer de la grande usine à de petites structures expliquent en partie ce changement fondamental dans le vote des catégories populaires. La question des classes moyennes est plus délicate. Tout d'abord du fait de sa définition. Si elle regroupe aujourd'hui la catégorie sociologique dite « des professions intermédiaires », 60 % des Français considèrent en faire partie. Elle est donc plus ou moins large selon que l'on prenne un point de vue subjectif ou objectif. L'émergence d'une classe moyenne de gauche aux côtés des indépendants de droite a entraîné un déplacement vers la gauche, notamment en 1981. Toutefois les classes moyennes, déterminantes dans les scrutins sont divisées. Encore une fois, c'est le Traité Constitutionnel Européen de 2005 qui révèle le mieux ces divisions. Si cette division n'altère pas l'attachement au libéralisme culturel et au service public, elle se fait entre partisans d'une société ouverte et ceux d'une société plus fermée. Cette division s'articule autour de la différence entre les personnes issues du secteur public, qui votèrent largement « oui » et celles du secteur privée qui votèrent largement « non ».

Enfin, ce tour de table de l'électorat doit nous mener à nous interroger sur les électeurs ruraux. Les électeurs ruraux sont nombreux, on compte 14 millions d'habitants dans les villes de moins de 2 000 habitants. Néanmoins, cette catégorie de la population a, elle aussi, connu de profondes mutations. D'abord, si les campagnes ne sont pas en voie de « désertification », les populations y vivant changent. Les ruraux sont avant tout des périurbains, sous influence urbaine, n'allant dans le « rurbain » que pour y résider. La population rurale au sens strict est, elle, vieillissante et en déficit démographique. Une dernière catégorie serait le « rural profond » très éloigné des bassins d'emplois et des services en tous genres. Au cœur du rural, le vote agricole est touché par la déception et parfois par le désespoir. Son ancrage à droite le pousse au vote Front national, qui est le premier parti des agriculteurs. Le milieu rural demeure sous l'influence des agriculteurs, mais est en fait majoritairement ouvrier. Toutefois, ces ouvriers, dépendants de petites structures, sont des victimes directes des crises économiques et, du fait de l'éloignement, peinent à se reconvertir. Ces deux électorats sont tentés par la radicalité politique. Les autres, un groupe plus hétérogène, sont aspirés par la seule fonction résidentielle du rural. C'est pourquoi pour lutter contre cette tentation du radicalisme politique, il semble nécessaire de lutter contre les inégalités territoriales comme cela était évoqué dans la partie de cet ouvrage consacrée à la ville.

5 Au final, lutter contre les radicalités c'est améliorer le vivre-ensemble… notamment dans les villes

5.1 Toutes les problématiques évoquées à propos de la ville ou des radicalités semblent liées

Annie COLLOVALD et Brigitte GAÏTI, dans *La démocratie aux extrêmes : Sur la radicalisation politique*, soulignent que tous ces phénomènes sont liés. En effet, elles écrivent : « *Terrorisme, guérillas, milices armées, montée des intégrismes et des nationalismes, retour des extrêmes droites, émeutes, violences urbaines : on pourrait allonger la liste de phénomènes manifestant une radicalisation de la lutte sociale et politique qui, en occupant très largement les unes des quotidiens et les débats politiques, créent une impression de démocraties assiégées et agressées par des extrémismes.* » Avant de préciser plus loin que « *pour expliquer les raisons du surgissement de ces nouvelles menaces, les commentaires privilégient les causes exceptionnelles, extérieures au fonctionnement démocratique : fanatisme, repli communautariste, choc des civilisations, explosion des délinquances, crispation raciste, etc.* » Alors que les auteurs soulignent que les sciences sociales ont des arguments à opposer à de telles représentations qui tracent une frontière claire et étanche entre le « normal » de la modération démocratique et le « pathologique » de la radicalité.

Leur ouvrage tend plutôt à démontrer le contraire. Les travaux d'historiens, de juristes, de sociologues et de politistes qui y sont rassemblés montrent que « *la radicalité n'est pas la cause, mais bien une des issues possibles de processus de radicalisation dont la dynamique s'inscrit dans le jeu politique ordinaire, dans des basculements invisibles dont les conséquences se dessinent après coup* ». Elles ajoutent par ailleurs : « *Si ce ne sont pas toujours les révolutionnaires qui font les révolutions, il reste à comprendre comment les jeux de surenchère, de compromis, de concurrences et d'alliances qui caractérisent la vie démocratique ordinaire peuvent produire des radicalités qui en minent les fondements.* »

Aussi, l'enjeu de l'analyse qui a été présentée était de montrer que les radicalités se nourrissent des processus d'exclusion dont les ressorts sont multiples : inégalités territoriales, inégalités scolaires, sociales ou culturelles. Les solutions sont dès lors multiples et protéiformes.

5.2 Repenser la cohésion sociale pour soigner une France au bord du « burn-out »

Dans le dernier rapport du Médiateur de la République, remplacé dès 2011 par le Défenseur des droits, Jean-Paul DELEVOYE écrit en préambule : « *Le burn out de la société française trahit un besoin urgent de bâtir de nouvelles espérances à la hauteur des efforts fournis. La fébrilité du législateur trahit l'illusion de remplacer par la loi le recul des responsabilités individuelles et de la morale. Le maintien sous perfusion de citoyens assistés permet de soulager nos consciences mais pas de résoudre nos problèmes. Les enjeux déterminants pour notre avenir ne trouvent pas de réponse politique à la hauteur. Les débats sont minés par les discours de posture et les causes à défendre noyées parmi les calculs électoraux. Or, les ressorts citoyens sont usés par les comportements politiciens.* »

Le général de Gaulle affirmait : « *Quand les Français croient en la grandeur de la France, ils font de grandes choses ; quand ils se sentent abandonnés ils font de petites choses.* » Il ajoutait : « *Les confrontations politiques sont fictives car le réel clivage n'est plus entre la droite et la gauche mais entre ceux qui acceptent la mondialisation et ceux qui la récusent. La conquête du pouvoir oblige à des alliances contre nature : les convictions s'effacent lorsque les intérêts s'entrechoquent ; les convictions s'effacent également lorsque les intérêts convergent ! Nous ne sommes pas racistes mais réticents à partager avec ceux qui n'ont rien. Nous sommes pour la mixité sociale à condition de ne pas être embêtés ou gênés par nos voisins. Nous sommes pour la gratuité, celle dont on profite et non celle que l'on finance. Il nous faut retrouver le combat pour les causes alors que nous pensons tous à la défense de nos intérêts et à la préservation de notre confort. Les politiques, aujourd'hui, suivent l'opinion plus qu'ils ne la guident, tandis que les opinions, soumises aux émotions plus qu'aux convictions, sont volatiles. Cela me désole, cela m'inquiète ! Nos sociétés sont régies par trois grands sentiments – les peurs, les espérances, les humiliations – ; les espérances actuelles sont creuses et fragiles tandis que les droites gèrent les peurs, les gauches cultivent les humiliations. Chaque camp pouvant gagner alternativement dans l'euphorie de la victoire d'un jour pour une France qui descendra de division à chaque élection et progressera pas à pas vers les populismes et les extrémismes.* »

Jean-Paul DELEVOYE souligne la nécessité de renforcer la cohésion sociale, un sujet qu'il avait d'ores et déjà abordé dans le rapport qu'il a coordonné intitulé *Cohésion social et territoires* (1997). Dans ce rapport, il était préconisé une série d'actions pour renforcer la cohésion sociale. Ainsi, selon ce rapport, les politiques de cohésion sociales doivent « *favoriser la revitalisation de l'économie et tirer parti de la contribution que les partenaires sociaux et autres instances concernées apportent, notamment en créant des emplois, en stimulant l'esprit d'entreprise et en assurant à tous la possibilité de travailler* ». Par ailleurs, elles doivent « *satisfaire les besoins fondamentaux des individus et favoriser l'accès aux droits sociaux, dans l'esprit universel qui imprègne de nombreuses conventions et recommandations du Conseil de l'Europe, notamment dans les domaines de l'emploi, de l'éducation, de la santé, de la protection sociale et du logement et consacrer la dignité humaine, en plaçant l'individu au centre de ces politiques et en garantissant en Europe les droits de la personne* ». Enfin, ces politiques doivent « *instituer des forums et mettre sur pied des procédures qui permettent aux personnes défavorisées et à tous ceux dont les droits ne sont pas assez respectés de se faire entendre et concevoir une approche intégrée qui couvre tous les domaines d'action concernés* ».

5.3 Au final, il semble donc qu'il faille refaire société et ce, dès le plus jeune âge, à l'école

Dans un ouvrage coordonné par Pierre ROSANVALLON intitulé *Refaire société* (2011), il soulignait que « *la crise financière, la montée de la précarité et de la pauvreté, l'accroissement des inégalités mettent en péril la cohésion de notre société. Le délitement du lien social est aussi aggravé par le repli sur soi et la profonde méfiance des citoyens à l'égard des institutions.* »Avant de préciser que l'objet de cet ouvrage n'était pas de faire un constat de crise mais de trouver comment « faire ou refaire société ». Pour ce faire, de nombreux auteurs dont Christian BAUDEBLOT, Magali BESSONE, Robert CASTEL ou François DUBET proposaient un ensemble de solutions comme accroître la protection et l'autonomie de l'individu, faire de l'entreprise un projet de création collectif, renforcer l'égalité des positions sociales, enrichir la vie démocratique.

Dans la même logique, le sociologue Alain TOURAINE publiait en 2013, *La fin des sociétés*, ouvrage dans lequel, il souligne que « *nous sommes, depuis la crise financière, confrontés à cette évidence : avec la décomposition du capitalisme industriel, toutes les institutions sociales, la famille, l'école, la ville, les systèmes de protection et de contrôle social, l'entreprise, la politique elle-même perdent leur sens* ». Il invite donc à repenser le lien social, car « *le récit d'une fin est l'annonce d'un commencement* ». Ce commencement sera « *celui d'un autre type de vie collective et individuelle fondé sur la défense des droits humains universels contre toutes les logiques d'intérêt et de pouvoir. À travers leurs revendications éthiques, les militants du Printemps arabe ou d'Occupy Wall Street, les indignados de la Puerta del Sol, les nouveaux dissidents chinois, les étudiants chiliens ou, plus généralement, le mouvement des femmes et des minorités sexuelles comme l'écologie politique fraient les voies de l'ère post-sociale et post-historique dans laquelle nous entrons.* »

François DUBET, dans son ouvrage *Les places et les chances,* souligne qu'il y a deux manières de concevoir la justice sociale. La première, l'égalité des places, vise à réduire les inégalités entre les différentes positions sociales. La seconde, l'égalité des chances, cherche à permettre aux individus d'atteindre les meilleures positions au terme d'une compétition équitable. Contre l'air du temps, François DUBET plaide en faveur du modèle des places : celui-ci combat résolument les inégalités et accroît la cohésion de la société. Avec Marie DURU-BELLAT, François DUBET a publié, en 2015, *10 propositions pour changer l'école*. Dans cet ouvrage, ils stipulent qu'« *il faut changer de modèle scolaire... car trop d'élèves y échouent, y apprennent mal ou peu, parce que l'école est trop inégalitaire et parce que son projet éducatif lui-même semble s'effacer devant la rigueur des mécanismes de la machine à sélectionner et à décourager les élèves et de l'angoisse qu'elle inspire à beaucoup* ». Pour eux, c'est la base de toutes les réformes car l'égalité à l'école génère une égalité professionnelle, une égalité culturelle et recrée le lien nécessaire à faire société. « *Les inégalités scolaires aggravent les inégalités sociales.* » Dès lors, pour François DUBET et

Marie DURU-BELLAT, « *l'école française devrait être parmi les plus égalitaires et les plus équitables* ». Ainsi, construire une école plus juste et moins inégalitaire est un objectif des politiques d'éducation. À ce titre, les auteurs notent que la massification s'est construite sur un modèle de justice postulant l'égalité de traitement de tous les élèves, le modèle de l'égalité des chances. Toutefois, les études montrent que l'égalité des chances opère un tri sur les élèves. Pour eux, il faut donc viser l'égalité des résultats en proposant des programmes que la majorité des élèves peut assimiler. Il faut, selon eux, viser à limiter tous les facteurs de découragement, d'auto-exclusion scolaire, à ce titre la hiérarchisation doit disparaître car les élèves ne sortent que « *par le haut ou par l'échec* ».

PARTIE 4
SUJETS DE DISSERTATIONS

SOMMAIRE

CHAPITRE 13

Sujets potentiels

SOMMAIRE

L'une des manières les plus efficaces de se préparer à l'épreuve de questions contemporaines du concours commun des IEP est de réaliser le plus grand nombre de sujet possible avant de se présenter le jour J. Nous vous proposons ci-dessous vingt sujets pour vous entraîner. À l'aide de l'ouvrage, de vos lectures et de votre culture personnelle, essayez de traiter ces sujets en respectant scrupuleusement la méthodologie présentée dans les premiers chapitres. Pour vous aider, deux devoirs intégralement rédigés vous sont présentés ci-dessous, ainsi que plusieurs plans détaillés.

1 Sujets potentiels sur la ville

- Ville et puissance
- La ville est-elle un vecteur d'inégalités ?
- Ville et exclusion
- Ville et campagne : peut-on parler de « deux France » ?
- « L'air de la ville rend libre. » Commentez ce proverbe.
- La ville, entre utopie et réalité.
- Peut-on encore parler d'égalité territoriale ?
- La ville et ses crises
- Repenser la ville pour repenser la société
- La ville est-elle une affaire d'État ?

2 Sujets potentiels sur les radicalités

- Lutter contre les radicalités
- Radicalités et démocratie

- L'État face aux radicalités
- Faut-il s'inquiéter des radicalismes politiques ?
- Les radicalités religieuses : une nouvelle donne pour les États modernes ?
- Les sociétés contemporaines face à la menace des terroristes ?
- Comment expliquer les radicalités actuelles ?
- Sommes-nous condamnés à vivre dans la peur des radicalités ?
- Faut-il lutter contre les radicalismes politiques ?
- Les radicalités politiques et religieuses : nouveautés ou retours en arrière ?

CHAPITRE 14

Sujet corrigé 1

Ville et puissance

« La splendeur, la richesse, le bonheur de vivre se rassemblent au centre de l'économie-monde, en son cœur. C'est là que le soleil de l'histoire fait briller les plus vives couleurs, là que se manifestent les hauts prix, les hauts salaires, la banque, les marchandises "royales", les industries profitables, les agricultures capitalistes ; là que se situent le point de départ et le point d'arrivée des longs trafics, l'afflux de métaux précieux, des monnaies fortes et des titres de crédit. Toute une modernité économique en avance s'y loge. » Ainsi parlait Fernand BRAUDEL de la ville et de son importance dans la société capitaliste et l'Histoire des échanges dans *La dynamique du capitalisme* en 1985.

Le mot ville, bien que son sens puisse paraître évident, est un des plus complexes de la langue française. Maintes définitions en ont été proposées. La plus simple, purement quantitative, est celle de la Statistique administrative française (depuis 1846), qui classe comme ville toute agglomération comptant au moins 2 000 habitants. La ville, dit par ailleurs R. MAUNIER dans *L'origine et la fonction économique des villes* est « un établissement complexe formé d'une multitude de groupes sociaux distincts ». Elle a donc autant une existence sociale que spatiale.

La signification du latin *potestas*, (pouvoir, domination) est le pouvoir de faire quelque chose, d'imposer son autorité, de dominer, d'avoir de l'influence. Dans la lignée de Jospeh NYE, la ville peut être conçue comme détentrice de *soft power* comme de *hard power*. Le *soft power*, l'influence douce s'oppose au *hard power* qui correspond à la puissance coercitive classique : armée, diplomatie, pressions économiques. Il s'agit donc de décrypter le rapport de la ville à la puissance et par là les éventuels effets de la puissance sur celle-ci.

On peut donc se demander dans quelle mesure la puissance constitue l'origine même de la ville autant que la source des évolutions passées et futures ?

Nous verrons que la ville doit son origine autant que son expansion à la puissance avant de montrer que cette puissance est aussi source de contraintes qui nécessitent de repenser la puissance de la ville.

Créées pour être des vecteurs de puissance, la ville est désormais source du développement des mégapoles

La ville est un vecteur de puissance, c'est même son origine

Apparue à la fin du processus de sédentarisation au Néolithique en Mésopotamie, la ville regroupe dès son origine des fonctions liées à la puissance militaire et économique qui sont à l'origine même de son apparition. Cette importance ira croissante à travers l'Histoire et fera de la ville l'assise même de la puissance politique, d'abord à travers elle-même puis en exportant sa puissance vers l'extérieur.

La ville est apparue en Mésopotamie au cours de la seconde moitié du IVe millénaire avant notre ère, à la période d'Uruk, comme l'aboutissement des premières sédentarisations effectuées au cours du Néolithique dans les régions alentours (Syrie, Anatolie, Levant, Zagros), suivies de divers stades locaux de type proto-urbain. La ville a dès lors occupé une place privilégiée dans l'esprit des anciens Mésopotamiens. Elle a été au centre de leur civilisation, qui s'est toujours polarisée autour de cités de très grande taille pour leur époque (Uruk, Ur, Babylone, Ninive), qui ont été à la fois des centres politiques, religieux et économiques. Les causes de l'apparition des villes, comme de la « civilisation » en général, sont débattues. On postule souvent des causes commerciales ou militaires (désir de se protéger). On se trouve dans un long processus entamé depuis le Néolithique, qui a vu la sédentarisation des hommes et l'élaboration d'agglomérations qui constituent de plus en plus un milieu propre, bien qu'elles ne se détachent jamais des campagnes, même quand elles deviennent de véritables villes.

Pour MARX, la séparation de la ville et de la campagne s'effectue en même temps que les premières divisions du travail entre l'agriculture et l'artisanat. Ce processus s'accompagne de la création de sociétés de plus en plus complexes et hiérarchisées, avec la mise en place progressive du cadre étatique, au sein d'agglomérations où son pouvoir se matérialise le mieux. C'est donc une volonté de puissance qui accompagne le développement des villes. L'organisation politique et sociale des premières villes est difficile à saisir en l'absence de sources explicites. On voit cependant le pouvoir s'exercer dans l'espace urbain à plusieurs niveaux. La répartition de la puissance est donc suggérée par l'organisation sociale des premières villes mésopotamiennes.

À partir de cet état de fait, la ville devient le lieu du pouvoir, à qui elle doit son développement. En effet, seule une autorité stable, qu'elle soit religieuse ou politique, est à même de garantir la sécurité des échanges, et donc celle des habitants. Ainsi la cité n'est pas un assemblage d'individus : c'est une confédération de plusieurs groupes qui étaient constitués avant elle et qu'elle laisse subsister. Cité et ville n'étaient pas des mots synonymes chez les anciens. La cité était l'association religieuse et politique des familles et des tribus ; la ville était le lieu de réunion, le domicile et surtout le sanctuaire de cette association. La ville devient ensuite le lieu de la conquête de la puissance. Au Moyen Âge, de nombreuses villes affirment leur liberté vis-à-vis des seigneurs. Certaines villes vont ainsi, soit par la négociation, soit par la violence, affirmer leur indépendance politique. C'est le cas de Bourges, qui obtient en 1181 une Charte de confirmation des franchises, document qui reconnaît les droits des habitants de la ville par rapport au seigneur. La ville est aussi le lieu où on affiche sa puissance. Ainsi, les villes créées ex nihilo par le pouvoir étatique sont nombreuses, des bastides médiévales à Versailles, Washington ou Saint-Pétersbourg. La puissance a donc une dimension spatiale, qui s'illustre au sein des villes.

À partir du moment où les échanges commencèrent à se développer, entre agriculteurs et artisans, mais aussi entre les agriculteurs et entre les artisans, un lieu d'échange devint nécessaire. La ville est donc née autour de son marché, les échanges étant un élément de puissance économique et commerciale, celle-ci reprend donc dès sa création un rôle de vecteur de puissance. De même, pour Paul BAIROCH, dans *De Jéricho à Mexico, villes et économies dans l'histoire*, la ville « favorise la diffusion, la monétarisation de la société, la mobilité sociale, l'adéquation entre l'offre et la demande de main-d'œuvre qualifiée, l'élargissement des débouchés de la production agricole et industrielle ».La ville, en encourageant les échanges, facilite la croissance économique. C'est en ville que l'on trouve les produits les plus étonnants, venus d'horizons lointains. Dans son ouvrage *Les quatre parties du monde*, l'historien Serge GRUZINSKI décrit que, dès le XVe siècle les empires espagnols et portugais s'organisent autour des villes clés de chaque continent sur lesquels ils sont présents tels que Madrid, Séville, Mexico, Goa ou Manille.

Créée à partir de contraintes économiques et militaires, la ville devient progressivement un lieu de pouvoir, qui fait d'elle un vecteur de puissance. Cette fonction impacte son développement et va entraîner l'expansion du domaine de la ville.

La ville est un vecteur de puissance, c'est pourquoi on a des mégalopoles

Le développement des mégapoles, agglomérations de plus de huit millions d'habitants, est une résultante de l'accélération des échanges et de l'urbanisation massive de la population mondiale. Les mégapoles sont donc désormais des vecteurs de puissance dont la massivité des flux qui les traversent redistribue la puissance à différentes échelles du monde.

Dans son ouvrage *Civilisation matérielle, économie et capitalisme*, l'historien Fernand BRAUDEL avait montré l'importance des « villes-mondes », villes exerçant à l'échelon international des fonctions stratégiques, en permettant l'organisation des flux et des réseaux. Les villes-mondes reçoivent informations, marchandises, capitaux, hommes et crédits venus des horizons les plus divers, et les transmettent dans de nouvelles directions. Athènes, Carthage, Venise ou Constantinople ont ainsi constitué, à différentes époques, de telles villes-mondes. Aujourd'hui, la ville est plus que jamais l'illustration de la mondialisation. Certaines villes peuvent être ainsi caractérisées de villes mondiales, concentrant les fonctions de direction économique (installation des sièges de firmes transnationales), de direction politique, en accueillant les lieux du pouvoir national, mais aussi international (organisations internationales par exemple), en constituant un lieu d'accueil pour les hommes, en étant au centre des infrastructures de transport et de communication. Ce rapport entre les villes et la mondialisation a été relevé par Saskia SASSEN, qui a proposé le terme de *Global City.* SASSEN insiste sur la question du rôle stratégique des villes dans l'économie globale en s'appuyant sur des données mettant en évidence trois villes (New York, Londres et Tokyo) devenues des lieux incontournables pour les entreprises financières et les services spécialisés considérés comme des secteurs économiques de pointe.

L'urbanisation progressive du monde a conduit à l'apparition de villes gigantesques, dans lesquelles les problèmes sociaux se sont accrus. On parle aujourd'hui de mégapoles, de mégalopoles ou encore de métropoles. La mégapole est une très grande agglomération, dont la population est de plus de huit millions d'habitants. En 2014, selon les statistiques de l'ONU, vingt-huit mégapoles dépassaient les dix millions d'habitants (dont seize en Asie, quatre en Amérique latine, trois en Afrique et en Europe et deux en Amérique du Nord). Elles comptent 453 millions d'habitants, soit 12 % de la population urbaine mondiale. Elles disposent donc d'une véritable influence à l'échelle mondiale. On remarquera d'ailleurs que la montée en puissance de l'Asie sur le plan économique, humain et politique s'est accompagnée de l'apparition de mégapoles. Les mégapoles sont également la preuve d'une concentration de la puissance. Les grandes villes sont des lieux où l'on produit. Ainsi, Tokyo est à la fois la plus grande agglomération du monde, mais aussi la plus productive, avec un produit intérieur brut comparable à celui du Royaume-Uni, huitième puissance mondiale.

Pour Manuel CASTELLS dans *La société en réseau*, les villes se définissent davantage par les flux qui les traversent que par leurs formes et fonctions puisqu'elles accumulent richesse et pouvoir grâce au processus qui « connecte les services avancés, les centres producteurs et les marchés dans un réseau mondial ». Les villes globales sont donc les interfaces de « l'espace des flux » qui se substitue à « l'espace des lieux ». Ce dernier correspond à une organisation spatiale et urbaine traditionnelle fondée sur les relations entre ville et région et non entre villes de régions et de pays différents. CASTELLS parle même d'une nouvelle économie caractérisée par une productivité accrue, née de la flexibilité et de la décentralisation permise par ce nouveau système. Les villes tiennent donc leur puissance des flux qui les traversent.

Les lieux de pouvoir ne sont donc plus les usines et les champs, qui permettent la production de biens, mais les grandes métropoles internationales, qui facilitent la circulation de l'argent. Les échanges de services, de capitaux, d'informations, n'ont plus besoin de supports matériels, et sont organisés à partir des grandes métropoles mondiales. On assiste dès lors à une métropolisation du monde. La métropolisation désigne le mouvement de concentration de populations, d'activités, de valeur dans des ensembles urbains de grande taille. Il peut se faire au détriment des villes de niveau hiérarchique inférieur et l'on assiste bien souvent au renforcement des niveaux supérieurs du système urbain. Le phénomène de métropolisation ne se réduit pas à sa dimension démographique. Il doit son ampleur et son originalité à la concentration spatiale des fonctions stratégiques du nouveau système productif : appareils de commandement et de contrôle ; foyers de l'innovation ; accessibilité aux réseaux de communication virtuels ou physiques ; attractivité et poids culturels. En s'inscrivant dans les réseaux de l'économie mondiale, la métropolisation modifie l'ancrage local, régional ou national d'une ville. Le processus se déploie à plusieurs échelles : à l'échelle mondiale, il tend à renforcer les hiérarchies urbaines en faveur des grandes villes ; à l'échelle métropolitaine, on assiste à des dynamiques sociales et spatiales différenciées de fragmentation et de ségrégation.

Depuis la première mondialisation au XVIe siècle, le rôle pivot des villes dans la mondialisation a entraîné la création de mégapoles, qui concentrent populations, capacités de production ultra-compétitives et flux. Ces flux en croissance constante redistribuent la puissance via la ville mais cette puissance entraîne dans le même temps des contraintes qui peuvent avoir des effets négatifs sur l'état du développement des villes.

Cette situation de puissance entraîne des nuisances qui obligent à repenser la puissance de la ville

La ville crée aussi des nuisances et des externalités négatives

La puissance de la ville amène de nombreuses nuisances. Ces dernières sont de nature socio-économique mais également environnementale et sécuritaire.

Inondations dévastatrices, pannes d'électricité et embouteillages monstres : de nombreuses mégalopoles se débattent tant bien que mal contre la pression d'un développement économique rapide, d'une météo extrême et de l'exode des populations des campagnes. Des carences de planification, des investissements en infrastructures insuffisants et un manque de volonté politique ont également rendu ces villes géantes et surpeuplées particulièrement vulnérables au changement climatique. Cette situation de saturation se retrouve dès le XIXe siècle dans la littérature. La prise d'assaut des moyens de transports par les Parisiens constitue une image prégnante des romans naturalistes et décadents, avec Zola, Maupassant, ou encore Louis Morin et les frères Goncourt. La ville de Paris y apparaît comme un maelstrom bourdonnant, vrombissant, dans lequel les personnages sont isolés, se noient progressivement dans la masse indistincte d'une foule anonyme. L'un des motifs de cette vision urbaine est la congestion, à la fois densité excessive et mauvaise hétérogénéité. Aujourd'hui la croissance exponentielle des smartphones, de la navigation web à partir d'un téléphone mobile et des applications mobiles nécessitant une connexion réseau pèse de plus en plus sur les réseaux des grandes villes.

En France, c'est ainsi la précarité qui pose un véritable problème dans les villes ; majoritairement concentrés dans les zones urbaines, les mal-logés sont très nombreux. En 2001 déjà, 3,5 millions de personnes vivaient en dessous du seuil de pauvreté en France. Mais les personnes concernées ont changé ; alors que les personnes âgées étaient essentiellement concernées, ce sont les jeunes qui désormais souffrent de la précarité, avec des taux de chômage importants pour les 15-24 ans. De nombreuses mesures sont régulièrement prises par les associations et le gouvernement, mais l'exclusion sociale et la ségrégation urbaine restent bien présentes. Ces zones défavorisées accumulent un ensemble de problèmes qui contribuent à enfoncer un peu plus les personnes qui y vivent dans leur misère. Cette misère sociale s'appuie sur un niveau intellectuel faible, sur une délinquance importante, mais aussi sur une violence qui parfois s'amplifie. Mais les zones défavorisées ne sont pas les seules à souffrir d'un malaise urbain. À l'intérieur des villes vivent aussi des personnes seules, rongées par l'individualisme ambiant et la méfiance des uns à l'égard des autres.

L'OCDE, pour sa part, rappelle que les grandes mégapoles mondiales, qui occupent aujourd'hui 2 % de la surface du globe, consomment les trois quarts de l'énergie produite par la planète et émettent 80 % du CO_2 d'origine humaine. Environ 80 % des habitants des zones urbaines sont exposés à des niveaux de qualité de l'air ne respectant pas les limites fixées par l'Organisation mondiale de la santé. Par ailleurs si toutes les régions du monde sont touchées, les habitants des villes à revenu faible sont ceux qui en subissent le plus les conséquences, prévient l'OMS. 98 % des villes de plus de 100 000 habitants dans les pays à revenu faible ou intermédiaire ne respectent pas les lignes directrices de l'OMS relatives à la qualité de l'air. Dans les pays à revenu élevé, ce pourcentage tombe à 56 %.La plupart des sources de pollution de l'air en milieu urbain ne proviennent d'ailleurs pas des particuliers. C'est pourquoi l'OMS recommande de limiter les émissions des cheminées industrielles, d'accroître l'utilisation des sources d'énergie renouvelable et de privilégier les transports en commun rapides et les réseaux de pistes cyclables. L'urbanisation, et tout particulièrement la gouvernance et la gestion des très grandes agglomérations, sont des domaines importants et particulièrement pertinents de l'application de la notion de développement durable.

Criminalité, insécurité et justice spatiale sont étroitement liés en ville. Un fort sentiment d'insécurité, une exposition statistiquement plus grande aux dangers ou la surreprésentation de groupes criminels dans certains quartiers reflètent des processus d'injustice particuliers. Au-delà des différents discours destinés à identifier certains types de quartiers comme dangereux ou inversement comme des modèles à suivre, un dernier effet de ces mises en visibilité apparaît dans une autre attitude des pouvoirs publics face aux quartiers « défavorisés » : celui de l'oubli ou de l'occultation d'injustices spatiales. Les environnements urbains témoignent également de ces types de laisser-faire. Des paysages dégradés peuvent souligner une plus grande vulnérabilité ainsi que des disparités sociales. Ces constats renvoient à plusieurs mouvements en urbanisme dans les pays occidentaux : la théorie de la vitre cassée de KELLING et WILSON en 1982 en appelait à une réappropriation des espaces publics par les habitants, une redynamisation des liens de voisinage et une participation communautaire. La mise en application d'une telle théorie a aussi profité à des politiques de « tolérance zéro » au risque de légitimer des formes autoritaires de contrôle policier et la stigmatisation des populations.

La puissance de la ville entraîne donc des nuisances en termes de pollution, de saturation et d'insécurité qui sont aggravées par la ségrégation urbaine qui ont un impact sur le poids des villes dans les questions environnementales et sécuritaires. Des solutions existent néanmoins, et repenser la puissance des villes passe par une meilleure gestion des flux, de l'urbanisme et finalement de la gouvernance des villes.

Il s'agit désormais de repenser la puissance de la ville

Repenser la puissance de la ville doit s'effectuer à partir de deux politiques majeures qui sont dans un premier temps la lutte contre les nuisances créées par la ville – c'est le rôle des politiques de la ville – mais également de préparer l'adaptation de la ville aux contraintes technologiques, environnementales mais aussi démocratiques suggérées par sa puissance dans la mondialisation.

Par définition, la politique de la ville, qui doit mieux en maîtriser et repenser sa puissance, est multimodale puisqu'elle concerne à la fois un volet d'aménagement du territoire urbain mais également un volet économique et social tout comme des questions de sécurité publique ou d'égalité des chances à l'école. La politique de la ville s'est développée à partir des années 1970 car les quartiers avaient été construits trop rapidement en périphérie des grandes villes sans prendre en compte leur explosion démographique, ni les conditions de vie des habitants. Elle vise à lutter contre la précarité des personnes y vivant et contre leur exclusion. Avec le temps, cette politique englobe de plus en plus de thématiques : éducation, participation à la vie publique, délinquance juvénile, emploi, lutte contre les discriminations, santé, art, culture. De nombreux ministères y participent, notamment le ministère du Travail ou celui du Logement. Le but : lutter contre les inégalités territoriales. De nombreuses actions sont ainsi menées depuis quelques décennies : insertion professionnelle, amélioration de l'aménagement urbain, amélioration de l'éducation, lutte contre la délinquance et la violence, etc. Elles sont établies par le biais d'une politique interministérielle. Un ministère de la Ville a également été créé en 1990, avec pour premier titulaire Bernard Tapie. Ce sont par la suite les « zones franches urbaines » qui sont créées afin de revitaliser les banlieues. Malgré l'ensemble de ces mesures, les résultats restent peu convaincants puisque la crise des banlieues s'accentue notamment en 2005, avec les émeutes. Un « plan espoir banlieues » a ainsi été mis en place en 2008 afin d'approfondir l'engagement de l'État en faveur des quartiers défavorisés. Il se base sur trois priorités : l'emploi, l'éducation et le désenclavement.

En quarante ans, la politique de la ville s'est institutionnalisée. Un bilan de la politique de la ville montre cependant que les moyens engagés sont loin d'avoir eu les résultats espérés. Les rapports de l'Observatoire national des zones urbaines sensibles (ONZUS) sont ainsi chaque année l'occasion d'en mesurer les effets sur les conditions de vie des habitants des ZUS. Entre 2003 et 2010, le taux de chômage y a augmenté (de 17 à 21 % en 2010, contre 10 % hors ZUS). Près d'un tiers des habitants vivaient avec moins de 954 euros par mois en 2009, contre 12 % en dehors de ces zones. En 2008, le revenu fiscal moyen des ménages y était presque deux fois moindre qu'ailleurs. Le budget alloué à la politique de la ville fluctue aussi en fonction de l'actualité. Après les émeutes qui ont secoué les banlieues en 2005, les crédits du programme « politique de la ville » inscrits en loi de finances ont augmenté significativement, pour baisser par la suite.

Parallèlement, il y aura environ 30 milliards d'objets connectés sans fil dans le monde en 2020. Toutes les grandes mégapoles de la planète vont être profondément transformées par l'arrivée de cet « Internet des objets » qui va métamorphoser les villes en système auto-organisé, en interaction permanente avec leurs habitants. C'est ainsi que des métropoles comme Nice Côte d'Azur ont décidé de combiner ces deux concepts : l'Internet des objets et la gestion de l'espace urbain. Cette synergie nouvelle doit permettre une gestion administrative, environnementale et énergétique du territoire plus efficiente et moins coûteuse pour la collectivité. Les impératifs d'efficacité publique et de maîtrise des coûts économiques rejoignent ici la nécessité d'une approche sociale plus globale et plus préventive des nouveaux problèmes qui caractérisent les grandes mégapoles.

Repenser la puissance de la ville c'est aussi y repenser la représentation politique. Afin d'améliorer la gouvernance des villes et de répondre à la crise de la démocratie, les citoyens sont ainsi de plus en plus associés à la gestion locale Dès 1975, Michel CROZIER, Samuel HUNTINGTON et Joji WATANUKI publient un rapport intitulé *The Crisis of Democracy* pointant ce qui deviendra une thématique majeure de la fin du XXe siècle : la crise de la représentation politique. Cette idée de crise de la démocratie est confirmée par de nombreux politistes et par le sociologue Pierre ROSANVALLON dans *La crise de l'État-providence* (1981) qui souligne une société où les citoyens sont de plus en plus défiants vis-à-vis du politique. Afin de pallier ce déficit d'engagement démocratique, la solution du renforcement de la démocratie locale et du développement d'une gestion de proximité s'est développée dès les années 1990. La démocratie locale basée sur la participation et non plus uniquement sur la représentation politique, est supposée susciter un sentiment d'appartenance à une communauté et développer un intérêt pour la chose publique. Cette participation des citoyens relève de trois grands objectifs : améliorer l'action publique en se basant sur l'expertise du citoyen qui vit la ville, mais également remobiliser ce citoyen, créer du lien et de la cohésion sociale et enfin, ces dispositifs perceptifs visent à transformer la culture civique des citoyens et à ce que ces derniers s'organisent et prennent en charge la vie collective en adoptant une culture de propositions au lieu d'une culture de revendication.

La ville est inséparable de l'idée de puissance, que celle-ci soit considérée comme du *soft* ou *hard power*. La mondialisation a fait des villes un ressort de la puissance mais, on l'a vu, dès son origine, la ville s'est construite autour de la puissance, qui ensuite a commencé à se démultiplier et à se développer à partir du domaine de la ville. Du fait de sa puissance, la ville devient ville mondiale qui exerce des fonctions stratégiques à l'échelle mondiale, un centre qui organise des flux, s'inscrit dans des réseaux et constitue un pôle de commandement dans la mondialisation. Cette puissance renforcée ne va pas sans contraintes et stimule la nécessité d'adapter les villes aux nouvelles réalités technologiques et environnementales, pour que la ville puisse davantage maîtriser sa puissance inhérente.

Repenser la puissance de la ville passe par une meilleure définition des compétences applicables en zone urbaine par l'État et les différentes collectivités, tout en encourageant une meilleure synergie des différents acteurs. À ce titre, la loi NOTRe adoptée en 2015, la création de nouvelles métropoles et les futures réformes territoriales vont probablement modifier les structures de la ville et des agglomérations pour tenter de mieux juguler leur développement dans l'espace et leur impact sur la plan socio-économique.

CHAPITRE 15
Sujet corrigé 2

Lutter contre les radicalités

« La violence est une flamme qui dévore tout ce que l'on met sur elle dans l'intention de l'étouffer. » Ainsi parlait René GIRARD dans *La Violence Et le Sacré* en 1976. La compréhension de ce qu'est la violence, a l'avantage de mettre en exergue la résultante des radicalités car la radicalité ne peut qu'aboutir à la violence et la violence comme l'exprime René GIRARD ne peut répondre qu'à la violence.

La radicalité ne se définit pas d'abord comme l'usage de la violence pour aboutir à une fin politique, mais comme le rappelle le *Littré*, la radicalité « travaille à la réformation complète, absolue, de l'ordre politique dans le sens démocratique ». La violence en devient parfois le corollaire. La lutte contre les radicalités, c'est la lutte contre la probable résultante de la radicalité c'est-à-dire la violence. Elle seule menace l'ordre établi : la société démocratique. La lutte contre les radicalités apparaît alors nécessaire pour protéger cet espace démocratique.

On peut dès lors s'interroger sur l'équilibre à trouver, dans une société démocratique, pour lutter efficacement contre les radicalités destructrices.

C'est à travers l'avènement de la société moderne qui se bâtit en luttant contre les radicalités qu'apparaîtra la nécessité de prendre des mesures immédiates et d'autres à long terme pour lutter contre des radicalités nouvelles.

L'avènement de la société moderne se bâtit en luttant contre les radicalités, dont de nouvelles formes apparaissent

L'évolution d'une société civilisée nécessite de combattre les radicalités

L'État au sens moderne apparaît pour protéger des pulsions radicales et destructrices. Cette émergence de l'État est par essence faite pour protéger des radicalités, qui ne semblent porteuses que de destruction. Cette construction de la société moderne passe par une lutte contre les radicalités d'abord religieuses qui ne se fait pas sans une certaine radicalité politique.

La création de l'État est donc dans la philosophie appréciée comme le moyen de lutter contre les radicalités. C'est notamment la thèse développée par le contractualisme ou la théorie du contrat. Thomas HOBBES, dans le *Léviathan* paru en 1651, développe l'hypothèse d'un état de nature préexistant à la société civilisée qui est la nôtre. Dans cet état de nature, l'absence de force publique régulatrice pousse à « la guerre de tous contre tous ». Les hommes ne sont pas, pour HOBBES, naturellement sociables, et sont en réalité soumis à leurs passions. Ils sont donc condamnés à être violents, et à subir la violence, chacun se battant par compétition, par défiance ou pour la gloire. Cette radicalité au sens de défense radicale de ses intérêts et d'assouvissement de ses passions, rend toute forme de vie sociale impossible : « La vie humaine est solitaire, misérable, dangereuse, animale et brève. » Pour remédier à cette situation les hommes doivent donc apprendre à transmettre leur droit naturel, leurs désirs illimités, au Léviathan, à l'État, pour appliquer les lois naturelles, qui sont une limitation volontaire des désirs. Cette limitation en faveur de l'État, « une puissance commune [imposant] à tous un respect mêlé d'effroi », rend la coexistence possible : il s'agit d'abandonner à un homme ou une assemblée le droit « de se gouverner soi-même ».

Cette réalisation de l'État apparaît dans sa transposition historique de l'État au moment de l'émergence des seigneurs féodaux, comme une véritable institutionnalisation de l'État en tant que tel. C'est ce que montre Georges BURDEAU dans *L'État* paru en 1970. La vocation de l'État est d'en finir avec la violence et l'arbitraire. Le pouvoir des chefs qui préexiste à celui de l'État, n'est pas sans inconvénient tant le pouvoir personnalisé est facteur d'instabilité. Ainsi, les princes se sont dépossédés de leur pouvoir absolu, pour créer l'État. Ils n'en sont plus propriétaires. C'est l'idée qui se retrouve dans la phrase « le roi est mort, vive le roi », qui incarne à elle seule la continuité de l'État. Paradoxalement, les monarques de plus en plus absolus, ne sont plus propriétaires mais sont soumis aux lois fondamentales du Royaume qui impliquent l'idée de l'État, par elle-même supérieure au chef de l'État.

Cette mise en place progressive de la force publique institutionnalisée constitue donc la clef de voûte de la société, seule à même de lutter contre les radicalités. Les radicalités présentées par les théoriciens du contrat, se retrouvent sous une forme différente : celle de la radicalité religieuse. Cette forme est tout d'abord liée au pouvoir étatique et vise à imposer par la force une unité au Royaume. Or avec la Révolution, la volonté de l'État révolutionnaire est de mettre à bas la radicalité religieuse, car elle menace la forme républicaine du régime, et l'acceptation d'une société multiconfessionnelle pacifiée. C'est ce qu'analyse Jean BAUBEROT dans son *Histoire de la laïcité en France* parue dans sa dernière édition en 2017. Ce que BAUBEROT décrit comme « le premier seuil de laïcisation » est une phase fortement interventionniste qui vise à réduire l'influence de l'Église catholique dans la sphère publique. L'objectif d'un État républicain fort se fonde dans la Révolution française et se poursuit avec « le deuxième seuil de laïcisation » celui réalisé par la IIIe République sur la question de l'école et la séparation stricte des sphères politique et religieuse avec la loi du 9 décembre 1905 concernant la séparation des

Églises et de l'État. Celle-ci fait de la liberté de conscience, une liberté fondamentale. Cela passe par une dissociation institutionnelle et ne se fait pas sans heurt.

Ces deux seuils de laïcisation semblent nécessaires à la lutte contre la radicalité religieuse qui menace l'État moderne et se font paradoxalement par l'usage de la force, de la force au service de l'État certes, mais qui ne va pas sans une certaine radicalité républicaine. C'est ce que l'on peut retirer de l'analyse de la Révolution française faite par François FURET dans *Penser la Révolution française* en 1978, avec la radicalité révolutionnaire émanant de la Terreur, que l'on retrouve dans l'esprit et la théorisation de la Révolution par Robespierre, mais aussi par exemple dans la mise en place de la dialectique entre le peuple révolutionnaire et le complot réactionnaire. Lors du deuxième seuil de laïcisation, l'historien Gérard BAAL dans son *Histoire du radicalisme* parue en 1994, analyse tout d'abord la revendication de continuité historique entre les radicaux et l'esprit révolutionnaire. Ce sont eux qui apportent un attachement total à la nature républicaine du régime d'abord, puis à la question de son rapport à la religion. Le radicalisme politique fut donc le moyen de la lutte contre les radicalités.

Alors que la lutte contre les radicalités fut portée par un État fort dans le cadre d'un nouveau régime, celui de la République, la crise du régime, ou pour parler plus clairement la crise du régime social et politique contemporain, fait émerger de nouvelles radicalités religieuses et politiques qui menacent à nouveau le pacte républicain.

Dans un contexte de crise, des radicalités ressurgissent et menacent la société

Les mutations économiques qui apparaissent dans les années 1980 structurent en profondeur la société dans une nouvelle division. Cette division inégalitaire par nature est propice à l'émergence de nouvelles radicalités religieuses ou politiques.

La radicalité qui en France fut longtemps portée dans l'après-guerre quasi-exclusivement par la gauche et le Parti communiste français, se trouve depuis les années 1990 portée par l'extrême-droite avec la progressive montée en puissance du Front national. La compréhension de ce vote trouve sans doute sa source dans une lecture des nouvelles fractures qui impliquent la nouvelle configuration politique qui s'est révélée à l'aune de l'élection présidentielle de 2017. Ainsi, le géographe Christophe GUILLUY traite dans *Fractures françaises* en 2010 d'un processus de métropolisation de la France qui ferait des métropoles les centres de création des richesses et de décisions aux dépens des villes moyennes, des campagnes et du périurbain. Dès lors cette nouvelle répartition des richesses imposée par une mondialisation libérale entraîne mécaniquement une nouvelle répartition du vote à la faveur de ce clivage, entre les défenseurs de ce modèle et ceux qui s'y opposent pour défendre leurs intérêts propres. Si le vote Front national n'est pas uniquement issu de la France périphérique, celui de En Marche n'est pas uniquement issu des métropoles, même si la tendance semble se vérifier.

Aussi il convient alors de s'interroger sur le Front national. Il illustre cette parfaite opposition programmatique avec En Marche. Pour le politiste Joël GOMBIN, le Front national constitue le « parti attrape-tout par excellence » tant il excelle dans la récupération des enjeux les plus divers et qui sont parfois les plus éloignés de son ADN, comme la question sociale. Ceci se fait derrière une fonction tribunitienne qui permet au Front national de parler au nom des oubliés, « au nom du peuple » comme le revendiquait Marine Le Pen en 2017. Face à cette revendication construite sur une stratégie électorale centrée sur la France périphérique, le Front national parvient à se faire le porte-voix radical des Français.

Cette radicalité politique d'extrême droite n'est pas exclusive d'un retour des radicalités religieuses. Le politologue Gilles KEPEL analysait déjà en 1991 dans *La Revanche de Dieu*, le déploiement des mouvements religieux : l'islam méditerranéen, le catholicisme européen, le protestantisme américain et le judaïsme en Israël comme en diaspora. Cette résurgence du religieux apparaît simultanément avec la fin des grandes idéologies. La révolution iranienne est à ce titre l'exemple le plus éloquent. Les trois religions abrahamiques adoptent les mêmes stratégies, « par le haut » et « par le bas », mais elles sont exclusives les unes envers les autres. Chaque culture va développer des affirmations identitaires, qui disqualifient la laïcité et la supériorité de la raison portée par la philosophie des Lumières. Les radicaux se servent du malaise issu de la crise de la modernité pour apporter des réponses issues des textes sacrés. Pour cela, ils utilisent parfois les outils modernes de communication. Ce paradoxe offre un certain succès à ces mouvements de retour du religieux, dans la version la plus stricte et la plus pure des textes. Ces mouvements du retour au religieux ont été source de troubles, sans parler pour l'instant des violences terroristes, il faut constater les difficultés auxquelles la République est confrontée.

Parmi les mouvements du retour au religieux, l'islam apparaît comme le plus frappant, car la présence de cette religion en France métropolitaine est récente. Ainsi, en 1989, l'apparition de la question du voile à l'école publique dans un collège de Creil est une date charnière. La polémique est résolue par un avis rendu par le Conseil d'État qui, laissant une grande marge aux chefs d'établissement, apparaît comme flou. La réédition de la polémique en 2003 pousse le Président de la République, Jacques Chirac à la création d'une commission dirigée par Bernard Stasi interrogeant les différents aspects de la religion et de son rapport à la sphère publique. Cette commission aboutira finalement à l'interdiction des signes ostentatoires religieux.

Ces adaptations de la société, pour lutter contre des radicalités religieuses, passent, depuis l'émergence de l'État moderne, par une opposition franche. L'usage des prérogatives de l'État est nécessaire pour encadrer ces différentes mouvances, néfastes pour la société. Toutefois, ces confrontations ne furent pas toujours pacifiques et demeurent aujourd'hui porteuses de tensions. Les risques encourus par la société démocratique rendent nécessaire la lutte contre les radicalités.

La lutte contre les radicalités apparaît dès lors essentielle à la sauvegarde de la société démocratique

Des mesures immédiates doivent être prises pour lutter contre les radicalités

La lutte contre les radicalités, parce qu'elles sont source de violence et ébranlent l'unité de notre République, apparaît comme une priorité pour les gouvernants. Celle-ci passe par une réponse à court terme et même d'urgence face aux individus radicaux, à ce que l'on nomme les radicalisés.

Avec la multiplication des attentats, les radicalismes religieux sont devenus des enjeux majeurs du débat public. Le journaliste David THOMSON dans *Les Revenants* en 2016 évoque la problématique de la sortie du radicalisme. Cela implique la division des radicalisés djihadistes en trois catégories :

- ceux qui, déçus, se désengageraient d'eux-mêmes ;
- d'autres peuvent prendre leurs distances avec une organisation tout en restant proches de l'idéologie ;
- et enfin ceux qui restent fidèles à leur doctrine.

Le désembrigadement n'est pas toujours une rupture avec l'idéologie radicale. La volonté des pouvoirs publics s'est manifestée alors par celle d'engager un processus dit de « déradicalisation ». Cette démarche fait débat, d'abord car elle semble appréhender les radicaux comme des personnes malades et non comme des partisans d'une idéologie ou des acteurs politiques rationnels. Ensuite, les travaux effectués sous le contrôle plus ou moins prégnant de l'État sont décevants. Combattre la radicalité suppose d'avoir une connaissance de la radicalité spécifique. L'approche diffère si l'on considère le djihadisme comme un phénomène uniquement religieux ou comme un phénomène sectaire.

L'État semble avoir fait preuve de peu de cohérence dans sa gestion des radicalités, confiant cette mission à des structures peu expérimentées et peu contrôlées. Un rapport intitulé « Sur le désendoctrinement, le désembrigadement et la réinsertion des djihadistes en France et en Europe » réalisé par les sénatrices Esther BENBASSA et Catherine TROENDLE rendu public en juillet 2017 décrit l'amateurisme de ces structures de déradicalisation, et appelle à plus de coordination des pouvoirs publics. Cet échec est problématique tant la question « que faire de ces individus ? » se pose. Leur dangerosité directe tout comme leur capacité d'endoctrinement inquiète. Pourtant, en l'absence d'une condamnation pénale qui ne peut être fondée sur une simple opinion, ils représentent un danger pour la société.

Cet échec patent doit donc poser la question de ce qu'est la radicalisation, pour intégrer une meilleure compréhension du processus. Xavier CRETTIEZ, politologue, analyse la radicalisation comme un processus et non un basculement. Le processus se caractérise à un macro-niveau par la ségrégation économique et l'exclusion politique qui peut apparaître comme intentionnelle. Simultanément, le contexte national et international peut avoir une influence. Au niveau « méso », c'est le rapport entre les individus et leur environnement qui entre en ligne de compte : le rôle de la hiérarchie directe et de l'entourage. Enfin, c'est au niveau micro que se joue aussi la radicalisation avec la promesse d'un « nouveau départ ». Ces trois éléments doivent se superposer pour comprendre la radicalisation comme la résultante, à plusieurs niveaux, des tensions préexistantes dans la société.

La lutte contre la radicalisation doit donc être repensée. Les politiques de l'éducation peuvent apparaître comme un premier pas vital à notre société pour effacer les tensions inhérentes à une société multiconfessionnelle et inégalitaire. Pour Alain BENTOLILA, dans *L'école contre la barbarie,* il s'agirait de renforcer les savoirs, d'abord par l'apprentissage de toutes les religions pour favoriser la connaissance réciproque et limiter les tensions d'une société multiconfessionnelle et multiethnique. Ensuite, cela passe par un renforcement de la maîtrise de la langue nationale pour réduire ce qu'il nomme « l'insécurité linguistique », car cette dernière est porteuse d'incompréhension et d'un sentiment d'exclusion. Aussi, les phases de désendoctrinement et de désengagement doivent s'accompagner d'une phase de réinsertion dans la société.

La nécessité de lutter contre les radicalités ne peut se faire que dans un temps court mais doit passer par une destruction du terreau de radicalités que constitue l'exclusion.

Cette lutte passe par une action de fond contre l'exclusion

L'exclusion touche des segments précis de la population. L'exclusion est en effet caractéristique des inégalités qui touchent la société française et les autres sociétés occidentales. Le chômage de masse est le premier facteur d'exclusion. Les sciences sociales, par exemple dans *Les chômeurs de Marienthal* paru en 1933, nous montrent les effets ravageurs du chômage. Outre l'évidente perte de revenus, c'est la perte d'un cadre de vie qu'analysent Paul LAZARSFELD, Marie JAHODA et Hans ZEISEL. Les chômeurs se retrouvent défaits d'un cadre psychologique et social puissant qui leur permettait d'avoir une vie sociale organisée. Ils commencent progressivement à avoir des comportements moins rationnels et entrent dans une phase de résignation. Face à cette perte de repère, dans une société qui fait du travail l'élément central de la vie sociale définissant l'identité même de l'individu, les individus se retrouvent dans un terreau favorable à la radicalisation.

Cette place centrale occupée par le travail se comprend à travers l'ouvrage de la sociologue Dominique MEDA *Le travail : une valeur en voie de disparition* (1995). Le travail est toujours au centre de la plupart des doctrines philosophiques et politiques que ce soit le marxisme ou l'humanisme et plus tard avec le libéralisme des Lumières et Adam Smith. Cette place centrale se renforce avec la modernité et le développement de l'individualisme au sein d'une société capitaliste. Alors que la place du capitalisme devient toujours davantage centrale, elle renforce le corollaire du capital : le travail. Il est donc la norme absolue, le mythe même de la société moderne, apportant le revenu, mais aussi l'identité et le contact aux individus. De ce simple fait, son absence équivaut à une mort sociale.

Le rapport au chômage doit nous permettre de repenser la société moderne traversée par ses divisions nouvelles, qui structurent la société autour de profondes inégalités.

Robert CASTEL, dans *L'insertion sociale, qu'est-ce qu'être protégé ?* en 2003, s'interroge sur les mutations du travail. Le chômage n'est pour lui qu'une partie d'un mal plus profond qui est en fait une précarisation du travail. Si le chômage demeure l'ultime facteur de destruction sociale, la précarisation joue, dans une moindre mesure, un processus socialement dangereux. Ainsi l'insertion sociale repose sur une double variable du travail et du réseau de sociabilité. La généralisation des contrats précaires, contrats à durée déterminée et intérims, permet aux individus d'avoir un emploi mais pas une intégration par le réseau de sociabilité. La précarisation du travail se généralise puisque 80 % des contrats de travail signés sont des CDD en 2015. On comprend alors mieux les inégalités économiques et symboliques fortes qui sont induites par cette division du travail. C'est souvent dans ce salariat précaire issu de cette nouvelle division du travail qu'émergent les radicalités.

Le politiste Denis MAILLARD analyse, dans un article intitulé « *Back office* contre *front office* » en 2016, cette nouvelle division du travail non pas entre classes sociales mais par une simple division binaire entre les bénéficiaires de la mondialisation et les personnes tributaires de cette même mondialisation. Le *front office* serait en fait pour la France les personnes ayant des emplois qualifiés valorisant pour eux-mêmes et la société. En opposition, le *back office* est une France en souffrance du fait des mutations imputables à la mondialisation, au travail précaire et apparaissant toujours comme secondaire. C'est pourtant le *front office* qui tient les rênes de la société. C'est donc de cette division binaire que découlent aujourd'hui des tensions inhérentes à cette société française : la montée du Front national sur l'échelle politique ou le retour du fondamentalisme religieux sur l'échelle religieuse. Cela répond d'abord et avant tout à une logique sociale.

In fine nous constatons que la lutte contre les radicalités s'avère d'une absolue nécessité. Cette impérieuse nécessité est portée par l'obligation de survie de l'État et de la société démocratique. Paradoxalement, l'État ou la démocratie tolérante ne peut tolérer la radicalité par nature intolérante. S'il ne s'agit pas de condamner une opinion, il s'agit de protéger la société de toute violence. La violence s'instaure toujours dans un cercle vicieux même s'il s'agit de violence légitime. La violence de l'État doit être utilisée avec raison. Il s'agit de ne pas tomber dans le jeu que tendent les terroristes : celui de la terreur.

À ce titre les divers débats qui ont éclos avec les différentes lois antiterroristes ou les textes sur l'état d'urgence doivent inciter à l'esprit critique et à la vigilance. Par exemple, le débat sur la déchéance de nationalité ouvert par le discours au congrès du Président de la République le 16 novembre 2016 a suscité nombre de controverses et apparaissait sans doute contradictoire avec le principe d'égalité.

CHAPITRE 16
Plan détaillé 1

Radicalités et démocratie

Problématique

Comment la société démocratique se construit-elle contre les radicalités, porteuses de violence, dans un nécessaire renouvellement permanent ?

Partie I

La démocratie semble l'érection progressive d'un système visant à l'encadrement des radicalités, qui toutefois peut nécessiter une défense radicale

Sous-partie A

La démocratie se construit pour encadrer les tensions et donc les radicalités politiques et religieuses dans un cadre consensuel.

Idée 1

La construction de la société est la construction d'une structure sociale promouvant l'apaisement.

- Développement : Norbert ELIAS, dans *La civilisation des mœurs,* analyse comment la construction de la société moderne se fait dans l'encadrement de la violence.
- Illustration : Jürgen HABERMAS, dans *L'Éthique de la discussion*, rappelle que la discussion permet le maintien de la société

Idée 2

Ce cadre n'est pas fini et continue d'évoluer pour établir une démocratie plus complète et donc plus apaisée.

- Développement : Pierre ROSANVALLON, dans *Le sacre du citoyen,* montre la construction politique du citoyen comme élément majeur.

- Illustration : Michel OFFERLE, dans *Un homme, une voix,* y apporte une illustration historique.

Sous-partie B

Cette démocratie a parfois besoin de se construire et de s'approfondir grâce à une forme de radicalité.

Idée 3

La construction de cette démocratie suppose paradoxalement une forme de radicalité pour s'opposer à la radicalité première.

- Développement : François FURET, dans *Penser la Révolution*, analyse la Terreur révolutionnaire.
- Illustration : « Le premier seuil de laïcisation » de Jean BAUBEROT.

Idée 4

Cette construction par la radicalité se poursuit avec la IIIe République et notamment le radicalisme.

- Développement : Le radicalisme est avant tout une radicalité politique avec Gérard BAAL.
- Illustration : Lutte contre l'anarchisme et ses attentats, menée par les républicains et les radicaux.

Partie II

Les nouvelles radicalités menacent l'édifice démocratique et appellent des réponses nouvelles.

Sous-partie A

Les radicalités modernes semblent menacer le régime démocratique, et donc le bien commun.

Idée 5

Les radicalismes religieux représentent une menace, notamment avec le djihadisme.

- Développement : Gilles KEPEL, dans *La revanche de Dieu*, évoque la résurgence de la radicalité religieuse.
- Illustration : L'explosion de la question de la radicalité religieuse avec l'exemple de l'islam et de la commission STASI.

Idée 6

La radicalité politique avec l'essor du populisme d'extrême-droite en est un élément différent.

- Développement : Différentes thèses de fracture, notamment Christophe GUILLUY dans *Fractures françaises*.
- Illustration : Joël GOMBIN analyse ce parti qui se veut composite pour répondre à cette nouvelle fracture.

Sous-partie B

Il convient donc d'opposer à ses radicalités des solutions politiques, mais aussi économiques et sociales face à ce qu'il convient d'appeler, un terreau pour les radicalités.

Idée 7

Une société divisée du fait de son rapport au travail et qui de fait tend à exclure.

- Développement : Dominique MEDA montre la place centrale du travail.
- Illustration : Paul LAZARSFELD montre la face sombre avec les effets du chômage.

Idée 8

- Développement : Robert CASTEL montre la précarisation et ses effets dévastateurs.
- Illustration : Denis MAILLARD exprime une division binaire d'une société qui exclut.

CHAPITRE 17

Plan détaillé 2

L'État face aux radicalités

Problématique

Comment l'État, en tant que construction, se doit-il de faire face aux radicalités qui lui sont préexistantes et qui pourtant, ressurgissent, menaçant sa raison d'être ?

Partie I

L'État se construit avant toute chose pour protéger contre les radicalités et assurer sa propre continuité et celle de sa mission.

Sous-partie A

L'État se conçoit et se construit comme moyen de la protection des individus face à la violence issue des radicalités.

Idée 1

Les sociétés *ante*-étatiques sont des sociétés tribales où la violence n'est pas un élément rationnalisé.

- Développement : LEROI-GOURHAN, dans *La parole et le geste,* défend cette vision de la société primitive comme violente.
- Illustration : Pierre CLASTRES, dans *Archéologie de la violence,* reprend la thèse de la guerre omniprésente en y amenant les nuances nécessaires.

Idée 2

L'État répond à la violence et aux radicalités dans son approche contractuelle.

- Développement : Thomas HOBBES, dans *Léviathan* en 1651, analyse l'État comme nécessaire à la sécurité.
- Illustration :Georges BURDEAU, dans *L'État* en 1970, illustre cette naissance de l'État.

Sous-partie B

L'État se renforce pour combattre les radicalités nouvelles et se transforme progressivement en État moderne.

Idée 3

L'État se renforce au fil de son histoire républicaine contre les radicalités religieuses.

- Développement : Le radicalisme comme une réponse à la radicalité avec Gérard BAAL.
- Illustration : Le deuxième seuil de laïcisation de Jean BAUBEROT dans son *Histoire de la laïcité*.

Idée 4

L'État s'inscrit au fil de son histoire dans la lutte contre les radicalités politiques.

- Développement : Pour assurer une continuité propre et le rejet des radicalités, l'État développe des moyens nécessaires à sa survie. C'est dans la continuité philosophique de HOBBES, et dans ce que peut analyser historiquement Georges BURDEAU.
- Illustration : L'État voit sa nature même contestée, ce qui implique de lutter contre les mouvements anarchistes.

Partie II

L'exercice de la continuité de l'État se trouve compromis face à des radicalités nouvelles qui impliquent que l'État fasse face avec de nouvelles approches.

Sous-partie A

Les radicalités nouvelles posent des difficultés nouvelles et des enjeux majeurs à un État en crise.

Idée 5

Le renouveau des radicalités religieuses sur fond d'un processus de radicalisation complexe.

- Développement : Gilles KEPEL, dans *La revanche de Dieu*, évoque la résurgence des fondamentalismes religieux.
- Illustration : Xavier CRETTIEZ sur la radicalisation comme processus complexe avec des facteurs multiples et à différentes échelles.

Idée 6

Les radicalités politiques nouvelles portées par le Front national.

- Développement : La fonction tribunitienne accomplie par le PCF, pour Georges LAVAU dans *À quoi sert le PCF ?*, est une fonction pacifique d'expression de la radicalité.
- Illustration : Cette fonction peut, sur bien des aspects, être aujourd'hui remplie par le Front national comme l'analyse Grégoire KAUFFMAN.

Sous-partie B

L'État doit donc activement envisager de nouveaux moyens de lutte contre des radicalités nouvelles et remplir son rôle de continuité et de protection des individus.

Idée 7

Les fractures françaises sont fortes et créent un terreau à la radicalité religieuse.

- Développement : Christophe GUILLUY, dans *Fractures françaises,* montre la division territoriale.
- Illustration : Cette division territoriale se recoupe en fait avec une division entre *front office* et *back office* comme l'analyse par exemple Denis MAILLARD.

Idée 8

Cette société connaît un malaise qui crée le terreau des idéologies radicales.

- Développement : Serge PAUGAM montre la violence des processus de disqualification sociale.
- Illustration : La radicalité religieuse touche une population désaffiliée comme le montre Farhad KHOSROKHAVAR.

CHAPITRE 18

Plan détaillé 3

Faut-il s'inquiéter de la montée des radicalismes politiques ?

Problématique

Comment notre société démocratique construite contre les radicalités se doit de faire face à des radicalités politiques nouvelles qui, menacent son existence même ?

Partie I

Les radicalités sont à la base de l'émergence de la société moderne, à la fois à l'extérieur par opposition et à l'intérieur pour imposer cette création.

Sous-partie A

La radicalité politique est présente avant la société, c'est aussi parfois, et de manière paradoxale, elle qui permet d'ancrer la société dans la modernité.

Idée 1

La société primaire est violente car tribale, c'est cette violence qui rend nécessaire l'État, la société, et donc la modernité.

- Développement : LEROI-GOURHAN, dans *La parole et le geste,* démontre la violence des sociétés primaires.
- Illustration : Claude LEVI-STRAUSS, dans ses études *Guerre et commerce chez les Indiens de l'Amérique du Sud,* montre que la guerre est l'indispensable lien social.

Idée 2

La radicalité est la raison d'être de l'État, il s'inscrit dans une lutte contre ces dernières et en protège les individus.

- Développement : Les théories contractualistes notamment avec Thomas HOBBES et son *Léviathan.*

- Illustration : Georges BURDEAU montre la création de l'État comme rationalisation du politique et donc de la violence.

Sous-partie B

Les radicalismes politiques sont des mouvements divers et changeants.

Idée 3

La radicalité est une notion mouvante, qui change avec le temps et les succès politiques.

- Développement : Serge BERSTEIN sur le radicalisme politique et l'essoufflement du mouvement.
- Illustration : Gérard BAAL sur les réalisations politiques du radicalisme.

Idée 4

Les radicalités évoluent dans le cadre de mouvements politiques de long terme.

- Développement : Albert THIBAUDET avec son concept de mouvement sinistrogyre dans *Les idées politiques de la France*.
- Illustration : Les actions anarchistes sont en somme l'aboutissement de ce mouvement, mais par leur violence, elles ne peuvent s'inscrire dans le cadre démocratique et doivent être combattues.

Partie II

La radicalité ancienne a disparu, or elle revient sous une forme nouvelle, si bien que l'on peut parler de résurgence et de nécessité de lutte contre ces radicalités.

Sous-partie A

Les nouveaux radicalismes sont marqués par un retour du religieux et de l'identité.

Idée 5

Le retour de la radicalité religieuse fait craindre un retour de la violence.

- Développement : Hervé LE BRAS montre, dans son *Atlas des inégalités,* les inégalités induites par le processus de mondialisation libérale.
- Illustration : Ce processus engendre des transformations sociales qui appellent la recherche de contestation avec une fonction notamment tribunitienne au sens de Georges LAVAU dans *À quoi sert le parti communiste*, ce rôle semble rempli par le Front national, et, depuis peu par la France insoumise.

Idée 6

Le retour de cette radicalité religieuse fait craindre un retour de radicalité politique.

- Développement : La relative droitisation du paysage politique français observée par Pascal PERRINEAU dans son *Atlas électoral* pose la question de la naissance d'un mouvement « destrogyre ».
- Illustration : Ce mouvement trouverait sa force dans le Front national, parti radical par son passé et son présent d'extrême-droite comme peuvent le montrer Grégoire KAUFFMAN ou Joël GOMBIN.

Sous-partie B

Il convient de s'opposer à ces radicalismes divers sur plusieurs fronts pour préserver l'acquis que représente la société démocratique.

Idée 7

Les fractures dans la société française sont multiples.

- Développement : Christophe GUILLUY montre la profondeur de la fracture sociale dans sa composante géographique avec *Fractures françaises*.
- Illustration : Anne MUXEL et Jérôme JAFFRÉ illustrent cette fracture avec les concepts de « dans le jeu » et « hors-jeu ».

Idée 8

Le terreau social de la radicalité semble être la seule source commune de la radicalité, que la société se doit d'assécher.

- Développement : Paul LAZARSFELD montre la force destructrice du chômage dans *Les chômeurs de Marienthal*.
- Illustration : Robert CASTEL montre l'absence de gratification économique et sociale dont sont victimes les travailleurs précaires.

CHAPITRE 19

Plan détaillé 4

La ville est-elle un vecteur d'inégalité ?

Problématique

La ville est l'espace central de la société, or si selon le proverbe « l'air de la ville rend libre », la liberté ne risque-t-elle pas d'être celle de quelques-uns aux dépens des autres ?

Partie I

La ville est à la fois la source de la modernité et de la richesse, et celle des inégalités.

Sous-partie A

La ville est par essence propice aux inégalités du fait de sa diversité.

Idée 1

Par opposition à la ville, les campagnes sont des espaces aux inégalités réduites, du fait d'une population de semblables même si elles tendent à disparaître.

- Développement : Émile DURKHEIM, *De la division du travail social.*
- Illustration : Les inégalités sont plus fortes dans l'urbain que dans le rural : voir les chiffres de l'Insee ou *Francoscopie* de Gérard MERMET.

Idée 2

Les villes produisent des inégalités en même temps que de la richesse.

- Développement : Karl MARX et Friedrich ENGELS dans *L'idéologie allemande.*
- Illustration : Le développement de Paris au XIXe siècle se fait avec une explosion de la pauvreté : *cf.* Louis-René VILLERME dans *Tableau de l'état physique et moral des ouvriers employés dans les manufactures de coton, de laine et de soie.*

Sous-partie B

La ville est toutefois nécessaire à l'avènement de la modernité.

Idée 3

La ville permet la croissance économique et l'amélioration des conditions de vie.

- Développement : L'exode rural correspond au développement des villes et à un accroissement des richesses, *cf.* Jean FOURASTIE dans *Les Trente Glorieuses.*
- Illustration : La richesse se produit en France et ailleurs dans les villes : voir les répartitions du PIB dans les villes.

Idée 4

La ville est le lieu de l'innovation et de la création, nécessaires à l'émancipation de l'homme.

- Développement : La ville est le triomphe de la culture sur la nature et donc de la création sur la conservation, *cf.* Hervé MARCHAL et Jean-Marc STEBE dans *Traité sur la ville.*
- Illustration : Le rôle culturel central de Paris dans l'histoire et aujourd'hui.

Partie II

Les inégalités massives présentes dans les villes doivent amener à des politiques nouvelles pour répondre à ces défaillances structurelles.

Sous-partie A

La ville du XXIe siècle est le révélateur de toutes les inégalités.

Idée 5

La ségrégation urbaine est une réalité des villes actuelles.

- Développement : Éric MAURIN enquête sur le séparatisme social, dans *Le ghetto français.*

Idée 6

La violence s'inscrit comme résultante des inégalités.

- Développement : Louisa PLOUCHART dans *Comprendre les grands ensembles.*
- Illustrations : La recrudescence des émeutes urbaines avec Kenneth CLARK.

Sous-partie B

Des politiques publiques fortes sont nécessaires à la résorption de ces inégalités.

Idée 7

Les politiques de la ville engagées depuis le début des années 1990 présentent un bilan mitigé.

- Développement : Rapport critique de GOULARD et PUPPONI.
- Illustration : Chiffres de l'Insee ou Chiffres du *Ghetto français* d'Éric MAURIN.

Idée 8

Des solutions innovantes sont envisagées pour réduire les inégalités.

- Développement : Éric MAURIN propose une nouvelle répartition des logements sociaux. Avènement de la démocratie participative.
- Illustration : Les résultats mitigés de la démocratie participative doivent nous inciter à les améliorer et renforcer leur pluralité, *cf.* Loïc BLONDIAUX, Sandrine RUI, Thierry OBLET.

261987 - (I) - OSB 80° - PUB - JOE

JOUVE
1, rue du Docteur Sauvé, 53100 MAYENNE
N° 2112034E
Dépôt légal : janvier 2017

Imprimé en France